**공인 자격
시험 대비**

국가공인
원가분석사

제조원가계산실무

저자 **이윤구 이사**(동양경제정보연구소)

드림디벨롭

목차

저자 서문

국가공인 원가분석사는 국가 및 지방자치단체를 당사자로 하는 계약과 관련하여 정부의 계약집행 및 재정 운용에 대한 신뢰를 높이고, 공정한 경쟁 환경을 조성하는 데 필수적인 역할을 수행합니다.

정부회계 원가계산은 일반적인 기업회계에서 다루는 원가계산과는 다른 목적과 내용을 갖고 있어 원가계산의 기준과 실무적 방법에 차이가 있습니다.

따라서, 본 교재는 정부회계 원가계산 기준을 기초로 하여 국가공인 원가분석사 시험에 출제되는 제조원가실무 과목을 체계적으로 정리하고, 원가계산에 활용되는 다양한 사례를 통해 이론을 쉽게 이해할 수 있도록 구성하였습니다.

본 교재에서는 일반적으로는 생소한 제조원가계산, 용역원가계산, 수입물자원가계산, 방산물자원가계산의 기준에 대한 해설을 담았고, 원가계산의 실무적 방법을 설명하였으며, 실무에 대한 설명뿐만 아니라 국가공인 원가분석사 시험의 과거 시험문제들의 흐름과 문제 풀이 방법을 설명하고자 노력하였습니다.

이러한 교재의 내용들이 원가계산 업무를 시작하는 시험 준비생들에게 정부회계 원가계산제도를 이해하는 기본적인 토대가 되어, 정부회계 원가계산의 개념을 확립하고, 원가계산 실무를 위한 기초를 놓을 수 있기를 기대합니다.

그렇게 하여 시험 준비생들이 국가공인 원가분석사 시험에 합격할 뿐만 아니라, 정부회계 원가계산의 업무 전문성 확보하는 데 본 교재가 도움이 되고, 기여하기를 바랍니다.

편저자 이윤구

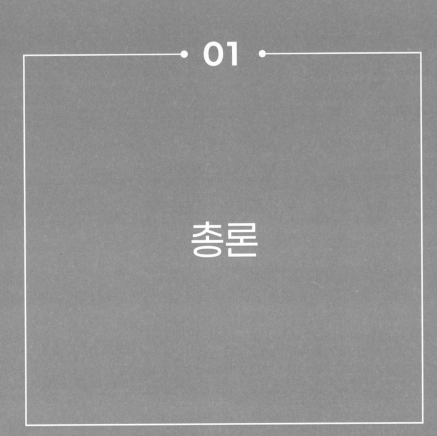

01

총론

1 | 정부회계 원가계산 제도 개요

가. 원가계산의 개요

(1) 원가계산의 정의

원가(Cost)는 특정 대상의 경제적 가치를 정의하는 용어로 회계학, 경제학, 경영학 및 기타 다양한 분야에서 사용되고 있으며, 비용의 지출 및 예산과 관련하여 중요한 의미를 갖는다.

원가는 기업의 가격 책정, 원가 통제, 재무 분석 등에서 중요한 역할을 하는데, 원가를 정확히 계산하고 이해하는 것은 기업이 수익을 창출하고 효율성을 극대화하는 데 필수적이다.

■ 원가의 개념

원가는 특정 물품이나 서비스와 같은 특정 자원을 얻기 위하여 소비되는 유형 및 무형의 경제적 가치가 있는 재화의 소비액을 말한다. 특정한 목적을 달성하기 위해(재화나 용역을 획득하기 위해) 발생한 또는 발생할 경제가치의 희생 즉 소비를 화폐단위로 측정한다. 제품 또는 목적물을 위해 소비된 원재료, 노동력 등의 경제적 가치를 가지는 자원을 모든 자원의 경제적 비용을 측정하여 산정된 원가는 회계에서 재고자산평가나 경영자의 의사결정 등과 같은 판단 기준으로 사용된다.

■ 원가의 기본 구성

재료비·노무비·경비로 구성(원가의 3요소), 직접비와 간접비로 세분, 관리비용과 판매비용을 더하여 총원가라고 한다. 원가는 발생 요인에 따라 직접비(Direct Costs), 간접비(Indirect Costs)로 구분하고, 발생비목의 특성에 따라 재료비, 노무비, 경비로 구분하며, 산정의 범위 및 목적에 따라 판매비와 관리비, 이윤의 포함을 결정한다. 일반적으로 원가계산 및 산정은 이러한 기본적인 원가의 구성을 바탕으로 하여 원가계산의 목적에 따라 원가의 범위와 구성을 달리하게 된다.

일반적인 원가의 구성을 정리하면 다음의 표와 같이 정리할 수 있다.

제조원가의 구성

			판매이익 (또는 희망이익)		
		판매비와 관리비			
	제조간접비 ■ 간접재료비 ■ 간접노무비 ■ 경비		총원가	판매가격	**고정비**
직접재료비	제조직접원가	제조원가 (제품원가)			**변동비**
직접노무비					
직접경비					

일반적으로 제조간접비는 고정비, 직접비는 변동비 성격을 갖는 경우가 많으며, 세부 원가의 구성은 목적과 방법에 따라 달라지게 된다.

■ 원가계산의 목적

원가계산의 목적은 제품이나 서비스를 생산하는 데 들어가는 모든 비용을 정확하게 파악하고, 이를 통해 다양한 경영 의사 결정에 필요한 정보를 제공하는 것이다. 따라서, 원가계산의 목적에 따라 원가계산의 방법 및 원가의 구성이 달라지게 된다. 재무회계를 목적으로 하는 경우, 원가는 취득원가기준(조달시점에서의 지급대가)으로 측정하게 되는데, 원가의 측정 기준과 내용은 급부단위마다 각 가치희생을 집약하여 인식하게 된다.

(2) 정부회계 원가계산의 정의

원가는 대다수의 사람들이 일상적으로 사용하는 용어임에도 불구하고, 사실은 명확하게 개념 정의가 되어 있지 않으며, 또한 현실사회에서는 여러 가지 의미의 개념이 혼재되어 사용되고 있다.

원가계산 및 손익계산상 쓰이는 주요한 원가 개념으로는 매입원가·제조원가·매출원가 그리고 제품원가·기간원가(기간비용)와 관리회계에서 주로 쓰이는 실제원가·표준원가 등이 있다.

원가회계에서 원가란, 특정 제품이나 서비스를 생산하기 위해 투입된 모든 경제적 자원의 가치를 말하는데, 제품이나 서비스를 만들기 위해 사용된 재료비, 노무비, 경비 등을 모두 합한 금액이 제조원가를 의미하고, 판매되는 시점에 회계적으로 비용으로 인식하기 위하여 원가를 계산하게 된다.

관리회계에서 원가계산의 목적은 여러 가지가 있으며, 기업이 효율적으로 운영되고 수익을 극대화할 수 있도록 도와주는 중요한 역할을 한다. 산정된 원가는 가격 책정(Pricing), 원가 통제(Cost Control), 의사결정 지원(Decision Making Support), 예산 수립(Budgeting), 성과 평가(Performance Evaluation), 재무 보고(Financial Reporting), 이익 분석(Profitability Analysis), 자원 배분(Resource Allocation) 등의 목적으로 사용되어 기업의 비용 효율성을 극대화하고 의사결정을 지원하는 핵심 도구 역할을 한다.

원가는 구성요소의 발생 특성 따라 고정비(Fixed Costs, 생산량의 변화와 관계없이 일정하게 발생하는 비용)와 변동비(Variable Costs, 생산량에 따라 달라지는 비용)로 구분하여 산정 또는 분석 하기도 하며, 원가의 시점이나 비용의 분석 형태에 따라 제품원가(Product Costs, 제품을 제조하는 과정에서 발생하는 원가로, 직접재료비, 직접노동비, 그리고 제조간접비 등이 포함)와 기간원가(Period Costs, 특정 기간 동안 발생하는 비용으로, 판매비와 관리비 등이 포함)로 산정하기도 하는데, 이처럼 원가는 산정하게 되는 원가의 범위, 특성, 내용 및 목적에 따라 산정방식도 달라진다.

이처럼, 원가는 산출 목적에 따라 원가 산정의 대상 및 범위가 달라지게 되는데, 일반적인 기업회계 원가계산과 달리 본 교재에서 다루게 되는 원가계산은 국가 및 지방자치단체를 당사자로 하는 계약에 있어 적용되는 정부회계 원가계산[1]이다.

국가계약법 법령 체계

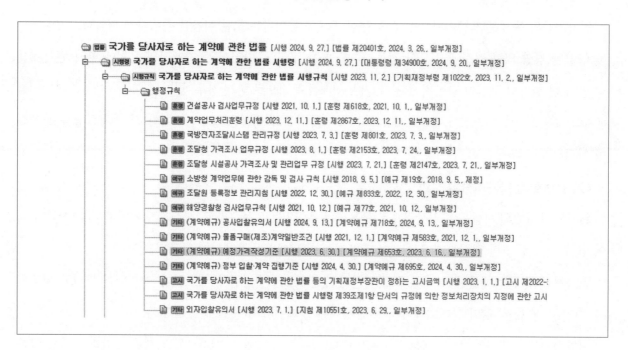

국가계약법(지방계약법)에서는 원가에서 그 대상 업종에 따라 제조원가, 공사원가, 용역원가, 방산물자원가 등으로 구분하고 있으며, 정부회계에서 말하는 제조원가는 제조품 원가를 말하는 것으로 회계에서의 제조원가와는 완전히 다른 개념이다.

---

1) 정부 혹은 지방자치단체를 당사자로하는 계약에 관한 법률은 "국가를 당사자로 하는 계약에 관한 법률"(이하 "국가계약법")과 "지방자치단체를 당사자로 하는 계약에 관한 법률"(이하 "지방계약법")이 있는데, 두 법은 세부 규정에서 차이가 있기는 하지만 계약과 관련된 기본 원칙은 동일하다.
  본 교재에서는 "국가계약법"의 "예정가격 작성기준"에 따른 원가계산을 "정부회계 원가계산"이라는 용어로 정의하고 설명하고자 함.

정부 혹은 국가기관은 "입찰 또는 수의계약 등에 부칠 사항에 대하여 낙찰자 및 계약금액의 결정 기준으로 삼기 위하여 미리 해당 규격서 및 설계서 등에 따라 예정가격을 작성하여야 한다"(국가계약법 제8조의2)라고 정의하고 있는데, 예정가격을 작성함에 있어 "적정한 거래실례가격이 없는 경우에는 원가계산에 의한 가격"(국가계약법 시행령 제9조제1항제2호)을 산정하여 적용하도록 정하고 있다. 이러한 법적 기초를 근거로 개별 계약대상에 대한 적정계약을 위한 기초금액을 산출하게 되며, 계약목적물의 내용 및 특성 등을 고려하여 그 완성에 적합하다고 인정되는 합리적인 방법으로 작성하여야 한다.

국가계약법의 계약 기준이 되는 계약예규는 다음과 같다.

국가계약법 계약예규

1. 정부입찰·계약 집행기준(기획재정부계약예규 제695호, 2024.4.30.)
2. 예정가격 작성기준(기획재정부계약예규 제653호, 2023.6.16.)
3. 입찰참가자격사전심사요령(기획재정부계약예규 제600호, 2022.6.1.)
4. 적격심사기준(기획재정부계약예규 제679호, 2024.1.1.)
5. 공사계약 종합심사낙찰제 심사기준(기획재정부계약예규 제652호, 2023.6.16.)
6. 일괄입찰 등에 의한 낙찰자 결정기준(기획재정부계약예규 제655호, 2023.6.16.)
7. 협상에 의한 계약체결기준(기획재정부계약예규 제656호, 2023.6.16.)
8. 공동계약운용요령(기획재정부계약예규 제651호, 2023.6.16.)
9. 공사계약일반조건(기획재정부계약예규 제680호, 2024.1.1.)
10. 공사입찰유의서(기획재정부계약예규 제650호, 2023.6.16.)
11. 용역계약일반조건(기획재정부계약예규 제582호, 2021.12.1.)
12. 용역입찰유의서(기획재정부계약예규 제476호, 2019. 12. 18.)
13. 물품구매(제조)계약일반조건(기획재정부계약예규 제583호, 2021.12.1.)
14. 물품구매(제조)입찰유의서(기획재정부계약예규 제466호, 2019. 12. 18.)
15. 종합계약집행요령(기획재정부계약예규 제255호, 2015.9.21.)
16. 최저가낙찰제의 입찰금액 적정성 심사기준(폐지)
17. 경쟁적대화에 의한 계약체결기준(기획재정부계약예규 제465호, 2019. 12. 18.)
18. 용역계약 종합심사낙찰제 심사기준(기획재정부계약예규 제649호, 2023.6.16.)

본 교재에서는 이러한 정부회계 원가계산의 특징 및 방법에 대하여 설명하고자 한다.

(3) 정부회계 원가계산의 기준 개요

정부회계 원가계산의 원가는 국가 및 공공기관이 필요로 하는 물자를 조달하기 위하여 적정 예정가격을 산정하는 것으로, 정부가 제정한 원가계산 기준을 근거로 생산 주체인 업체가 생산에 투입되었거나 투입될 경제적 가치를 계산하여 화폐 액으로 표시한 것이다.

국가계약법 제8조의2 제1항에서는 "예정가격은 계약을 체결하고자 하는 사항의 가격의 총액에 대하여 이를 결정하"도록 하고 있다.

따라서, 생산 주체인 업체로부터 적정 목적물을 공급받을 수 있도록 신뢰성 있는 원가 기초자료의 획득 여부가 원가계산의 적정성에 중요한 영향을 미치게 된다.

예정가격의 결정기준과 관련하여 국가계약법 시행령 제9조에서는 다음과 같이 정의하고 있다.

[국가계약법 시행령] 제9조(예정가격의 결정기준)

① 각 중앙관서의 장 또는 계약담당공무원은 다음 각호의 가격을 기준으로 하여 예정가격을 결정하여야 한다.

1. 적정한 거래가 형성된 경우에는 그 <u>거래실례가격</u>(법령의 규정에 의하여 가격이 결정된 경우에는 그 결정가격의 범위 안에서의 거래실례가격)

2. 신규개발품이거나 특수규격품등의 특수한 물품·공사·용역 등 계약의 특수성으로 인하여 적정한 **거래실례가격이 없는 경우에는 원가계산에 의한 가격**. 이 경우 원가계산에 의한 가격은 계약의 목적이 되는 물품·공사·용역 등을 구성하는 재료비·노무비·경비와 일반관리비 및 이윤으로 이를 계산한다.

3. 공사의 경우 이미 수행한 공사의 종류별 시장거래가격 등을 토대로 산정한 표준시장단가로서 중앙관서의 장이 인정한 가격

4. 제1호 내지 제3호의 규정에 의한 가격에 의할 수 없는 경우에는 **감정가격, 유사한 물품·공사·용역 등의 거래실례가격** 또는 <u>견적가격</u>

②~④ 생략

국가계약법 시행령 제9조에서는 정하고 있는 바처럼, 예정가격 결정은 원칙적으로 적정한 거래가 형성된 경우에는 그 거래실례가격에 의하도록 하고 있으며, 신규 개발품이거나 계약의 특수성으로 인해 적정한 거래실례가격이 없는 경우에는 원가계산에 의한 가격을 적용하도록 하고 있다.

이러한 정부회계 원가계산과 관련하여 국가계약법 시행령 제9조 세부 기준은 하위법령인 국가계약법 시행규칙 제4조에서 제11조, 기획재정부 계약예규[2]인 "예정가격 작성기준"에서 정하고 있다.

---

2) 국가계약법에 더하여 행정자치단체 계약과 관련된 지방자치단체를 당사자로 하는 계약에 관한 법률(이하 "지방계약법")에 따라서는 "지방자치단체입찰 및 계약집행기준" 제2장 예정가격 작성요령에서 관련 법규를 규정하고 있으며, 본 교재에서는 국가계약법을 기준으로 함.

예정가격의 결정 주체와 관련하여 국가계약법 제8조의2에서는 "각 중앙관서의 장 또는 계약담당공무원은 입찰 또는 수의계약 등"의 "낙찰자 및 계약금액의 결정기준으로 삼기 위하여 미리 해당 규격서 및 설계서 등에 따라 예정가격을 작성하"도록 하고 있으므로, 예정가격을 결정하기 위한 원가계산에 주체도 "각 중앙관서의 장 또는 계약담당공무원"이다.

다만, "계약목적물의 내용·성질 등이 특수하여 스스로 원가계산을 하기 곤란한 경우", "중앙관서의 장 또는 계약담당공무원"은 "원가계산용역기관"에 원가계산을 의뢰할 수 있도록 하고 있다.(국가계약법 시행규칙 제9조 제2항)

원가계산을 의뢰할 수 있는 "원가계산 용역기관"에 대한 사항은 국가계약법 시행규칙 제9조와 기획재정부 계약예규인 "예정가격 작성기준"에서 다음과 같이 기준을 정의하고 있다.

※ 원가계산 용역기관 관련 기준

[국가계약법 시행규칙] 제9조

제9조(원가계산서의 작성 등) ① 원가계산에 의한 가격으로 예정가격을 결정함에 있어서는 원가계산서를 작성하여야 한다. 다만, 각 중앙관서의 장 또는 계약담당공무원이 직접 원가계산 방법에 의하여 예정가격조서를 작성하는 경우에는 원가계산서를 따로 작성하지 아니할 수 있다.

② 각 중앙관서의 장 또는 계약담당공무원은 계약목적물의 내용·성질 등이 특수하여 스스로 원가계산을 하기 곤란한 경우에는 다음 각 호의 어느 하나에 해당하는 기관(이하 "원가계산용역기관"이라 한다)에 원가계산을 의뢰할 수 있다.

1. 정부 및 「공공기관의 운영에 관한 법률」에 따른 공공기관이 자산의 100분의 50 이상을 출자 또는 출연한 연구기관

2. 「고등교육법」 제2조 각호의 규정에 의한 학교의 연구소

3. 「산업교육진흥 및 산학연협력촉진에 관한 법률」 제25조에 따른 산학협력단

4. 「민법」 기타 다른 법령의 규정에 의하여 주무관청의 허가등을 받아 설립된 법인

5. 「공인회계사법」 제23조의 규정에 의하여 설립된 회계법인

③ 원가계산용역기관은 다음 각 호의 요건을 모두 갖추어야 한다.

1. 정관 또는 학칙의 설립목적에 원가계산 업무가 명시되어 있을 것

2. 원가계산 전문인력 10명 이상을 상시 고용하고 있을 것

3. 기본재산이 2억원(제2항제2호 및 제3호의 경우에는 1억원) 이상일 것

④ 제3항에 따른 원가계산용역기관의 세부 요건은 기획재정부장관이 정한다.

⑤ 각 중앙관서의 장 또는 계약담당공무원은 제2항에 따라 원가계산을 의뢰한 경우 원가계산용역기관으로 하여금 이 규칙 및 기획재정부장관이 정하는 바에 의하여 원가계산서를 작성하게 하여야 한다.

[예정가격 작성기준] 제31조, 제31조의2. 제32조

제31조(원가계산용역기관의 요건) ① 시행규칙 제9조제3항제2호의 "전문인력 10명 이상"은 다음의 요건을 갖춘 인원을 말한다.

　　1. 국가공인 원가분석사 자격증 소지자 6인 또는 원가계산업무에 종사(연구기간 포함)한 경력이 3년 이상인자 4인, 5년 이상인자 2인

　　2. 이공계대학 학위소지자 또는「국가기술자격법」에 의한 기술·기능분야의 기사 이상인 자 2인

　　3. 상경대학 학위소지자 2인

② 시행규칙 제9조제2항제2호 및 제3호의 기관의 경우에는 제1항 각호의 인원이 대학(교) 직원 또는 대학(교) 부설연구소 직원이어야 하며, 각 분야별 상시고용인원 중에 교수(부교수, 조교수, 전임강사 포함)는 1인 이하로 하여야 한다.

③ 계약담당공무원은 제9조제5항제3호의 기본재산 요건 구비 여부를 판단함에 있어 자본금은 최근년도 결산재무제표(또는 결산재무상태표)상의 자산총액에서 부채총액을 차감한 금액을 적용하여야 한다.

④ 용역기관은 본부 외에 별도로 지사·지부 또는 출장소, 연락사무소 등을 설치하여 원가계산용역업무를 수행할 수 없다.

제31조의2(용역기관에 대한 제재) 계약담당공무원은 원가계산용역기관이 자격요건 심사 시에 허위서류를 제출하는 등 관련 규정을 위반하거나 원가계산용역을 부실하게 한 경우에는 국가기관의 원가계산 용역업무를 수행할 수 없도록 해당 용역기관의 주무관청 등 감독기관에 요청할 수 있다.

제32조(원가계산용역 의뢰시 주의사항) ① 계약담당공무원은 제31조의 요건을 갖춘 기관에 한하여 원가계산내용에 따른 전문성이 있는 기관에 용역의뢰를 하여야 한다. 다만, 제31조의 요건을 갖춘 용역기관들의 단체로서 「민법」 제32조의 규정에 의하여 설립된 법인이 동 요건 충족여부를 확인한 경우에는 별도의 요건심사를 면제할 수 있다.

② 계약담당공무원은 용역의뢰시에 제1항 단서에서 규정한 용역기관들의 단체에게 용역기관의 자격요건 심사를 의뢰하여 그 충족여부를 확인하여야 한다.(제1항 단서에 따라 심사가 면제된 용역기관은 제외)

③ 계약담당공무원은 제1항의 경우에 해당 용역기관의 장과 다음 각호의 사항을 명백히 한 계약서를 작성하여야 한다. 다만, 시행령 제49조에 의한 계약서 작성을 생략할 경우에도 다음 각호의 사항을 준용하여 각서 등을 징구하여야 한다.

　　1. 부실원가계산시 그 책임에 관한 사항

　　2. 계약의 해제 또는 해지에 관한 사항

　　3. 원가계산내용의 보안유지에 관한 사항

　　4. 기타 원가계산 수행에 필요하다고 인정되는 사항

④ 계약담당공무원은 최종원가계산서에 해당 용역기관의 장[대학(교) 연구소의 경우에는 연구소장] 및 책임연구원이 직접 확인·서명하였음을 확인하여야 한다.

⑤ 계약담당공무원은 용역기관에서 제출된 최종원가계산서의 내용이 「국가를 당사자로 하는 계약에 관한 법률」, 동법 시행령, 시행규칙, 이 예규 및 계약서 등의 용역조건에 부합되는지 여부를 검토하여 해당 원가계산의 적정을 기하여야 한다. 이 경우에 원가계산의 적정성을 기하기 위해 필요하다고 판단되는 때에는 해당 원가계산서를 작성하지 아니한 다른 용역기관에 검토를 의뢰할 수 있다.

⑥ 계약담당공무원은 제1항에 따라 원가계산용역기관에 용역의뢰를 하려는 경우 시행규칙 제9조제2항부터 제4항까지의 요건을 확인하기 위해 원가계산용역기관으로 하여금 다음 각 호의 서류를 제출하게 하여야 한다.

　1. 정관(학교의 연구소 또는 산학협력단의 경우 학칙이나 연구소 규정)

　2. 삭제

　3. 설립허가서 등 시행규칙 제9조제2항각호의 기관임을 증명하는 서류

　4. 제1항 각호의 인력에 대한 학위, 자격증명서, 재직증명서 등 자격 및 재직여부를 증명하는 서류

　5. 재무제표 등 시행규칙 제9조제3항제3호에 따른 기본재산을 증명할 수 있는 서류

　6. 기타 자격요건 등 확인을 위해 필요하다고 인정되는 서류

⑦ 계약담당공무원은 제6항의 요건을 확인하는 경우 「전자정부법」 제36조제1항에 따른 행정정보의 공동이용을 통하여 원가계산용역기관의 법인등기부 등본 서류를 확인하여야 한다.

　원가계산의 세부적인 기준 및 방법과 관련해서는 기획재정부 계약예규인 "예정가격 작성기준"에서 정하고 있고, 원가계산을 위한 실무적인 방법과 관련된 사항은 관련 회계원칙 및 회계기준을 적용하게 되며, "건설공사 표준품셈"과 같이 원가계산 대상이 되는 물품, 구축물 및 용역의 구성과 관련된 기준을 적용 또는 준용하여 예정가격 결정을 위한 원가를 산정한다.

나. 정부회계 원가계산과 기업회계 원가계산 기준 비교

(1) 원가계산의 목적 및 산정기준 비교

정부회계 원가계산의 기준은 당초 기업회계 원가계산제도 및 기준을 모태로 하여 도입된 것이기는 하지만, 기업회계의 원가계산의 목적 달리 정부회계 원가계산은 공공성과 공익성이 요구되기 때문에 기업회계방식을 동일하게 적용할 수는 없다.

또한, 국가계약법의 원가계산 결과는 계약자 선정을 위하여 불특정의 다수기업을 대상으로 하여 적용하는 것으로, 원가계산의 결과를 적용하여 예정가격을 결정하게 된다. 이렇게 계약을 위한 원가를 사전에 계산하는 것이므로 재무제표 작성, 원가관리 등 내부의사결정을 위한 기업회계 원가계산제도에서 산정하게 되는 원가와는 목적와 방법이 다르다 할 수 있다.

정부회계 원가계산과 기업회계기준의 원가계산 기준을 비교하여 보면 다음과 같은 서로 다른 특징을 갖고 있다.

- 기업회계 원가계산에서는 기업에서 발생비용 전액을 원가에 산입, 국가계약범 원가계산에서는 해당 목적물을 위해 객관적으로 인정할 수 있는 적정수준의 단가 또는 비용만을 인정

- 정부회계 원가계산의 총원가에는 기업회계 원가계산의 영업이익이 계상되고, 예정가격은 세액(부가가치세, 특소세, 교육세, 관세 등)을 총원가에 합산

- 기업회계 원가계산은 일반적으로 인정된 회계원칙에 어긋나지 않는 한 자유로이 방법을 선택하여 비용을 산입할 수 있으나, 정부회계 원가계산에서는 계산방법의 통일성과 예산절감 등의 목적에 부합하기 위하여 결정한 기준에 따라 비목 및 금액을 산정

- 기업회계 원가계산의 일반관리비는 발생비용 전액을 계상, 정부회계 원가계산에서는 당해 계약이행과 직·간접적으로 관련이 있는 일반관리비의 부담을 계상하고, 일정 수준을 초과하지 않도록 승률계산 방식을 적용하여 계상

원가계산 기준 비교

구분	정부회계 원가계산	기업회계 원가계산
목적	■ 예정가격 결정 기초자료 제공 ■ 정부예산편성 및 집행 효율성도모 ■ 공공성, 공익성 및 행정 능률성	■ 재무제표 작성 기초자료 제공 ■ 가격결정, 원가관리 등을 위한 필요 자료 제공 ■ 기업의 영리성 추구
기초자료 조사방법	■ 사전 원가계산 – 발생될 원가를 예정하여 계산 ■ 사후(정산) 원가계산 – 실적을 조사한 원가 ■ 제조업체에 대한 객관적 개별원가계산	■ 사후 원가계산 – 실제 발생된 원가를 계산 ■ 당해 기업에 대한 종합원가계산 또는 개별원가 계산

원가산정
및
계상기준
	■ 발생비용의 제한적 인정
	  · 재료비: 거래실례가격, 통계가격 등 적용
	  · 노무비: 시중 노임단가
	  · 경비: 24개 비목 한정(공사 27개 비목)
	  · 일반관리비: 광고선전비, 대손상각비, 접대비
	    등 판매영업비 및 손실비용 비용 불인
	  · 이윤: 전업종 일정율 적용(영업이익율 기준)
	■ 승률산정: 간접노무비, 일반관리비, 이윤
		■ 실발생 비용 모두 인정
		  · 재료비: 실구입가격 적용
		  · 노무비: 실발생 노임단가
		  · 경비: 실발생 전비목 인정
		  · 일반관리비: 판매비 및 관리비 인정
		  · 이윤: 업체자체 설정 이윤 적용
		    (금융비용 등 포함)

구성	예정가격 = 제조원가(재료비 + 노무비 + 경비) + 일반관리비 + 이윤	판매가격 = 제조원가(재료비 + 노무비 + 경비) + 판배비와 관리비 + 이윤

(2) 원가계산 방식 비교

정부회계 원가계산과 기업회계 원가계산은 목적의 차이에 의하여 기초자료의 조사 및 적용 방식과 기준에서부터 차이를 갖고 있다.

■ 목적에 따른 원가계산 방식의 차이

· 정부회계 원가계산은 계약을 위한 예정가격 작성이 목적이므로 기본적으로 사전원가계산이고, 이러한 사전 산정 시점으로 인해 비목별 산정 기초자료도 실제 발생한 비용이 아닌 사전 조사 단가를 계상한다.

· 기업회계 원가계산은 단순히 비용을 계산하는 것을 넘어, 기업의 효율적인 경영을 위한 다양한 목적을 가지고 있는데, 재무적 판단, 경영의사결정, 원가의 통제 등과 같은 여러 목적을 위해 산정하게 되므로, 목적에 따라 적용기준이나 산정방식이 달라지게 된다.기본적으로 기업회계 원가계산은 실제 발생한 비용을 기초로 하여 원가를 산정하게 되므로 사후원가계산 방식을 적용하여 산정하게 된다.

■ 간접 원가의 산정 방식의 차이

· 정부회계 원가계산의 직접비와 간접비 산정에 있어 직접적 인과성을 기준으로 하고 있는데, 재료비의 경우 "실제를 형성" 여부를 기준으로 직접재료비와 간접재료비를 구분하여 계상하고, 노무비 역시 "목적물을 완성하기 위하여 직접작업에 종사" 여부를 기준으로 직접노무비와 간접노무비로 구분하도록 하고 있으며, 경비의 산정에 있어서는 직접 산정을 원칙으로 하여 발생이 특정되는 비용은 직접 산정하고, 직접 산정이 어려울 경우 간접 산정 방식을 적용한다.

· 기업회계 원가계산은 발생 원가 비목별 비용에 대한 추적이 가능 여부에 따라 직접비와 간접비로 구분하여 산정한다.기업에서 여러 제품을 생산하게 될 경우 해당 제품의 생산에 소요되는 비용을 직접비로, 공통적으로 여러 제품의 생산에 공통적으로 소요되거나 간접비는 제품 생산에 필요하지만 특정 제품과의 연관성을 명확하게 추적하기 어려운 비용을 간접비로 구분하여 산정하고, 간접비는 배부 기준에 따라 원가의 변동이 크게 발생하게 된다.

■ 원가계산 비목 산정기준의 차이

· 정부회계 원가계산은 거례실례가가 형성되지 않은 물품 또는 용역에 대한 가격으로 사전적으로 산출되게 되므로, 원가를 구성하는 세부비목 단가산출 근거의 적용에 있어 표준적인 단가를 적용하게 되는데, 거래실례가격, 시중조사가격, 시중노임 등과 같은 객관적인 자료를 기준으로 단가를 산정하게 된다.

· 기업회계 원가계산의 비목별 단가는 원칙적으로 발생한 비용을 기준으로 하는데, 판매가격의 결정과 같이 실제 수익을 결정하게 되는 기준이 되므로 원가계산 대상 기업이 해당 제품의 생산을 위해 지출하게 되는 실질적 비용을 모두 포함하게 된다.이렇게 사후적으로 발생 비용을 모두 계상하여 산정하여야 하므로, 재료 구입 시기에 따른 실제 발생 비용을 모두 반영하고, 실제 투입인력의 인건비를 반영하며, 판매비 및 관리비 등의 비용 발생을 모두 포함하여 산정하게 된다. 따라서, 기업회계 원가계산에서 재료의 구입시기에 따른 단가 차이를 반영하는 방식이 매우 중요한 요소이고, 실제 투입 인력의 인건비 및 투입 시간의 차이에 따라 원가의 차이가 발생하게 된다.

이처럼, 정부회계 원가계산과 기업회계 원가계산은 원가계산의 목적, 산정 방법, 산정 시기의 차로 인하여 원가계산의 결과가 달라지게 되므로, 정부회계 원가계산에 있어서는 국가계약법 및 관련 기준을 숙지하고 관련 기준에 따라 원가계산를 산정하여야 한다.

2 | 정부회계 원가계산 기준

가. 정부회계 원가계산 관련 법규

정부회계 원가계산은 국가를 당사자로 하는 계약의 예정가격 결정을 위한 원가계산이므로 국가에서 제정한 법률과 원가계산기준을 근거로 시행하고 있다.

정부회계 원가계산 관련 법규

국가계약법
제8조의2(예정가격의 작성)
국가계약법 시행령
제7조의2(예정가격의 작성방법 등)
제9조(예정가격의 결정기준)
국가계약법 시행규칙
제4조(예정가격조서의 작성)
제5조(거래실례가격 및 표준시장단가에 따른 예정가격의 결정)
제6조(원가계산에 의한 예정가격의 결정)
제7조(원가계산을 할 때 단위당 가격의 기준)
제8조(원가계산에 의한 예정가격 결정시의 일반관리비율 및 이윤율)
제9조(원가계산서의 작성등)
제10조(감정가격 등에 의한 예정가격의 결정)
제11조(예정가격결정시의 세액합산 등)
제13조(예정가격의 변경)
[예정가격 작성기준] (기획재정부 계약예규)

일반적으로 정부의 계약집행에 관여하여서는 국가계약법, 국가계약법 시행령, 국가계약법 시행규칙에 의거 처리하고, 특히 계약 업무 중 원가계산 기준은 기획재정부 계약예규인 "예정가격 작성기준"을 적용하도록 하고 있다.

나. 정부회계 원가계산의 구성 및 요소별 비목

(1) 원가의 구성

정부회계 원가계산의 원가는 재료비(직접·간접재료비), 노무비(직접·간접노무비) 및 경비의 합계인 제조원가와 일반관리비, 이윤으로 구성되고, 간접노무비, 일반관리비 및 이윤은 비율을 곱하여 계산하도록 하고 있다.

> [예정가격 작성기준] 제3조(원가계산의 비목)
>
> 원가계산은 재료비, 노무비, 경비, 일반관리비 및 이윤으로 구분 작성한다.

정부회계 원가 구성도

		부가가치세	
	이윤		예정가격
	일반관리비	총원가	
직·간접재료비			
직·간접노무비	제조원가		
경비			

- "예정가격 작성기준"에서의 제비율 산정기준

  · 간접노무비 = 직접노무비 × 간접노무비율

  · 일반관리비 = 제조원가 × 업종별 일반관리비율

  · 이윤 = {노무비 + 경비 – **(외주가공비, 기술료 제외)** + 일반관리비} × 이윤율(25% 이내)

(2) 원가요소별 비목

정부회계 원가계산의 제조원가 부문에 대한 원가계산 비목은 다음과 같다.

국가계약법 제조원가 비목

원가요소		원가비목
제조원가	재료비	– 직접재료비: 주요재료비, 부분품비 – 간접재료비: 보조재료비, 소모공구 · 기구 · 비품비, 포장재료비 – 작업설 · 부산물 등(△)
	노무비	– 직접노무비 – 간접노무비
	경비	전력비, 수도광열비, 운반비, 감가상각비, 수리수선비, 특허권사용료, 기술료, 연구개발비, 시험검사비, 지급임차료, 보험료, 복리후생비, 보관비, 외주가공비, 산업안전보건관리비, 소모품비, 여비 · 교통비 · 통신비, 세금과공과, 폐기물처리비, 도서인쇄비, 지급수수료, 법정부담금(2019년 신설), 기타법정경비, 품질관리비(2021 신설), 안전관리비(2021 신설)
일반관리비		제조원가 × 일반관리비율 ★ 업종별 일반관리비율 (국가계약법 시행규칙 제8조제1항 및 [예정가격 작성기준] 별표3)
이윤		(총원가 – 재료비 – 외주가공비 – 기술료) × 이윤율 ★ 제조부문 이윤율: 25% (국가계약법 시행규칙 제8조 제2항)

다. 원가비목별 계산기준

정부회계 원가계산의 제조원가 부문에 대한 원가계산 비목은 다음과 같다.

국가계약법 시행규칙 제6조(원가계산에 의한 예정가격의 결정)

① 공사·제조·구매(수입물품의 구매를 제외한다) 및 용역의 경우 영 제9조제1항제2호의 규정에 의하여 원가계산에 의한 가격으로 예정가격을 결정함에 있어서는 그 예정가격에 다음 각 호의 비목을 포함시켜야 한다.

1. 재료비

   계약목적물의 제조·시공 또는 용역 등에 소요되는 규격별 재료량에 그 단위 가격을 곱한 금액

2. 노무비

   계약목적물의 제조·시공 또는 용역 등에 소요되는 공종별 노무량에 그 노임단가를 곱한 금액

3. 경비

   계약목적물의 제조·시공 또는 용역 등에 소요되는 비목별 경비의 합계액

4. 일반관리비

   재료비·노무비 및 경비의 합계액에 제8조제1항(제10호를 제외한다)의 규정에 의한 일반관리비율을 곱한 금액

5. 이윤

   노무비·경비(기획재정부장관이 정하는 비목을 제외한다) 및 일반관리비의 합계액에 제8조제2항(제3호를 제외한다)의 규정에 의한 이윤율을 곱한 금액

[예정가격 작성기준] 제5조(비목별 가격결정의 원칙)

① 재료비, 노무비, 경비는 각각 아래에서 정한 산식에 의함을 원칙으로 한다.

- 재료비 = 재료량 × 단위당가격

- 노무비 = 노무량 × 단위당가격

- 경비 = 소요(소비)량 × 단위당가격

② 재료비, 노무비, 경비의 각 세비목별 단위당가격은 시행규칙 제7조의 규정에 의하여 계산한다.

③ 재료비, 노무비, 경비의 각 세비목 및 그 물량(재료량, 노무량, 소요량) 산출은 계약목적물에 대한 규격서, 설계서 등에 의하거나 제35조의 규정에 의한 원가계산자료를 근거로 하여 산정하여야 한다.

④ 제3항의 각 세비목 및 그 물량산출에 있어서는 계약목적물의 내용 및 특성 등을 고려하여 그 완성에 적합하다고 인정되는 합리적인 방법이어야 한다.

제조원가 비목에서 재료비, 노무비, 경비는 다음의 산식에 의거 계산하는 것을 원칙으로 하고 있다.

- **재료비 = 재료량×단위당 가격**
- **노무비 = 노무량×단위당 가격**
- **경비 = 소요(소비)량×단위당 가격**

각 비목 및 물량(재료량, 노무량, 소요량)의 산출은 계약목적물에 대한 규격서, 설계서 등에 의거하거나 계약상대방으로 적당하다고 예상되는 2개 업체 이상(수의계약의 경우는 수의계약대상업체)의 최근년도 원가계산자료, 동 업체의 제조(공정) 확인 결과를 활용하여 산정하되 계약목적물의 내용 및 특성을 고려하여 그 완성에 적합하다고 인정되는 합리적인 방법이어야 한다고 규정하고 있다.

[예정가격 작성기준] 제34조(원가계산자료의 비치 및 활용)
① 계약담당공무원은 원가계산에 의한 예정가격을 작성함에 있어서 계약상대방으로 적당하다고 예상되는 2개 업체 이상의 최근년도 원가계산자료에 의거하여 계약목적물에 관계되는 수치를 활용하거나 (수의계약대상업체에 대하여는 해당업체의 최근년도 원가계산자료), 동 업체의 제조(공정)확인 결과를 활용하여 제7조, 제15조의 비목별 가격결정 및 제12조, 제20조의 일반관리비 계상을 위한 기초자료로 활용할 수 있다.

직접계산이 불가능한 비용(간접재료비, 간접경비 등)은 계약목적물 특성에 부합하는 적정한 배부기준을 채택하여 배부 계산할 수 있으며, 일정률로 계상하는 일반관리비, 간접노무비 등에 대해서는 사전 공고한 공사원가 제비율을 준수하여야 한다.

라. 원가계산서의 작성

　원가계산으로 예정가격을 결정할 경우에는 재료비, 노무비, 경비, 일반관리비 및 이윤으로 구분하여 비목별 산출근거를 명시한 원가계산서를 작성하여야 한다.

> 국가계약법 시행규칙 제9조(원가계산서의 작성 등)
> ① 원가계산에 의한 가격으로 예정가격을 결정함에 있어서는 원가계산서를 작성하여야 한다. 다만, 각 중앙관서의 장 또는 계약담당공무원이 직접 원가계산 방법에 의하여 예정가격조서를 작성하는 경우에는 원가계산서를 따로 작성하지 아니할 수 있다.

　원가계산으로 예정가격을 결정할 경우에는 재료비, 노무비, 경비, 일반관리비 및 이윤으로 구분하여 비목별 산출근거를 명시한 원가계산서를 작성하여야 한다.

3 | 정부회계 계약제도 일반사항

가. 추정가격과 예정가격

(1) 추정가격

■ 정의: 국가계약법 제4조의 규정에 의한 국제입찰 대상여부를 판단하는 기준으로 삼기 위하여 예정가격이 결정되기 전에 산정하는 가격

[국가계약법 시행령]

제2조(정의) 이 영에서 사용하는 용어의 정의는 다음과 같다.

1. "추정가격"이라 함은 물품·공사·용역등의 조달계약을 체결함에 있어서 「국가를 당사자로 하는 계약에 관한 법률」(이하 "법"이라 한다) 제4조의 규정에 의한 국제입찰 대상여부를 판단하는 기준등으로 삼기 위하여 예정가격이 결정되기 전에 제7조의 규정에 의하여 산정된 가격을 말한다.

제7조(추정가격의 산정) 각 중앙관서의 장 또는 계약담당공무원은 예산에 계상된 금액 등을 기준으로 하여 추정가격을 산정하되, 다음 각 호의 구분에 따른 금액으로 한다.

1. 공사계약의 경우에는 관급자재로 공급될 부분의 가격을 제외한 금액

2. 단가계약의 경우에는 당해 물품의 추정단가에 조달예정수량을 곱한 금액

3. 개별적인 조달요구가 복수로 이루어지거나 분할되어 이루어지는 계약의 경우에는 다음 각 목의 어느 하나 중에서 선택한 금액

　가. 해당 계약의 직전 회계연도 또는 직전 12개월 동안 체결된 유사한 계약의 총액을 대상으로 직후 12개월 동안의 수량 및 금액의 예상변동분을 고려하여 조정한 금액

　나. 동일 회계연도 또는 직후 12월 동안에 계약할 금액의 총액

4. 물품 또는 용역의 리스·임차·할부구매계약 및 총계약금액이 확정되지 아니한 계약의 경우에는 다음 각목의 1에 의한 금액

　가. 계약기간이 정하여진 계약의 경우에는 총계약기간에 대하여 추정한 금액

　나. 계약기간이 정하여지지 아니하거나 불분명한 계약의 경우에는 1월분의 추정지급액에 48을 곱한 금액

5. 조달하고자 하는 대상에 선택사항이 있는 경우에는 이를 포함하여 최대한 조달가능한 금액

■ 추정가격 산정의 특징

· 부가가치세(VAT) 제외

· 공사계약의 경우 관급자재 부분 제외 등

(2) 예정가격

가) 예정가격의 의의

- 정의: 입찰 또는 수의계약 등에 부칠 사항에 대하여 낙찰자 및 계약금액의 결정기준으로 삼기 위하여 미리 해당 규격서 및 설계서 등에 따라 작성한 가격

- 예정가격 작성은 의무사항이나 턴키공사, 추정가격 1억원(전문공사 7천만원, 전기공사등 5천만원) 이하인 공사, 추정가격 3천만원 미만의 물품등을 수의계약에 의하고자 할 경우 등에는 생략가능하다.(국가계약법 시행령 제7조의2제2항)

> [국가계약법]
> 제8조의2(예정가격의 작성) ① 각 중앙관서의 장 또는 계약담당공무원은 입찰 또는 수의계약 등에 부칠 사항에 대하여 낙찰자 및 계약금액의 결정기준으로 삼기 위하여 미리 해당 규격서 및 설계서 등에 따라 예정가격을 작성하여야 한다. 다만, 다른 국가기관 또는 지방자치단체와 계약을 체결하는 경우 등 대통령령으로 정하는 경우에는 예정가격을 작성하지 아니하거나 생략할 수 있다.
> ② 각 중앙관서의 장 또는 계약담당공무원이 제1항 본문에 따른 예정가격을 작성할 경우에는 계약수량, 이행기간, 수급상황, 계약조건 등을 고려하여 계약목적물의 품질·안전 등이 확보되도록 적정한 금액을 반영하여야 한다.
> ③ 제1항 본문에 따른 예정가격의 작성시기, 결정방법, 결정기준, 그 밖에 필요한 사항은 대통령령으로 정한다.
>
> [국가계약법 시행령]
> 제7조의2(예정가격의 작성방법 등) ① 각 중앙관서의 장 또는 계약담당공무원이 법 제8조의2제1항 본문에 따라 예정가격을 작성하는 경우에는 해당 규격서 및 설계서 등에 따라 예정가격을 결정하고 이를 밀봉해 미리 개찰장소 또는 가격협상장소 등에 두어야 하며, 예정가격이 누설되지 않도록 해야 한다.
> ② 법 제8조의2제1항 단서에서 "다른 국가기관 또는 지방자치단체와 계약을 체결하는 경우 등 대통령령으로 정하는 경우"란 다음 각 호의 구분에 따른 경우를 말한다.
> 1. 예정가격을 작성하지 않는 계약: 제79조제1항제5호에 따른 일괄입찰, 제98조제2호에 따른 실시설계 기술제안입찰 및 제98조제3호에 따른 기본설계 기술제안입찰
> 2. 예정가격의 작성을 생략할 수 있는 계약: 제26조제1항제5호가목 및 바목에 따른 수의계약(제30조제2항 본문에 따라 견적서를 제출하게 하는 경우는 제외한다), 제43조에 따른 협상에 의한 계약, 제43조의3에 따른 경쟁적 대화에 의한 계약 및 제70조에 따른 개산계약

나) 예정가격의 결정기준

- 예정가격의 결정방법

계약을 체결하고자 하는 사항의 가격의 총액에 대하여 이를 결정하여야 한다. 다만, 일정한 기간 계속

하여 제조·공사·수리·가공·매매·공급·임차 등을 하는 계약의 경우에 있어서는 단가에 대하여 그 예정가격을 결정한다.

   ▷ 거래실례가격

   ▷ 원가계산에 의한 가격

   ▷ 실적공사비에 의한 가격

   ▷ 감정가격, 유사한 거래실례가격 또는 견적가격

[국가계약법 시행령]

제8조(예정가격의 결정방법) ① 예정가격은 계약을 체결하고자 하는 사항의 가격의 총액에 대하여 이를 결정하여야 한다. 다만, 일정한 기간 계속하여 제조·공사·수리·가공·매매·공급·임차등을 하는 계약의 경우에 있어서는 단가에 대하여 그 예정가격을 결정할 수 있다.

② 공사계약에 있어서 그 이행에 수년이 걸리며 설계서등에 의하여 전체의 사업내용이 확정된 공사(이하 "장기계속공사"라 한다) 및 물품의 제조등의 계약에 있어서 그 이행에 수년이 걸리며 설계서 또는 규격서등에 의하여 당해 계약목적물의 내용이 확정된 물품의 제조등(이하 "장기물품제조등"이라 한다)의 경우에는 총공사·총제조등에 대하여 예산상의 총공사금액(관급자재 금액은 제외한다)또는 총제조금액(관급자재 금액은 제외한다)등의 범위안에서 예정가격을 결정하여야 한다.

제9조(예정가격의 결정기준) ① 각 중앙관서의 장 또는 계약담당공무원은 다음 각 호의 가격을 기준으로 하여 예정가격을 결정하여야 한다.

  1. 적정한 거래가 형성된 경우에는 그 거래실례가격(법령의 규정에 의하여 가격이 결정된 경우에는 그 결정가격의 범위안에서의 거래실례가격)

  2. 신규개발품이거나 특수규격품등의 특수한 물품·공사·용역등 계약의 특수성으로 인하여 적정한 거래실례가격이 없는 경우에는 원가계산에 의한 가격. 이 경우 원가계산에 의한 가격은 계약의 목적이 되는 물품·공사·용역등을 구성하는 재료비·노무비·경비와 일반관리비 및 이윤으로 이를 계산한다.

  3. 공사의 경우 이미 수행한 공사의 종류별 시장거래가격 등을 토대로 산정한 표준시장단가로서 중앙관서의 장이 인정한 가격

  4. 제1호 내지 제3호의 규정에 의한 가격에 의할 수 없는 경우에는 감정가격, 유사한 물품·공사·용역등의 거래실례가격 또는 견적가격

② 제1항의 규정에 불구하고 해외로부터 수입하고 있는 군용물자부품을 국산화한 업체와 계약을 체결하려는 경우에는 그 수입가격 등을 고려하여 방위사업청장이 인정한 가격을 기준으로 하여 예정가격을 결정할 수 있다.

③ 각 중앙관서의 장 또는 계약담당공무원은 제1항의 규정에 의하여 예정가격을 결정함에 있어서는 계약수량, 이행기간, 수급상황, 계약조건 기타 제반여건을 참작하여야 한다.

④ 제1항 내지 제3항외에 예정가격의 결정에 관하여 필요한 사항은 기획재정부장관이 정한다.

나. 예정가격의 결정

(1) 예정가격 결정 절차

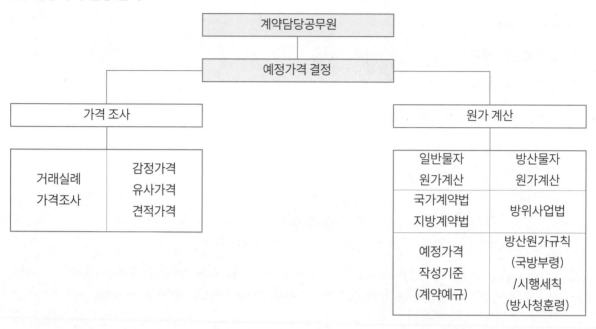

■ 예정가격의 결정시 고려사항

예정가격은 계약가격을 확정하는 기준이 되는 가격으로서 가격조사 또는 원가계산 등 기초금액조사를 먼저 실시하고, 그 조사된 가격의 범위 내에서 계약의 수량, 이행의 전망, 수급상황, 계약조건 및 기타 여건을 고려하여 결정하고 있다.

※ 예정가격 결정의 판단기준을 설정하는데 어려움이 있다.

    ① 고려되는 주요변수가 원가에 미치는 영향을 정확하게 측정하기 곤란하며,

    ② 주요 고려 요인이 독립적이 아니라 상호 연계성 및 복합적으로 작용하고,

    ③ 판단기준 설정 시 과다한 시간과 노력이 소요되며,

    ④ 설정된 기준의 이론적 한계성으로 인한 대외 신뢰성 저하가 우려되고,

    ⑤ 상황 변화에 탄력적으로 대응하기 곤란하다는 등의 난점이 있다.

    → 현실적으로 예정 가격 결정시에는 전문지식과 경험을 토대로 적시에 적정한 가격정보를 획득하여 주관적으로 판단할 수밖에 없는 한계가 있는 실정이다.

(2) 복수예비가격에 의한 예정가격의 결정

입찰시 복수예비가격 방식에 의한 예정가격의 결정 방법을 적용할 수 있는데, 계약담당공무원은 예정가격의 유출이 우려되는 등 필요하다고 인정되는 경우 복수예비가격 방식에 의해 예정가격을 결정할 수 있다.(예정가격 작성기준 제44조의2)

관련 세부규정은 다음과 같다.(예정각격 직성기준 제44조의3)

① 입찰서 제출 마감일 5일 전까지 기초금액(계약담당공무원이 시행령 제9조제1항의 방식으로 조사한 가격으로서 예정가격으로 확정되기 전 단계의 가격을 말하며, 「출판문화산업 진흥법」제22조에 해당하는 간행물을 구매하는 경우에는 간행물의 정가를 말한다)을 작성하여야 한다.

② 기초금액의 ±2%(지방계약법은 기초금액의 ±3%) 금액 범위 내에서 서로 다른 15개의 가격(이하 "복수예비가격"이라 한다)을 작성하고 밀봉하여 보관하여야 한다.

③ 입찰을 실시한 후 참가자 중에서 4인(우편입찰 등으로 인하여 개찰장소에 출석한 입찰자가 없는 때에는 입찰사무에 관계없는 자 2인)을 선정하여 복수예비가격 중에서 4개를 추첨토록 한 후 이들의 산술평균가격을 예정가격으로 결정한다.

④ 유찰 등으로 재공고 입찰에 부치려는 경우에는 복수예비가격을 다시 작성하여야 한다.

관련하여 각 중앙관서의 장은 정하지 아니한 사항으로서 복수예비가격에 의한 예정가격의 작성과 관련하여 필요한 사항에 대하여는 세부기준 및 절차를 정하여 운용할 수 있도록 하고 있다.(예정각격 직성기준 제44조의4)

02

제조원가계산

1 | 제조원가계산 구성 및 개요

가. 제조원가계산의 개요

국가계약법에서 정하고 있는 계약은 제조, 공사, 용역 세가지 형태로 발주되고 체결된다. 따라서, 예정가격을 정하는 원가계산 역시 제조원가계산, 공사원가계산, 용역원가계산으로 구분하고 있다.("예정가격 작성기준" 제3조)본 장에서는 제조원가계산의 구성과 방법에 대하여 다루고자 한다.

일반적으로 제조원가는 제품이나 서비스를 생산하는 데 직접 또는 간접적으로 소비되는 모든 경제적 자원의 가치로, 하나의 제품을 만들기 위해 투입되는 모든 비용을 합한 금액이라고 할 수 있다.

정부회계 제조원가 역시 "제조과정에서 발생한 재료비, 노무비, 경비의 합계액"을 말하는데, "예정가격 작성기준" 제7조에서 규정하고 있다.제조원가계산서는 제조원가에 일반관리비 및 이윤을 더하여 작성하도록 하고, 비목별 산정에 있어 제조원가의 비목을 일반관리비 및 이유에 계상하지 않도록 정하고 있다.

> [예정가격 작성기준]
> 제8조(작성방법) 계약담당공무원은 제조원가를 계산 하고자 할 때에는 별표1의 제조원가계산서를 작성하고 비목별 산출근거를 명시한 기초계산서를 첨부하여야 한다. 이 경우에 재료비, 노무비, 경비 중 일부를 별표1의 제조원가계산서상 일반관리비 또는 이윤 다음 비목으로 계상하여서는 아니된다.

나. 제조원가계산서의 구성

"예정가격 작성기준" 별표1에서는 제조원가계산서를 다음과 같이 구성하도록 규정하고 있다.

(별표1) 제조원가계산서

품명:　　　　생산량:

규격:　　　　단위:　　　　제조기간:

비목		구분	금액	구성비	비고
제조원가	재료비	직접재료비			
		간접재료비			
		작업설·부산물 등(△)			
		소계			
	노무비	직접노무비			
		간접노무비			
		소계			
	경비	전력비			
		수도광열비			
		운반비			
		감가상각비			
		수리수선비			
		특허권사용료			
		기술료			
		연구개발비			
		시험검사비			
		지급임차료			
		보험료			
		복리후생비			
		보관비			
		외주가공비			
		산업안전보건관리비			
		소모품비			
		여비·교통비·통신비			
		세금과공과			
		폐기물처리비			
		도서인쇄비			
		지급수수료			
		기타법정경비			
		소 계			
일반관리비(　　)%					
이윤(　　)%					
총원가					

2 | 재료비의 산정

가. 재료비의 의의

재료비란 제품을 생산하거나 서비스를 제공하기 위해 소비되는 모든 재료의 가치를 의미하는데, 제품을 제조하기 위하여 기업이 외부로부터 구입한 재화를 재료(원료)라고 하며, 제품의 제조 과정에서 소비된 재료(재화)의 가치를 화폐액으로 측정한 금액을 재료비라고 한다. 즉, 재료비는 생산과정에 투입된 원가 요소로 정의할 수 있다.

재료비는 제조원가의 매우 중요한 비용 구성요소이고, 예정가격에 있어 재료비를 정확하게 산정하는 것은 적정한 투입 비용을 반영하여 공정한 계약의 기초가 되는 적정 원가 산정에 필수적 요소라 할 수 있다.

"예정가격 작성기준"에서는 제조원가의 재료비를 제품의 제조를 위하여 소요되는 재료의 가치로서 계약목적물의 실체를 형성하거나, 제조에 보조적으로 소비되는 물품의 가치로 정의하고 있다.

나. 재료비의 분류

정부회계 원가계산의 "예정가격 작성기준"에서는 재료비를 직접재료비, 간접재료비, 작업설·부산물 등으로 구분한다.

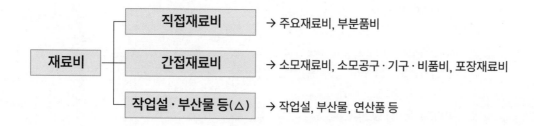

직접재료비는 주요재료비, 부분품비로 세분하고, 간접재료비는 소모재료비, 소모공구·기구·비품비, 포장재료비로 세분하며, 작업성 부산물은 작업설, 부산물, 연산품 등으로 규정하고 한다.

(1) 직접재료비와 간접재료비

원가를 추적 가능성에 따라 분류하면 특정원가대상에 추적이 용이한 원가로서 특정의 제품을 제조하기 위해서 소비되어 직접적으로 그 제품의 원가로 집계할 수 있는 원가 요소인 직접원가와 특정원가대상에 추적이 어려우므로 인위적으로 원가 배분이 필요한 원가로 각종의 제품을 제조하는데, 공통으로 소비되어 특정의 제품에 직접적으로 집계할 수 없는 원가 요소인 간접원가가 있다.

이의 구분은 재료비, 노무비, 경비에 모두 적용할 수 있는데 재료비에서는 제품의 생산을 위하여 소비된 재료비로서 당해 제품에 직접 부과할 수 있는 비용을 직접재료비라 하고, 여러 제품에 공통적으로 소비되는 재료비를 간접재료비라 한다.

직접재료비는 재료 종류별로 투입재료량에 단위당 가격을 곱하여 개별적으로 계산하나, 간접재료비는 일정 기간의 발생실적을 기준으로 하여 적정한 배부기준에 따라 계산한다.

직접재료비와 간접재료비의 계산 절차 및 주요 검토 사항은 다음과 같다.

재료비 산정 절차

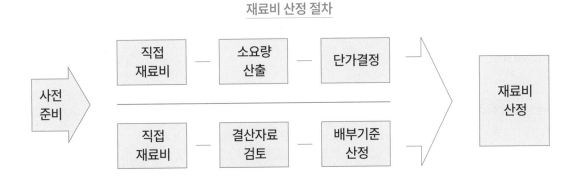

- **재료소요량 산출 기초자료**: 규격서(사양서), 도면, 견본품, 생산실적 자료 등
  ➡ 직접재료비 항목 검토 및 직접재료 물량산출 기초자료 분석
- **간접재료 산출 기초자료**: 결산서(제조원가명세서), 간접재료 계정원장 등
  ➡ 간접재료비 항목 검토 및 비목별 산정기준 및 방법 검토

구분	내용
수량산출 기초자료 분석	▪ 품목 및 분류 ▪ 수량 및 단위 확인 ▪ 재료의 공급 방법(관급/사급) ▪ 실적여부
규격서 검토	▪ 규격형태(규격, 사양, 현품) 및 규격 변경 여부 ▪ 재료의 구성 및 가공방법 ▪ 포장방법
대상업체 선정 및 자료수집	▪ 대상업체 선정 적정성 여부 ▪ 생산실적자료(실적업체)/생산가능한 자료(신규업체) ▪ 재료의 분류: 자작, 구입(수입), 외주가공 ▪ 광범위한 물가조사
업체실사 확인	▪ 소요량 책정 적정성 검증(투입량/산출량) ▪ 자료의 신뢰성 확인
※ 재료비 계산서 작성	

(2) 재료비의 비목 분류

가) 직접재료비

[예정가격 작성기준] 제9조(재료비)

재료비는 제조원가를 구성하는 다음 내용의 직접재료비, 간접재료비로 한다.

① 직접재료비는 계약목적물의 실체를 형성하는 물품의 가치로서 다음 각호를 말한다.

   1. 주요재료비

      계약목적물의 기본적 구성형태를 이루는 물품의 가치

   2. 부분품비

      계약목적물에 원형대로 부착되어 그 조성부분이 되는 매입부품 · 수입부품 · 외장재료 및 제11조 제3항 13호 규정에 의한 경비로 계상되는 것을 제외한 외주품의 가치

② ~ ④ 생략

① 주요재료비

주요재료비는 제품의 제조에 직접 소비되고, 제품의 실체를 형성하는 주요한 구성 부분이 되는 재료의 소비액을 말한다.

예) 기계공업의 철·동, 방직공업의 면화, 제지공업의 펄프 등

② 부분품비

부분품비는 제품의 제조에 직접 소비되고, 제품에 원형대로 부착되어 제품의 일부를 형성하는 재료의

소비액을 말한다. 부분품비는 그 구성부분이 되는 매입부품비, 수입부품비, 외장재료비 및 경비로 계상되는 것을 제외한 외주품의 가치로서 구분된다.

예) 자동차공업의 타이어, 전자공업의 전자부품 등

나) 간접재료비

간접재료비는 계약목적물의 실체를 형성하지는 않으나 제조에 보조적으로 소비되는 물품의 가치로 다음과 같이 정의된다.

> **[예정가격 작성기준] 제9조(재료비)**
> 재료비는 제조원가를 구성하는 다음 내용의 직접재료비, 간접재료비로 한다.
> ① 직접재료비는 계약목적물의 실체를 형성하는 물품의 가치로서 다음 각호를 말한다.
>   1. 주요재료비
>   계약목적물의 기본적 구성형태를 이루는 물품의 가치
>   2. 부분품비
>   계약목적물에 원형대로 부착되어 그 조성부분이 되는 매입부품·수입부품·외장재료 및 제11조 제3항 13호 규정에 의한 경비로 계상되는 것을 제외한 외주품의 가치
> ②~④ 생략

① 소모재료비

소모재료비는 제품의 실체를 형성하지 않고 제조에 보조적으로 소비되는 재료의 소비액을 말한다.

예) 기계오일, 접착제, 용접가스, 장갑, 연마제 등 소모성 물품의 가치

② 소모공구·기구·비품비

소모공구·기구·비품은 내용년수가 1년 미만으로서 그 가치가 상당가액 이하인 시험기기·공구 등 법인세법 시행령(소득세법)에서 정하는 고정자산으로 감가상각 대상에서 제외되는 것으로 한다.

소모공구·기구·비품비는 기업회계에서는 경비 중 소모품비로 처리되는 것이 일반적이나 "예정가격 작성기준"에서는 이를 간접재료비로 구분하여 정의하고 있다.(예: 벤치, 스패너, 계산자, 치공구 등)

그러나 기업회계와 세무회계의 차이나 회계처리 실무상 자산의 취득가액이나 자본적 지출액을 취득연도 또는 발생연도에 직접손비로서 계상하는 경우가 있는바, 이때에는 유형자산을 즉시상각한 것으로 간주한다는 것이 즉시상각 의제인 것이다.

법인세법시행령에서는 이러한 즉시상각에 대하여는 두 가지 입장을 취하고 있는데, 첫째는 즉시상각의 제액을 감가상각비로서 손금산입한 것으로 보아 상각시 부인을 하는 것이고, 둘째는 적극적으로 손금경리한 것을 인정하여 주는 것이다.

전자의 경우는 유형자산에 대한 자본적 지출 등을 직접 손금에 계상한 경우에 대한 것이며, 후자의 경우는 소액자산의 구입, 자산의 폐기 등의 상황에서 자산으로 처리하지 않고 직접 비용화할 수 있도록 계산상의 편의를 도모하는 것이다.

그 고유업무의 성질상 대량으로 보유하는 자산 및 그 사업의 개시 또는 확장을 위하여 취득한 자산을 제외한 사업용 감가상각자산으로써 그 취득가액이 거래단위별로 100만원 이하인 것에 대하여는 이를 그 사업에 공한 날이 속하는 사업연도의 손금으로 경리한 것에 한하여 이를 손금에 산입한다.

③ 포장재료비

포장재료비는 제품포장에 소비되는 재료의 소비액을 말하며, 물품구매 조달에서는 운반, 저장 등의 필요에 의하여 포장사양을 요구함으로써 사양에 맞는 포장재료비 계산이 이루어져야 한다.

다) 작업설·부산물 등

작업설이란 제품을 생산하는 과정에서 발생하는 불가피한 부산물을 의미한다. 즉, 원자재를 가공하거나 제품을 생산하는 과정에서 원래 의도하지 않은 형태로 남게 되는 찌꺼기나 조각 등을 하는데, "예정가격 작성기준"에서는 다음과 같이 정의한다.

> [예정가격 작성기준] 제9조(재료비)
> ④ 계약목적물의 제조중에 발생되는 작업설, 부산물, 연산품 등은 그 매각액 또는 이용가치를 추산하여 재료비로부터 공제하여야 한다.

① 작업설: 생산공정에서 발생하는 설물

　　예) 철판가공: 고철

② 부산물: 주산물 생산과정에서 필연적으로 발생하는 제2차적 생산물

　　예) 철강업: 슬래그, 코크스 등

③ 연산품: 하나의 생산과정에서 복수의 생산물이 동시적으로 생산되어 주종의 구별을 하기 어려운 생산물

　　예) 원유정제업: 휘발유, 등유, 경유, 중유 등

다. 직접재료비 계산

직접재료비는 직접재료의 종류 및 규격별로 소요량에 단위당 가격을 곱하여 계산한다.

$$재료비 = \sum(재료소요량 \times 단위당가격)$$

[참고] 직접재료비명세서 서식

직접재료비 명세서

명칭	규격	단위	수량	단가	금액	비고

(1) 재료의 소요량

가) 재료소요량의 의의

재료의 소요량이란 일정한 단위의 제품을 생산하는데 소요(투입)되는 물량을 말하며, 재료의 소요량 계산은 일정단위당 제품의 제조에 소요되는 재료의 양을 산출하는 것이다.

재료소요량은 정상적인 작업조건하에서 일반적으로 발생한다고 인정되는 정미량에 손실량(율) 및 불량량(율)을 포함하여 산정된다.

$$재료소요량 = 정미량 \times (1 + 손실율) \times (1 + 불량율)$$

위의 산식은 소재로부터 조립가공에 이르는 공정을 거쳐 완제품을 생산하는 경우에 적용하게 되며, 부분품을 단순히 조립 가공하여 완성제품을 생산하는 경우에는 손실율을 계산하지 않는다.

정부회계 원가계산에서는 정상적으로 발생하는 손실율과 불량율을 인정하고 있으며, 시료율은 규격서 또는 계약특수조건상 시료율이 발생하는 경우에만 적용한다.

① 손실율(량)

손실량은 소재를 가공하여 완성제품을 생산하는 과정에서 발생하며, 손실율은 제품을 생산하는데 필요한 투입원재료의 중량과 실제 생산된 제품의 단위중량과의 차이를 완성제품의 단위중량으로 나눈 값이다.

■ 손실량 = 투입원재료 중량 – 완성제품의 단위중량

■ 손실율 = 손실량 ÷ 완성제품의 단위중량

※ 수율 적용시 손실량

  * 투입 원재료 량 = 완성제품 단위량 ÷ 수율

  * 손실량 = 투입원재료 량 − 완성제품 단위량

그리고 손실율은 대부분 재단, 절단, 가공 등의 제조공정에서 발생하는 손실량에 의해 측정되지만, 동일 공정에서 여러 가지 재료를 배합·투입하여 양품이 완성되는 경우는 손실량이 수율 측정에 의해 산정된다.

제조과정에서 투입된 재료는 감손 또는 공손 등으로 인하여 전부가 양품의 실체를 구성하는 것은 아니기 때문이다. 이 경우에 투입 재료에 대한 양품에 함유된 재료의 비율을 수율이라 한다.

> ※ 수율(%) = (양품에 포함된 재료 ÷ 투입재료) × 100

② 불량률(량)

불량량은 가공과정에서 발생하는 불량품과 조립과정에서 발생하는 불량품의 양을 말하며, 불량율은 불량량을 생산량으로 나눈 값이다.

> 불량율 = 불량량 ÷ 총생산량

이때 불량품은 완전 폐기 되는 불량품을 말하며 보수나 재가공에 의해 회복이 가능한 불량품은 제외된다.

③ 시료율(량)

시료란 재사용이 불가능한 시료로서 강도시험, 성능검사 등을 위해 파괴시험용으로 사용되는 것을 말하며, 시료율은 시료량을 총생산량으로 나눈 값이다.

> 시료율 = 시료량 ÷ 총생산량

나) 재료량의 산출방법

일반적으로 정부회계 원가계산 실무에서 이용하고 있는 재료소요량 산정방식은 다음과 같다.

① 제품 규격 및 사양에 의한 물리적, 화학적 분석과 검증에 의하는 방법

② 제품의 규격, 사양 및 제조공정을 고려하여 실제로 측정하는 방법

③ 제품의 생산실적자료를 수집 · 검토하여 판단하는 방법

④ 관련기관의 공표된 자료에 의하는 방법

⑤ 기타(연구기관의 연구자료, 용역기관의 용역결과 활용 등)

다) 재료량의 산출실무사례

① 규격서(사양) 세부도면에 의한 산출사례(장비류)

- 제작도면 확인

- 재료명세 및 투입수량 확인

- 자작재료 및 구입부품 분류

- 자작재료 재질 및 규격 조사

- 소재구분별 Cutting Plan 작성

- 소요량 산정

  ㉮ 도면상 부품형태

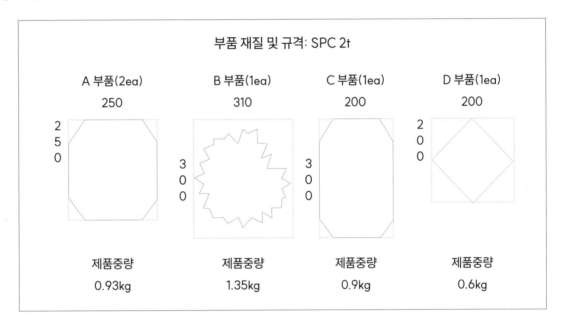

  ㉯ Cutting Plan 작성

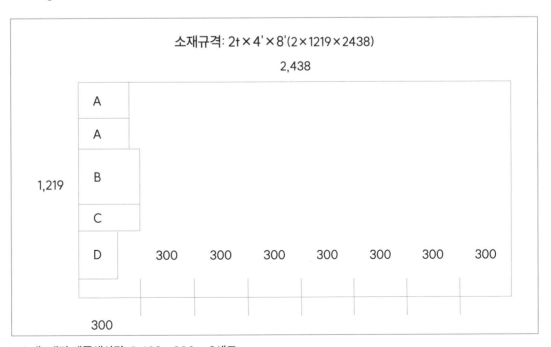

* 소재 1매당 제품생산량: 2,438 ÷ 300 = 8세트

ⓒ 소요량 계산

- 소재중량: $(2 \times 1,219 \times 2,438 \times 7.85) \div 1,000,000 = 46.659kg$

- 제품중량: $(0.93 + 0.93 + 1.35 + 0.9 + 0.6) \times 8세트 = 37.68kg$

- 손실율: $(46.659kg - 37.68kg) \div 37.68kg = 23.82\%$

  * 소요량 = 제품정미중량 $\times (1 + 23.82\%)$

㉣ 자작재료 소요량표 작성

Cutting Plan에 의해 산출된 재료소요량(소재중량)을 제품 생산에 투입되는 수량을 곱하여 총 소요량 산정

부품명	재질 및 규격	단위	제품중량	손실율(%)	소재중량	수량	총소요량
A	SPC 2t×250×250	kg	0.93	23.82	1.15	2	2.3
B	SPC 2t×310×300	kg	1.35	23.82	1.67	1	1.67
C	SPC 2t×200×300	kg	0.9	23.82	1.11	1	1.11
D	SPC 2t×200×200	kg	0.6	23.82	0.74	1	0.74

[참고] 각 소재별 중량 계산방법
- 환봉: CU의 규격이 $\phi 100 \times L200$인 경우
  소요량 $= (D/4 \times 길이 \times 비중) \div 1,000,000$
  $= (3.14 \times 100 \times 100) / 4 \times 200 \times 8.9 \div 1,000,000 = 13.973kg$
- 사각봉: 사각봉(S20C)의 규격이 $30 \times L400$인 경우
  소요량 $= (단면적 \times 길이 \times 비중) \div 1,000,000$
  $= (30 \times 30 \times 400 \times 7.85) \div 1,000,000 = 2.826kg$
- PIPE: 소재규격이(외경 $\phi 600$ - 내경 $\phi 300$) $\times L600$인 경우
  소요량 $= ((D - t) \times t \times 3.14 \times 길이 \times 비중 \div 1,000,000$
  $= ((600 - 150) \times 150 \times 3.14 \times 600 \times 7.85) \div 1,000,000$
  $= 998.28kg$

② 재단(실물)모형에 의한 소요량 산출사례(피복류)

- 제작도면확인, 실물모형제작, 경제적인 원단폭 및 길이결정, Marking, 소요량 산정

㉮ 실물모형

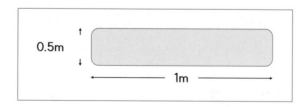

㉺ Marking

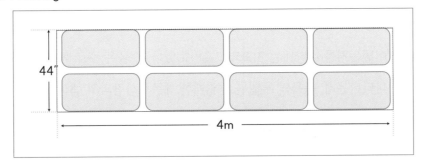

㉱ 소요량 산정: 4m÷8개 = 0.5m

③ 업체 실적자료 분석에 의한 소요량 산출사례

■ 재료매입원장, 재료수불부, 발주서 및 검사조서, 생산일보 수집 분석

㉮ 실적자료

- 품명: 창굽못
- 생산품목(사용비율): 전투화(50%), 안전화(30%), 단화(20%)
- 생산량: 30만족(전투화)
- 자재수불부

기초재고			당기매입			기말재고		
수량	단가	금액	수량	단가	금액	수량	단가	금액
120kg	530	63,600	8,500kg	580	4,760,000	190kg	540	102,600

* 사용량: 120＋8,500－190 = 8,430kg

㉯ 소요량 계산

■ 전투화 생산소요 환산량

$$8,430kg \times \frac{50}{50+30+20} = 4,215kg$$

* 기초재료재고량＋당기재료매입량－기말재료재고량 = 8,430kg

■ 전투화 단위당(족당) 창굽못 소요량

$$4,215kg÷300,000족 = 0.014kg/족$$

④ 수율에 의한 소요량 산정

수율이란 투입된 양 대비 얻어낸 결과물의 양을 비율로 나타낸 것으로, 어떤 작업이나 과정에서 얼마나 효율적으로 결과물을 얻어냈는지를 나타내는 지표라고 할 수 있다. 수율은 주로 화학적 변화에 의하여 제품화되는 경우에서 많이 나타나는데, 품목의 투입원료에 대한 제품생산량과의 백분비율로 산출한다.

$$수율 = (생산량 \div 투입량) \times 100$$

라) 재료량 산정시 유의 사항

재료량 산출의 할증률 적용시 표준품셈의 공사부문 기준 할증율을 적요할 수 있는데, 제품규격과 재료 표준규격(또는 사용규격)을 비교함으로써 실제보다 과다한 할증율이 적용되지 않도록 주의가 필요하다.

특히, 원가절감을 위해 소재구매시 로스를 최소화하는 주문규격으로 발주·구매하는 경우 재료의 선가공을 통해 할증률이 감소하고 단가에 관련 비용이 반영될 수 있으므로 주의가 필요하다.

➡ 주문 규격으로 재료를 구매하는 경우는 손실율이 미미할 수 있음.

예시 1)

철판가공품(1.4t × 910mm × 1,800mm/EA)의 경우

■ 주재료: 열연강판 1.4t

■ 재료 표준규격: 1.4t × 914mm × 1,829mm → 18.37mm/매

■ 할증율

  ① 표준품셈 기준시 할증율: 10%(Plate류)

  ② 재단 할증율: (18.37kg − 18kg) ÷ 18kg = 2.05%

  ※ 적용 할증율: 2.05%

예시 2)

경완철(2.4t × 75 × 75 × 2400mm/EA)의 경우

■ 주재료: 각관 2.4t × 75 × 75

■ 재료 구매규격: 2.4t × 75 × 75 × 7240mm(주문규격)

■ 할증율

  ① 표준품셈 기준시 할증율: 5%(형강류)

  ② 재단 할증율: 구매규격 7240에서 2400각관 3EA 재단

$$\{(7240 \div 3EA) - 2400\} \div 2400 = 0.555\%$$

  ※ 적용 할증율: 0.555%

(2) 재료의 단위당가격 결정

재료비 단가는 제품의 총 제조원가 산정에 있어 매우 중요한 요소이다. 재료비 단가를 어떻게 적용하느냐에 따라 제품의 원가 적정성이 결정될 수 있으므로 신중하게 결정해야 한다.

일반적으로 기업회계에서는 재료의 소비가격을 계산하는 방법은 원가법(개별법, 선입선출법, 후입선출법, 총평균법 등), 계산가격법(예정가격법, 표준가격법), 시가법 등이 있는데, 재료의 구입원가가 언제나 일정하다면 별다른 문제가 없지만 동일종류의 재료가 상이한 가격으로 구입하였을 경우 재료의 소비단가를 어떻게 적용하느냐에 따라 제조원가가 달라지게 된다.

재료비 단위당 가격의 적요에 있어 다음의 다양한 방법 중 실제 투입재료의 물량 흐름, 재료의 반입 여건 등을 고려하여 결정할 수 있다. 다만, 일단 선택된 방법을 계속하여 일관되게 유지하는 것이 바람직하다.

① 개별법: 동일한 품질, 규격 등을 가진 재료일지라도 구입단가가 다르면 구분하여 보관하고, 출고할 때마다 어디에 속한 것이 출고되었는가 확인하여 그 구입단가를 소비단가로 하는 방법이다. 관리비용과 업무 부담으로 주로 종류가 적은 고가의 재료에 적용한다.

② 선입선출법(First-In First-Out Method: FIFO): 먼저 입고된 재료가 먼저 출고된다는 가정하에 소비단가를 적용하는 방법이다.

③ 후입선출법(Last-In First-Out Method: LIFO): 나중에 입고된 재료가 먼저 출고된다는 가정하에 소비단가를 적용하는 방법이다.

④ 평균법: 구입한 재료의 금액(기초재고 포함)을 구입수량으로 나누어 평균단가를 계산하고, 평균단가를 재료의 소비단가로 적용하는 방법이다.

⑤ 예정(표준)가격법: 현재 및 미래의 가격을 합리적으로 고려하여 정한 예정가격이나 과거의 경험이나 과학적 연구를 기초로 하여 정한 표준가격을 재료소비단가로 적용하는 방법이다.

⑥ 시가법: 현재의 재료의 시가를 재료소비단가로 적용하는 방법이다.

이러한 기업회계 재료비 적용 방법에도 불구하고, 정부회계 원가계산은 예정가격 작성을 목적으로 예정원가계산을 실시하게 되므로 원가계산 시점에서 거래실례가격 등을 조사하여 재료의 단위당 가격을 적용하도록 정하고 있다.

가) 국내구입재료의 단위당 가격

> **[예정가격 작성기준] 제5조(비목별 가격결정의 원칙)**
> ② 재료비, 노무비, 경비의 각 세비목별 단위당가격은 시행규칙 제7조에 따라 계산한다.
>
> **국가계약법 시행규칙 제7조(원가계산을 할 때 단위당 가격의 기준)**
> ① 제6조제1항에 따른 원가계산을 할 때 단위당 가격은 다음 각 호의 어느 하나에 해당하는 가격을 말하며, 그 적용순서는 다음 각 호의 순서에 의한다.
>   1. 거래실례가격 또는 통계법 제15조에 따른 지정기관이 조사하여 공표한 가격. 다만, 기획재정부장관이 단위당 가격을 별도로 정한 경우 또는 각 중앙관서의 장이 별도로 기획재정부장관과 협의하여 단위당 가격을 조사·공표한 경우에는 해당 가격
>   2. 제10조 제1호 내지 제3호의 1의 규정에 의한 가격
>
> **국가계약법 시행규칙 제10조(감정가격 등에 의한 예정가격의 결정)**
> 영 제9조제1항제4호의 규정에 의한 감정가격, 유사한 거래실례가격 또는 견적가격은 다음 각 호의 1의 가격을 말하며, 그 적용순서는 다음 각 호의 순서에 의한다.
>   1. 감정가격: 「부동산가격공시 및 감정평가에 관한 법률」에 의한 감정평가법인 또는 감정평가사(「부가가치세법」 제8조에 따라 평가업무에 관한 사업자등록증을 교부받은 자에 한한다)가 감정평가한 가격
>   2. 유사한 거래실례가격: 기능과 용도가 유사한 물품의 거래실례가격
>   3. 견적가격: 계약상대자 또는 제3자로부터 직접 제출받은 가격

따라서, 국가계약법을 기준으로 원가계산을 할 때의 재료단가는 거래실례가격(또는 통계법 제15조에 따른 지정기관이 조사하여 공표한 가격), 감정가격, 유사한 거래실례가격, 견적가격의 순서에 의하여 적용하여야 한다.

① 거래실례가격

거래실례가격은 시중에 적정한 거래가 형성되고 있는 물품가격으로서 「국가계약법 시행규칙」 제5조에서는 다음의 가격으로 정의하고 있다.

㉮ 조달청장이 조사하여 통보한 가격

㉯ 기획재정부장관에게 등록한 기관이 조사하여 공표한 가격

   기획재정부장관이 정하는 기준에 적합한 전문가격조사기관으로서 기획재정부장관에게 등록한 기관이 조사하여 공표한 가격

㉰ 계약담당공무원의 조사가격

   각 중앙관서의 장 또는 계약담당공무원이 2이상의 사업자에 대하여 당해 물품의 거래실례를 직접 조사하여 확인한 가격(실제로 거래가 성립되어 대금이 결제되었거나 거래가 가능한 가격)

② 감정가격

「부동산가격공시 및 감정평가에 관한 법률」에 의한 감정평가법인 또는 감정평가사(「부가가치세법」제8조에 따라 평가업무에 관한 사업자등록증을 교부받은 자에 한한다)가 감정평가한 가격

※ 「부동산 가격공시에 관한 법률」과「감정평가 및 감정평가사에 관한 법률」로 분리되어 있어 시행규칙 개정 필요(감정평가법 제10조에서 감정평가사의 업무는 부동산 및 토지에 대한 평가, 자문으로 규정하고 있음)

③ 유사한 거래실례가격

기능과 용도가 유사한 물품의 거래실례가격

④ 견적가격

계약상대자 또는 제3자로부터 직접 제출받은 가격

나) 수입재료의 단위당 가격

재료비에 반영되는 구성품중 수입재료의 경우 재료비의 단위당 가격은 수입원가계산방식에 의하여 산정한다.

① 수입완제품 구매의 경우

- 수입물품의 외화표시원가
- 통관료
- 보세창고료
- 하역료
- 국내운반비
- 신용장개설수수료
- 일반관리비: 상기 수입비용 합계액에 일반관리비율 8% 계상
- 이윤: 상기 수입비용 중 수입물품원가를 제외한 금액에 이윤율 10% 계상
- 세액: 부가가치세, 개별소비세, 교육세, 관세, 농어촌특별세

  ※ 「국가계약법 시행규칙」 제6조, 제8조, 제11조

② 재료비단가로 적용되는 수입재료비의 경우

⑦ 재료단가 적용금액

- 수입물품의 외화표시원가, 통관료, 보세창고료, 하역료, 국내운반비, 신용장개설수수료

⑭ 세액

- 부가가치세, 관세 등(총괄표상 이윤 하단으로 계상하여야 함)

다) 부대비용 등

재료 구입 과정에서 당해 재료에 직접 관련되어 발생하는 관련 부대비용을 포함하여야 한다. 관련부대비용이란 원재료의 구입에 있어서 기업 외부에 지급되는 비용으로서, 매입수수료, 인수운임, 하역비, 보험료, 관세 등이 이에 속한다.

재료의 구입사무, 검수, 정리, 선별, 보관, 이관, 공장내부운반 등을 위한 부대 경비가 있을 수 있으나, 직접적인 측정이 어렵고, 재료비 계산에 가산에 따른 비중이 크지 않아 재료비 단가 적용에 포함하지 않는 것이 일반적이다.

그리고 재료의 입고시점이후(즉, 원재료로 인식한 이후) 발생하는 운임, 운반비, 보관비 등의 부대비용은 재료비에 포함하지 않고 경비의 해당 비목에 산입하여 계상하여야 한다.관련하여, "예정가격 작성기준"에서는 운임, 보험료, 보관비 등의 부대비용에 대해 다음과 같이 규정하고 있다.

> [예정가격 작성기준] 제9조(재료비)
> ③ 재료의 구입과정에서 당해재료에 직접 관련되어 발생하는 운임, 보험료, 보관비 등의 부대비용은 재료비로서 계산한다. 다만, 재료구입 후 발생되는 부대비용은 경비의 각 비목으로 계산한다.

또한, 「국가계약법 시행규칙」제6조제2항에서는 수입부대 비용에 대해 통관료, 보세창고료, 하역료, 국내운반비, 신용장수수료를 규정하고 있으나, 열거한 비목 외에 해당계약이행을 위하여 필수적으로 소요되는 추가비용을 포함할 수 있다.

한편, 재료의 단위당 가격은 국가계약법 시행규칙 11조 2항에 따라 세액(부가가치세, 특별소비세, 교육세, 관세 등)을 차감한 공급가액으로 하고, 부가가치세가 면제되는 농·축·수산물 또는 임산물을 원재료로 하여 제조 가공하는 때에는 부가가치세법에 따라 재료 단가에서 의제매입세액을 차감하여야 한다.

예정가격 결정시 세액합산과 관련된 「국가계약법 시행규칙」 제11조 규정을 정리하면 다음과 같다.

■ 1항에 규정된 세액이 발생할 경우 예정가격결정시 합산하여 산정한다.

> 1. 부가가치세법에 의한 부가가치세
> 2. 개별소비세법에 의한 개별소비세
> 3. 교육세법에 의한 교육세
> 4. 관세법에 의한 관세
> 5. 농어촌특별세법에 의한 농어촌특별세

■ 부가가치세는 당해계약목적물의 공급가액에 부가가치세율을 곱하여 산출하므로 재료의 단위당 가격은 부가가치세를 차감한 공급가액으로 하여야 하며, 개별소비세, 교육세, 관세, 농어촌특별세 등도 이를 준용

하여 재료의 단위당가격에는 포함되지 않는다.

■ 면세재화 등을 공급하는 사업자와 계약을 체결하기 위한 원가계산의 경우에 매입세액환급을 받지 못하므로 부가가치세 매입세액해당액을 계산금액에 합산한다.

(3) 농 · 수 · 축산물 물가조사 및 가격 적용

계절적으로 가격의 등락폭이 심한 농·축·수산물의 물가조사 및 조사가격의 적용은 일반물자(재료)의 물가조사와 같이 원가계산시점의 가격을 적용할 수 없는 여러 환경적 요인이 있다. 따라서 농·축·수산물을 재료로 하는 가공제품에 대하여는 다음과 같이 별도의 세부지침에 따라 가격을 적용하여야 한다.

그러나 물가조사 및 조사가격의 적용에 있어서 수량의 다과, 이행전망, 조사가격의 신뢰도 등으로 그 적용이 불합리하다고 판단되는 경우에는 계약업체의 실적가격, 기타 통계실적 가격, 해당업체 소재지역 평균가격등을 적용할 수 있다.

가) 물가조사

물가조사는 필수조사와 임의조사로 구분하여 실시함을 원칙으로 한다.

① 필수조사

필수조사는 반드시 물가조사를 실시하는 것으로 조사대상은 정부통제가격, 농수산물 유통공사(유통조사 월보)가격, 축산물등급판정소(축산물 등급정보)가격으로 한다.

② 임의조사

임의조사는 필요에 따라 물가조사를 실시하는 것으로 조사대상은 가락시장가격, 농협가격(조사월보), 신문기재가격, 수협가격(조사계보), 관련업체 구입 및 조사가격 등으로 한다.

나) 조사가격

조사가격은 시기별, 지역별 및 유통단계별 가격을 적용한다.

① 시기별 가격

시기별 가격은 원가계산시점(최근일)을 기준으로 조사 가능한 최근월(달)의 통계실적 자료를 적용하는 것을 원칙으로 하되, 성수기 가격적용 등이 필요한 경우에는 적절한 시기의 통계실적자료를 적용할 수 있다.

② 지역별 가격

지역별 가격은 전국지역 평균가격

③ 유통단계별 가격

유통단계별 가격은 수량의 다과, 유통구조 및 계약대상업체 실구입 실태 등을 고려하여 정부기관 수매가격, 정부기관 방출가격(수입판매가격 포함), 관련업체 구입 및 조사가격, 산지시장, 법정 도매시장, 중매인 및 중간도매상 등의 구입 가능 유통단계의 가격을 적용한다.

라. 간접재료비 계산

간접재료비는 제품 제조에 보조적으로 소비되거나 여러 제품에 공통적으로 소비되는 재료비로서 소모재료비, 소모성공구·기구·비품비와 포장재료비로 구분하고 있다. 이중 소모재료비, 소모성공구·기구·비품비는 일반적인 배부기준에 의거하여 배부계산 하고 포장재료비는 직접재료비와 같이 개별계산방식에 의한다.

(1) 소모재료비 및 소모성 공구·기구·비품비 배부계산

가) 배부계산 기준 및 방법

소모재료비 등은 일정 기간 동안의 실적발생액 자료를 근거로 하여 업체의 생산공정 및 제품의 특성에 맞는 적정한 배부기준을 선택하여 배부 계산하게 된다. 여기서 일반적으로 사용되고 있는 배부기준은 다음의 표에서 보는 바와 같다.

배부기준 및 계산방법

배부 방법		배부 기준	계산 공식		
가격법	1. 직접재료비법	제조에 소요된 직접재료비	$\dfrac{\text{일정기간의 간접재료비총액}}{\text{일정기간의 직접재료비총액}}$	×	당해제품의 직접재료비
	2. 직접노무비법	제조에 소요된 직접노무비	$\dfrac{\text{일정기간의 간접재료비총액}}{\text{일정기간의 직접노무비총액}}$	×	당해제품의 직접노무비
	3. 직접원가법	제조에 소요된 직접원가	$\dfrac{\text{일정기간의 간접재료비총액}}{\text{일정기간의 직접원가총액}}$	×	당해제품의 직접원가
시간법	4. 직접작업시간법	직접작업 시간	$\dfrac{\text{일정기간의 총간접재료비}}{\text{직접작업 연시간수}}$	×	당해제품에 소요된 작업시간수
	5. 기계작업시간법	기계작업 시간	$\dfrac{\text{일정기간의 총간접재료비}}{\text{기계작업 연시간수}}$	×	당해제품에 소요된 기계 작업시간수
6. 수량법		제품의 수량, 중량, 길이 등	$\dfrac{\text{일정기간의 총간접재료비}}{\text{제품의 수량, 중량 등}}$	×	당해제품의 수량, 중량
7. 복합법		상기 여러 방법중에서 2종이상을 병용하는 방법 (3의 직접 원가법은 1, 2의 복합)			

간접재료비 명세서

배 부 율 산 정 내 역				⑤ 당해제품 배부기준 해당금액	⑥ (④×⑤) 당해제품 간접재료비 배부계산액	비고
① 배부 방법	② 총간접재료비 발생 실적액	③ 배부기준 발생실적액	④ (②÷③) 배부율			

① 배부방법: 직접재료비법, 직접노무비법, 직접원가법, 직접작업시간법 등

② 총 간접재료비 발생실적액: 일정 기간 업체의 총발생 간접재료비 실적액

③ 배부기준 발생실적액: 일정 기간 업체의 ①에 해당하는 배부기준 총발생실적액

④ 당해 제품 배부기준 해당 금액: 당해 제품의 원가계산 내역상 선택된 배부기준 ①에 해당되는 계산액

나) 간접재료비 배부계산 실무사례

① 기초자료

■ 최근회계연도 업체의 실적발생액 조사내용
  · 최근년도 결산자료상의 직접재료비 실적액: 200,000,000
  · 최근년도 결산자료상의 노무비 실적액: 100,000,000
  · 최근년도 결산자료상의 간접재료비 실적액: 50,000,000

■ 결산세부자료(계정원장 등) 검토내용
  · 간접재료비 중 정부원가계산의 직접재료비 계상항목 비용: 10,500,000
    ※ 간접재료비 배부대상액에서 제외하지 않고 비율을 구하면 중복계상

■ 당해제품 단위당 계산원가
  · 당해 제품 단위당 직접재료비 계산액: 36,000
  · 당해 제품 단위당 노무비 계산액: 21,000

② 실제계산

- 간접재료비 배부대상액 조정: 50,000,000 – 10,500,000 = 39,500,000
- 배부기준: 원가법
- 배부계산

$$당해제품\ 대상원가 \times \frac{최근년도\ 간접재료비}{최근년도\ 직접재료비 + 노무비}$$

$$57,000 \times \frac{39,500,000}{(200,000,000 + 10,500,000) + 100,000,000} = 7,251$$

| 사례 | **간접재료를 소모품비로 계상** |

간접재료비 성격의 비용을 소모품비로 계상하여 이윤 가산(기계오일, 장갑, 연마제 등)

▶ 검토의견: 기계오일, 장갑, 연마제 등은 보조재료비 성격으로 간접재료비 계상, 이윤배제

| 사례 | **간접재료비 성격의 비용을 감가상각비로 이중 계상** |

간접재료비로 계상된 소모성 치공구를 감가상각비로 이중 계상

▶ 검토의견: 내용년수가 1년 미만이거나 취득가액이 100만원 미만인 소모성 치공구비는 간접재료비로
계상, 이중 계상된 감가상각비 배제

| 사례 | **간접재료비 금액에 특정 제품과 관련된 비용까지 포함하여 계상** |

▶ 검토의견: 당해 제품과 관련이 없는 특정 제품에만 관련하여 발생하는 비용을 간접재료비 총액에 포
함하여 과다계상, 특정 제품 관련 간접재료비 부인

(2) 포장재료비 계산
가) 포장재료비 계산방법

간접재료비 중 포장재료비는 제품의 포장에 소요되는 모든 재료의 가치를 말하는데, 포장재료비는 직
접재료비 계산방법과 동일하게 재료별 소요량에 단위당 가격을 곱하여 계산한다.

[참고] 포장재료비명세서 서식

포장재료비 명세서

① 포장 구분	재료명	규격	단위	② 소요량	③ 포장 수량	④ 단위당 소요량	단가	금액

① 포장구분: 포장사양을 기준으로 한 최종포장, 중포장, 개포장 등 포장 단위 구분 조사

② 소요량: 포장단위별로 투입되는 재료의 소요량

③ 포장수량: 포장단위별로 포장되는 제품의 수량

④ 단위당소요량: 소요량을 포장수량으로 나눈 값(④ = ② ÷ ③)

나) 포장재료비 계산 실무사례

① 포장내용

- 단위포장

  PE필름(0.05m/m), 단판지상자(100×40×50)

- 외포장(포장수량 12개)

  이중양면골판지 상자2형(320×90×110), OPP테이프(50m/m) 6m,

  PP밴드#2로 결속 8m, 크립 4개

② 포장재료비 계산

재료명	규격	단위	소요량	포장 수량	단위당 소요량	단가	금액
P.E 필름	0.05×140×60	매	1	1	1	10	10
단판지상자	100×40×50	매	1	1	1	45	45
골판지상자	320×90×110	매	1	12	1/12	180	15
OPP테이프	50m/m	m	6	12	6/12	15	7.5
P.P 밴드	#2	m	8	12	8/12	7	4.66
크립		개	4	12	4/12	0.5	0.16
계							82.32

마. 작업설 등 평가

(1) 작업설 등 평가 방법

작업설 등은 제품의 제조 중에 발생되는 작업설, 부산물, 연산품 등을 말하며, 매각가치 및 이용가치를 추산하여 그 금액을 재료비에서 차감한다. 이때, 매각가치나 이용가치가 없는 작업설 등은 제외한다.

[참고] 포장재료비명세서 서식

작업설 등 평가 명세서

재료및 부품명	규격	단위	설물잔량 산출내역			회수율 (%)	설물 회수량	단가	금액
			제품 중량	소재 중량	잔량				
작업설 등 평가액									

① 제품중량: 최종완성된 상태의 부품량 또는 재료량

② 소요량(소재중량): 설물이 발생하는 부품별(재료별)로 당해제품 생산에 투입되는 부품량(재료량)

③ 잔량: 소요량(소재중량) – 제품중량

④ 설물회수량: 잔량×회수율

※ 표준품셈의 회수율(70%)은 재료회수가 용이하지 않은 공사현장에서의 기준임. 따라서 제조부문에서는 실제 재료회수율을 조사 적용하여야 함

(2) 설물가격 산정 실무사례

번호	재료명 (부품명)	규격 (재질)	단위	설물 잔량			회수율 (가정, %)	설물량	단가 (가정)	금액
				소요량	제품량	잔량				
1	A	SPC	kg	2.434	1.86	0.574	95	0.545	350	190.75
2	B	"	"	1.565	1.2	0.365	95	0.347	350	121.45
3	C	"	"	1.177	0.9	0.277	95	0.263	350	92.05
4	D	"	"	1.569	1.2	0.369	95	0.351	350	122.85
계										527.10

바. 재료비 계산 실습문제

직접재료비는 원단위계산방법(소요량×단가)에 의해 계산된다. 정부회계 원가계산에서의 아래의 원가계산 대상품에 대한 제품단위당 재료소요량을 소수점이하 둘째자리 절사기준으로 구하면 몇 kg인가?

- 제품규격
  - 부품A: 두께 2mm×폭 400mm×길이 1,500mm, 2ea
  - 부품B: 두께 2mm×폭 100mm×길이 2,000mm, 3ea
- 사용재료: SPC 2t(비중 7.85)
- 재료 손실율: 4.5%(잠정치)
- 사양서에서의 파괴시험 기준: 100set당 2set 강도시험

풀이

- 정미량
  - 부품A 단위중량: $2 \times 400 \times 1,500 \times 7.85 \times 10{-}6 = 9.42kg$
  - 부품B 단위중량: $2 \times 100 \times 2,000 \times 7.85 \times 10{-}6 = 3.14kg$
  - 제품단위당 정미중량: $(9.42kg \times 2ea) + (3.14kg \times 3ea) = 28.26kg$
- 제품단위당 재료소요량: $28.26kg \times 1.045(손실율) \times 1.02(시료율) = 30.12kg$

문제 2

과즙 생산업체의 최근 회계연도기준 원료투입량은 3,850,000kg이고, 과즙생산량은 3,500,000kg이다. 과즙 생산수율을 소수점이하 둘째자리 절사기준으로 구하면 몇%인가?

풀이

- 수율: 생산량(3,500,000kg) ÷ 투입량(3,850,000kg) = 90.90%

아래의 재료에 대한 구입실적을 대상으로 하여 정부회계 원가계산을 실시할 때 적용하여야 할 직접재료비 재료단가는 얼마인가?

- 재료구입량: 1,000개

- 재료구입 발생비용
  · 재료대금: 3,000,000원
  · 재료구입시 발생비용(운임, 보험료): 300,000원
  · 재료구입후 부대비용(운송비, 하역비): 100,000원
  · 계: 3,400,000원(부가가치세 포함)

풀이

- 재료단가 = (3,000,000 + 300,000) ÷ 1.1 ÷ 1,000개 = 3,000원
  · 재료구입과정의 재료대금과 발생비용은 재료비단가에 해당
  · 재료구입후 발생하는 부대비용은 경비항목 비용
  · 재료비단가는 부가가치세를 공제하여 계상

문제 4

주재료인 철판의 제품사양과 소재규격이 아래와 같을 경우 주재료에 대한 손실율을 소수점이하 둘째자리 절사기준으로 구하면 몇%인가?

- 생산제품 정미규격: 10t × 900 × 1,750

- 주재료 소재규격: 철판 10t × 914 × 1,829

- 타제품에서의 활용 가능 규격: 10t × 12 × 1,800

풀이

- 생산제품 정미규격 면적: 1,575,000

- 소재 면적: 1,671,706

- 타제품 활용 면적: 21,600

- 손실율: {1,671,706 − (1,575,000 + 21,600)} ÷ (1,575,000 + 21,6000) = 4.70%

직원근무복에 사용되는 원단(60")에 대해 단가자료를 조사한 내용은 아래와 같다. 정부회계 원가계산 기준에서 최우선으로 적용하여야 할 재료단가는?

재료명	기초 재고		당기 입고		당기 출고		기말 재고	
	수량	금액	수량	금액	수량	금액	수량	금액
원단 (60")	120m	1,344,000	1,534m	18,054,000	1,404m	16,468,920	250m	2,929,080

■ 제조업체의 최근회계연도 원재료 수불(단위: 원)

■ 제조업체의 최근 원단(60") 거래실례 조사단가: 12,000원/m

■ 기획재정부장관에게 등록된 전문가격조사기관의 원단(60") 가격: 13,000원/m

풀이

■ 원단(60") 단가: 12,000원/m

  · 「국가계약법 시행규칙」 제7조에 따르면 원가계산을 할 때 단위당 가격의 적용순위는 거래실례가격이 최우선순위로 명시되어 있음

  · 「국가계약법 시행규칙」 제5조에서 정하고 있는 거래실례가격은 조달청 가격, 전문가격조사기관 조사 공표 가격, 당해 물품 거래실례 직접 조사가격이 있으며, 이에 속하는 단가는 12,000원/m과 13,000원/m임

  · 거래실례가격은 우선순위가 없으므로, 비교방식에 의해 12,000원/m을 적용하여야 함

정부회계 원가계산에서 작업설은 매각액 또는 이용가치를 추산하여 원가에서 공제하여야 한다. 아래의 계약 물품에서 관급품 설물 이용가치를 공제한 파이프 가공제품 단위당원가를 원단위이하 절사기준으로 계산하면 얼마인가?

- 생산제품: 파이프 가공제품 200EA
  - 파이프 관급(PIPE 30" 12m 200본)
  - 파이프 1본에서 파이프 가공제품 1EA 생산
  - 계약조건에서 관급품에서 발생하는 설물은 반납하지 않음
- 원가계산서 총괄표(파이프 가공제품 EA당)

(단위: 원)

비목		설물공제전원가	설물공제후원가	비고
재료비	직접재료비	25,000		
	간접재료비	30,000		
노무비	직접노무비	54,250		
	간접노무비	5,425		
경비		16,800		
계		131,475		재료비＋노무비＋경비
일반관리비		9,203		(재료비＋노무비＋경비)×7%
이윤		21,419		(노무비＋경비＋일반관리비)×25%
총원가		162,097	?	

- 관급품에서 발생한 설물
  - 관급품에서의 설물 발생량: 12,000kg
  - 설물의 가치: 200원/kg

풀이

- 설물공제후 원가: 162,097원－(12,000kg×200원)÷200EA = 150,097원/EA
  - 관급품의 설물평가액은 총원가에서 공제함

아래의 조건에서 제품단위당 합판 소요량을 소수점 셋째자리이하 절사기준으로 산출하면 몇 매인가?

－ 합판에 대한 소재 및 제품 규격 －

- 재료명: 합판 6t

- 소재규격: 4'×8'(1,219×2,438)

- 제품규격: ① 6t×410×475(1EA)

    ② 6t×410×687(1EA)

풀이

- 합판소요량: 0.1매 + 0.166매 = 0.266매

  · 합판 소재규격을 기준으로 제품규격 Cutting Plan에 의해 소요량 산출

① 6t×410×475(1EA)의 합판소요량

  · A 방법: 1,219 ÷ 410 = 2.9 → 2개 재단 가능

      2,438 ÷ 475 = 5.1 → 5개 재단 가능

   → 1 ÷ (2×5) = 0.1매/EA

  · B 방법: 1,219 ÷ 475 = 2.5 → 2개 재단 가능

      2,438 ÷ 410 = 5.9 → 5개 재단 가능

   → 1 ÷ (2×5) = 0.1매/EA

  ※ 원가적용: 0.1매/EA(A방법과 B방법 소요량이 모두 동일함)

② 6t×410×687(1EA)의 합판소요량

  · A 방법: 1,219 × 410 = 2.9 → 2개 재단 가능

      2,438 × 687 = 3.5 → 3개 재단 가능

   → 1 ÷ (2×3) = 0.166매/EA

  · B 방법: 1,219 × 687 = 1.7 → 1개 재단 가능

      2,438 × 410 = 5.9 → 5개 재단 가능

   → 1 ÷ (1×5) = 0.2매/EA

  ※ 원가적용: 0.166매/EA(A방법 적용)

아래의 생산실적자료를 대상으로 전투화 족당 창굽못 소요량을 소수점 이하 셋째자리 절사기준으로 산출하면 몇 kg인가?

- 생산실적 자료 -

- 사용재료: 창굽못

- 생산품목별 창굽못 사용비율: 전투화(50%), 안전화(30%), 단화(20%)

- 전투화 생산량: 200,000족

- 창굽못 자재수불 명세

기초재고			당기매입			기말재고		
수량	단가	금액	수량	단가	금액	수량	단가	금액
120kg	530	63,600	8,500kg	580	4,760,000	190kg	540	102,600

풀이

- 당기 창굽못 사용량 = 120kg + 8,500kg − 190kg = 8,430kg

- 전투화 족당 창굽못 소요량: $8,430\text{kg} \times \dfrac{50}{50+30+20} \div 200,000\text{족} = 0.021\text{kg/족}$

3 | 노무비의 산정

가. 노무비의 의의

노무비는 제품을 생산하기 위하여 제조과정에서 소비되는 노동력의 가치를 화폐라는 측정 단위로 표시한 것이다. 노무비는 기업이 구입한 노동력의 소비에 초점을 두고 있는데 비하여, 임금(광의의 개념)은 제품의 제조를 위하여 구입된 노동력에 대한 지급대가라는 면에서 차이가 있다.

따라서 재료와 재료비를 구별하는 것과 마찬가지로 임금과 노무비도 구별할 수 있다. 노무비의 계산을 위해서는 임금의 개념을 정확히 이해하는 것이 선행되어야 함은 임금이 노무비 계산의 기초가 되기 때문이다.

[참고] 임금의 개념

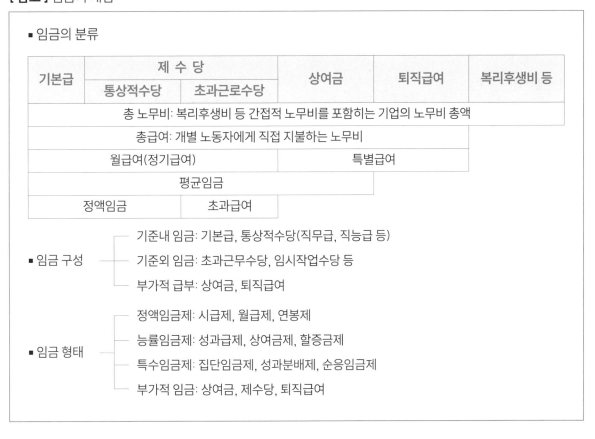

- 임금의 분류

기본급	제 수 당		상여금	퇴직급여	복리후생비 등
	통상적수당	초과근로수당			
총 노무비: 복리후생비 등 간접적 노무비를 포함히는 기업의 노무비 총액					
총급여: 개별 노동자에게 직접 지불하는 노무비					
월급여(정기급여)			특별급여		
평균임금					
정액임금		초과급여			

- 임금 구성
  - 기준내 임금: 기본급, 통상적수당(직무급, 직능급 등)
  - 기준외 임금: 초과근무수당, 임시작업수당 등
  - 부가적 급부: 상여금, 퇴직급여

- 임금 형태
  - 정액임금제: 시급제, 월급제, 연봉제
  - 능률임금제: 성과급제, 상여금제, 할증금제
  - 특수임금제: 집단임금제, 성과분배제, 순응임금제
  - 부가적 임금: 상여금, 제수당, 퇴직급여

나. 노무비의 분류

노무비는 관점에 따라 여러 가지로 분류할 수 있지만 지급형태에 따른 분류(기본급, 제수당, 성과급, 퇴직급여 등), 생산량 영향에 따른 분류(고정노무비, 변동노무비), 제품 관련성에 따른 분류(직접노무비, 간접노무비)가 널리 이용된다.

※ 근로기준법 상(제2조 제5호) "임금"은 "사용자가 근로의 대가로 근로자에게 임금, 봉급, 그 밖에 어떠한 명칭으로든지 지급하는 모든 금품을 말"하므로 개인에게 지급되는 금액 전체를 임금이라 할 수 있으며, 노무비는 이러한 금액을 반영하여 산정하게 됨.

(1) 지급형태에 따른 분류

가) 기본급

기본급은 기본급은 근로계약에 따라 지급하기로 약속한 기본임금으로, 임금 중 수당을 제외한 급여를 말한다. 호봉이나 직급에 맞춰 정해지며, 상여금이나 퇴직금의 산정 기준이 되기도 한다.

기본급은 각종 세금이 부과되는 기준이 되며, 기본급에 각종 수당이 더해져서 최종적으로 받게 되는 임금이 책정된다.

기본급은 통상임금의 구성요소 중 하나로, 통상임금은 기본급과 정기적이고 일률적으로 지급하는 각종 수당을 포함한 금액으로 구성된다.

나) 제수당

제수당은 법적으로 명확하게 정의된 단어라기보다는, 기본급 외에 지급되는 다양한 수당을 통칭하는 일반적인 용어로, 기본급을 제외한 모든 추가적인 지급액을 말한다.

제수당은 기업마다 지급하는 수당의 명칭과 내용이 다양하여 일률적인 법적 정의를 내리기 어렵고, 시대의 변화와 함께 새로운 형태의 수당이 계속 등장하기 때문에 고정적인 정의 유지가 어렵다.

다만, 고정적(통상적)으로 지급하는 수당과 근로자가 소정의 근로시간을 초과하여 일하거나, 특정한 조건에서 근무할 때 지급되는 추가적으로 지급하는 수당으로 구분할 수 있으며 이러한 수당의 구분은 통상임금에 포함의 기준이 된다.

다) 상여금

상여금은 법적으로 매우 엄격하게 정의된 개념이라기보다는, 사용자가 근로자에게 정기적으로 지급하는 임금 외에 일정한 시기 또는 조건에 따라 지급하는 금품을 일반적으로 의미한다.

상여금은 일정한 주기로 지급되는 경우가 많고, 개인의 성과와 관계없이 모든 근로자에게 지급되는 경우가 많다.

이렇게, 상여금은 일반적으로 임금의 성격을 띠므로, 퇴직급여 산정의 기준이 될 수 있다.

라) 퇴직급여

퇴직급여는 근로자가 회사를 퇴직할 때 받는 일종의 보상급여로, 근로자가 회사에 오랜 기간 근무하면서 기여한 노동에 대한 대가이자, 퇴직 후 생활을 위한 경제적 안정을 위한 것이다.

근로기준법, 근로자퇴직급여 보장법 또는 기업의 퇴직급여규정에 따라 지급하는 퇴직금을 퇴직급여라 한다.

퇴직일시금 및 퇴직연금의 장래에 대한 지급액을 예측하고 그 기의 부담에 속하는 추정액을 당기의 비용으로 계상함과 동시에 이에 대한 충당금을 부채로 계상할 때 이것을 퇴직급여충당금 전입액이라고 한다.

(2) 제품 관련성에 따른 분류

제품 관련성에 따른 노무비 분류는 기업에서 생산되는 다양한 제품에 투입되는 노동력의 가치를 정확하게 평가하고, 이를 통해 제품별 원가를 정확히 산정하기 위해 사용되는 중요한 개념이다.

특정 원가 대상에 대한 추적 가능성에 대한 분류로 원가의 발생이 특정제품 또는 급부에 대하여 직접적으로 부과할 수 있느냐 없느냐에 따라 직접노무비와 간접노무비로 분류할 수 있다.

정부회계의 "예정가격 작성기준"에서는 원가계산에 있어, 직접노무비와 간접노무비로 분류하고 있다.

> **[예정가격 작성기준] 제10조(노무비)**
> 노무비는 제조원가를 구성하는 다음 내용의 직접노무비, 간접노무비를 말한다.
> ① 직접노무비는 제조현장에서 계약목적물을 완성하기 위하여 직접작업에 종사하는 종업원 및 노무자에 의하여 제공되는 노동력의 대가로서 다음 각호의 합계액으로 한다. 다만, 상여금은 기본급의 년 400%, 제수당, 퇴직급여충당금은 근로기준법상 인정되는 범위를 초과하여 계상할 수 없다.
> ② 간접노무비는 직접 제조작업에 종사하지는 않으나, 작업현장에서 보조작업에 종사하는 노무자, 종업원과 현장감독자 등의 기본급과 제수당, 상여금, 퇴직급여충당금의 합계액으로 한다.

가) 직접노무비

직접노무비는 제품이나 서비스를 생산하는 과정에서 직접적으로 투입된 노동력에 대한 비용을 말한다. 즉, 특정 제품이나 서비스를 만들기 위해 현장에서 직접 일하는 근로자들의 임금, 상여금, 제수당 등을 모두 포함하는 개념이다.

예정가격 작성기준에서는 "제조현장에서 계약목적물을 완성하기 위하여 직접작업에 종사하는 종업원 및 노무자에 의하여 소비되는 노동력의 대가"로 정의하고 있다.

나) 간접노무비

간접노무비는 제품이나 서비스 생산에 직접적으로 참여하지 않지만, 생산 활동 전반을 지원하는 노동력에 대한 비용을 말한다. 즉, 특정 제품을 만드는 데 직접 손을 대지는 않지만, 생산이 원활하게 이루어지도록 뒷받침하는 역할을 하는 사람들의 임금을 의미한다.

예정가격 작성기준에서는 간접노무비를 "직접작업에 종사하지는 않으나 작업현장에서 보조작업에 종사하는 노무자, 종업원과 현장감독자, 공장관리부문 등에 종사하는 자에 의하여 소비되는 노동력의 대가"로 정의하고 있다.

여기서 직접노무비와 간접노무비의 구분은 원가계산에 있어 매우 중요한 분류 기준이라고 할 수 있는데, 위에서 설명한 바와 같이 직접노무비는 개별계산을 하지만, 간접노무비는 직접노무비에 간접노무비율을 곱하여 산정하게 되므로 직·간접노무비 계상대상을 잘못 판단하는 경우에는 원가계산에서 오류를 범하는 결과를 초래하게 될 수 있기 때문이다.

직접노무비와 간접노무비의 계산 절차는 다음과 같다.

노무비 산정 절차

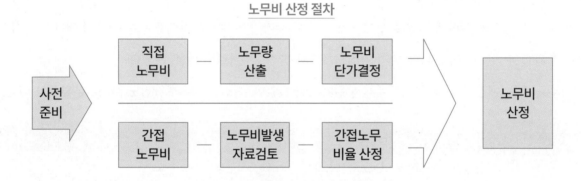

- **직접노무량 산출 기초자료**: 생산 작업공종, 투입인력, 작업 시간 등

  ➡ 직접노무 인력 투입 공종 검토 및 표준 작업공종 자료 분석

- **간접노무비 산출 기초자료**: 노무비 지급 명세서, 조직구성도, 업무분장자료 등

  ➡ 직·간접 노무시간, 발생 노무비 및 간접노무비율 산정기준 검토

- **노무비 성격 비용 복리후생비로 계정 분류 검토 필요사항**

복리후생비는 "예정가격 작성기준" 제11조 제3항 제11호에 의거 계약목적물의 제조 작업에 종사하고 있는 노무자, 종업원 등의 의료위생약품대, 공상치료비, 지급피복비, 건강진단비, 급식비 등 작업조건 유지에 직접 관련되는 비용을 말하므로, 노무비에 복리후생비 성격의 체력단련비, 효도수당 등을 반영하고, 관련 비용을 복리후생비에 포함하여 계산할 경우 중복 계상이 될 수 있음. 따라서, 복리후생비에서는 순수 복리후생비만 계상하고 노무비 성격 비용은 노무비로 계상하여, 중복으로 계상되지 않도록 주의하여야 함.

다. 직접노무비 계산

직접노무비는 노무량에 노무단가를 곱하여 계산한다.

노무량은 생산공정별로 투입인원, 작업시간, 생산수량 등을 기준으로 산정하고, 노임단가는 시중노임단가에 제수당, 상여금, 퇴직급여충당금을 포함하여 산정한다.

> **직접노무비 = 노무량×노무단가(임율)**

[**참고**] 직접노무비명세서 서식

직접노무비 명세서

공정명	노무량 산정			노무단가(임율) 산정					금액
	투입 인원	생산 능력	노무량	기본급	제수당	상여금	퇴직금	임율	

(1) 노무량의 산정

작업시간은 작업조건, 측정시간, 기술수준, 시설상태 등의 조사여건에 따라 노무량 규모가 상이하게 나타나게 된다.

특히 정부회계기준에서의 예정원가계산은 계약체결에 앞서 실시하게 되므로 대부분 당해 계약목적물의 제조에 투입되는 작업시간을 직접적으로 측정할 수 없으므로, 과거의 생산실적자료를 기초로 하여 당해 계약목적물 작업시간을 추정하게 된다.

가) 노무량의 의의

노무량은 제품의 제조공정에 투입된 노동력의 집계 단위로서 보통은 일정기간동안 제품별 또는 공정별로 투입된 작업 인원들의 개인별 작업시간(M/H) 또는 작업 일수(M/D)의 합계로 측정하며, 투입 인력 단위를 소요공수라고 하기도 한다.

나) 노무량 산정방법

① 과학적인 통계에 의한 분석 방법

과학적 통계분석 기법 활용

노무량 = 공정별 작업시간 ÷ 공정별 생산량(정상조업도 기준)

· 공정별 작업인원 및 작업시간 자료 검토

· 기계속도, 생산량 자료 검토

· 간접시간 조사(공휴일, 교육, 훈련, 행사 등)

· 단위당 작업시간에 대한 공정별 공수 분류

[공정별 생산성 조사기준]

■ 공정별 기계생산속도를 기준으로 한 생산성 조사

■ 공정별 표준작업시간을 기준으로 한 생산성 조사

■ 제품 생산공정별 등가기준 설정에 따른 품목별 생산성 조사

② 정미시간을 포착하고 작업여유율을 가산하는 방법

제품단위당 소요시간 측정(스톱워치 등)

노무량 =(공정별 측정시간 ÷ 공정별 생산량) × (1 + 작업여유율)

· 생산라인 파악(기계장치, 시스템 등 정상 작업상황 점검)

· 공정별 작업자 숙련도 점검

· 수회 반복작업에 의한 공정별 작업시간 및 생산량 측정

· 실적 및 통계적 문헌에 의한 작업여유율 조사 적용

[공정별 생산성 조사기준]

■ 공정별 작업인원 및 check-time 조사

■ 공정별 생산량 조사

[작업여유율 조사기준]

■ 일정기간의 정미작업시간 및 작업여유시간 규모 조사

■ 작업여유율 분석

③ 과거의 생산실적을 기준으로 하는 방법

생산실적자료 분석

노무량 = 실적 작업시간 ÷ 생산량
※ 재공품을 평가하여 적용하여야 함

· 실적 작업시간 집계
· 완성품 생산량 집계
· 재공품(기초, 기말) 평가자료 분석
· 단위당 작업시간에 대한 공정별 공수 분류
· 종합원가계산방식 활용

[재공품평가계수 적용기준]

기초(기말)재공품이란 회계연도 개시일(또는 종료일) 시점에 제조작업 공정에 걸려있는 반제품을 말함.

① 기말재공품재고액이 기초재공품재고액보다 큰 경우에는 당기총제조비용에 재공품차이수량(기말-기초) 제조에 해당되는 비용이 포함되어 있으므로 당기 실적 작업시간에 재공품평가계수를 적용한 후 당기생산량으로 나누어 제품단위당 공수를 산정하여야 함.

$$* 재공품평가 계수 = 1 - \left(\frac{기말재공품재고액 - 기초재공품재고액}{당기총제조비용} \right)$$

② 기초재공품재고액이 기말재공품재고액보다 큰 경우에는 당기총제조비용에 재공품차이수량(기초-기말) 제조에 해당되는 비용이 불포함되어 있으므로 당기 실적 작업시간에 재공품평가계수를 적용한 후 당기생산량으로 나누어 제품단위당 공수를 산정하여야 함.

$$* 재공품평가 계수 = 1 + \left(\frac{기초재공품재고액 - 기말재공품재고액}{당기총제조비용} \right)$$

④ 노무공수 산출 사례

㉮ 기계생산속도를 기준으로 한 노무공수

기계생산속도 기준 노무공수 산출

▪ **조사대상**

· 제품명: 파이프밴딩제품($\varnothing$ 254 밴딩각도 45도)

· 조사자료

  • 밴딩공정의 밴딩기 제원: 밴딩기계속도 5도/분

  • 밴딩공정 작업 배치인원: 2인

  • 밴딩공정 생산직 1인기준 연간 작업시간

    − 직접작업시간: 2,000Hr

      (밴딩공정 직접작업시간)

    − 간접작업시간: 350Hr

      (밴딩작업 지원시간 등)

▪ **제품단위당 밴딩공정 노무공수**

  밴딩 공정의 작업인원, 기계속도를 기준으로 직접작업시간을 산출한 후 간접시간율을 가산하여 노무공수 산출

· 제품단위당 밴딩공정 기계작업시간

  45도 ÷ 5도 = 9분/EA

· 밴딩공정 직접작업시간: 9분 × 2인 = 18분/EA

· 간접시간율: 350h ÷ 2,000hr = 17.5%

· 제품단위당 노무공수: 18분 × 1.175 = 21.15분/EA

㉮ 수량법(생산량)에 의한 노무공수

종합원가방식에 의한 노무공수 산출

- **조사대상품**: PP포장재

- **생산실적 조사자료**

  · 제품(PP포장재) 표준공수: 23.4231 Hr

  · 연간 총투입공수: 373,948 Hr

  · 표준공수를 기준으로 한 연간 총작업시간: 431,002 Hr

제품명	생산량(EA)	표준공수(Hr)	제품별 총작업시간(Hr)
PP포장재	4,686	**23.4231**	109,760
RP포장재	6,253	14.5062	90,707
MIL-R/L	9,787	9.2605	90,632
MIL-C-11	1,895	10.3870	19,683
5G LINER	3,217	2.6255	8,446
9G LINER	1,419	16.5329	23,460
203 LINER	243	18.2316	4,430
쏘이밀	38,475	1.3332	51,294
M50 BAG	495	12.6340	6,253
M60 BAG	1,958	13.4512	26,337
계			431,002

- **노무공수 산출**

  업체관리 표준공수를 기준으로 생산실적자료에서 조사된 표준공수 대비 실적공수 비율(적용율)을 적용하여 노무공수 산출

  · PP포장재 EA당 업체관리 표준공수: 23.4231Hr

  · 적용율 = 년간 총투입공수 ÷ $\sum$(제품별표준공수 × 제품별생산량)

    = 373,948 Hr ÷ 431,002 Hr = 86.76%

  · PP포장재 EA당 산출공수: 23.4231 Hr × 86.76% = **20.32** Hr

(2) 노무비 단가(임율)의 산정

가) 노무비 단가의 의의

노무비 단가는 말해 근로자가 특정 작업을 수행하는 데 드는 비용으로 적용 인력의 단위 인건비를 말하며 임율이라고 한다.

임율은 일반적으로 1일 8시간 임금으로 표시하고, 필요에 따라 시간당 임율을 산정하여 적용한다. 노무비 단가를 산정에 있어서 "예정가격 작성기준"에서는 발표되는 직종별 시중노임단가를 기본급으로 적용하도록 하고 있다.

나) 노무비 단가의 산정

노무비 단가의 적용 기준과 관련하여 "예정가격 작성기준"에서는 기본급, 제수당, 상여금, 퇴직급여충당금의 합계액으로 산정하도록 하고 있다.

> **[예정가격 작성기준] 제10조(노무비)**
> 노무비는 제조원가를 구성하는 다음 내용의 직접노무비, 간접노무비를 말한다.
> ① 직접노무비는 제조현장에서 계약목적물을 완성하기 위하여 직접작업에 종사하는 종업원 및 노무자에 의하여 제공되는 노동력의 대가로서 다음 각호의 합계액으로 한다. 다만, 상여금은 기본급의 년 400%, 제수당, 퇴직급여충당금은 근로기준법상 인정되는 범위를 초과하여 계상할 수 없다.
> 1. 기본급(「통계법」 제15조의 규정에 의한 지정기관이 조사·공표한 단위당가격 또는 기획재정부장관이 결정·고시하는 단위당가격으로서 동단가에는 기본급의 성격을 갖는 정근수당·가족수당·위험수당 등이 포함된다)
> 2. 제수당(기본급의 성격을 가지지 않는 시간외 수당·야간수당·휴일수당·주휴수당 등 작업상 통상적으로 지급되는 금액을 말한다)
> 3. 상여금
>   ※ 기본급의 년 400% 이내
> 4. 퇴직급여충당금
>   ※ 근로자퇴직급여 보장법 인정되는 범위: 계속근로기간 1년에 대하여 30일분 이상의 평균임금

① 기본급

기본급은 지정기관(제조부문: 중소기업중앙회, 공사부문: 대한건설협회)이 조사·공표하는 직종별 단위당가격(시중노임단가)을 적용하여야 하며, 이 가격에는 기본급의 성격을 갖는 정근수당, 위험수당, 가족수당 등이 포함되어 있다. 또한, 「국가계약법 시행규칙」 제7조 ②에서는 시중노임단가의 적용에 대해 다음에 해당하는 경우 100분의 15이하에 해당하는 금액을 가산할 수 있도록 규정하고 있다.

국가계약법 시행규칙 제7조(원가계산을 할 때 단위당 가격의 기준)

① 제6조제1항에 따른 원가계산을 할 때 단위당 가격은 다음 각 호의 어느 하나에 해당하는 가격을 말하며, 그 적용순서는 다음 각 호의 순서에 의한다.

　　1. 거래실례가격 또는 「통계법」 제15조에 따른 지정기관이 조사하여 공표한 가격. 다만, 기획재정부장관이 단위당 가격을 별도로 정한 경우 또는 각 중앙관서의 장이 별도로 기획재정부장관과 협의하여 단위당 가격을 조사·공표한 경우에는 해당 가격

　　2. 제10조제1호 내지 제3호의 1의 규정에 의한 가격

② 각 중앙관서의 장 또는 계약담당공무원은 제1항 제1호의 규정에 의한 가격을 적용함에 있어 다음 각호의 어느 하나에 해당하는 경우에는 해당 노임단가에 그 노임단가의 100분의 15 이하에 해당하는 금액을 가산할 수 있다.

　　1. 국가기술자격법 제10조에 따른 국가기술자격 검정에 합격한 자로서 기능계 기술자격을 취득한 자를 특별히 사용하고자 하는 경우

　　2. 도서지역(제주특별자치도를 포함한다)에서 이루어지는 공사인 경우

[참고 1] 제조부문 시중노임단가 적용시 단가 적용 범위 유의

- 평균 조사노임(일급): 기본급＋통상적 수당
- 평균 조사노임(일급)의 범위는 사용자가 근로의 대가로 생산직 근로자에게 지급한 기본급과 통상적 수당(위험수당, 생산장려수당, 자격수당, 근속수당)임
  · 유급휴일(주휴) 수당, 중식대, 교통비 등 그 외 수당은 포함되어 있지 않음
- 평균 조사노임(일급)은 조사대상업체가 직종별 생산직 근로자에게 지급한 총지급액(기본급＋통상적 수당)을 시간당 임금으로 환산하여 **1일 8시간 근무** 기준으로 계산한 평균 금액임
  ＊ 직종별 평균 조사노임(일급) = [(직종별) 총 지급액 / 총 월정상근로시간]×8시간
  · 예시1) 1명이 8월 한달간 208시간 근무하여, 기본급 3,120,000원, 통상적 수당 400,000원 지급
  　　　　⇒ (3,520,000 / 208)×8 ≒ 135,385원
  · 예시2) 1명이 8월 한달간 150시간 근무하여, 기본급 1,800,000원, 통상적 수당 150,000원 지급
  　　　　⇒ (1,950,000 / 150)×8 = 104,000원
  ※ '중소제조업 직종별 임금조사보고서' 조사 항목 관련 해설

[참고 2] 시중노임단가 직종적용시 직종별 직종 해설 검토 적정 노임 적용

【붙임 2】제조부문 직종코드 및 직종명 해설

분류	직종코드 및 직종명	직종해설(포함직군 예시)
설계	1. CAD설계사(기계)	기계장치 및 관련 장비의 제조를 위해 시공도 등을 CAD를 활용하여 설계하는 사람 〈예시〉· 기계 제도사 · 기계공학 제도사 · 공구 제도사 · 냉·난방장치 제도사
	2. CAD설계사(회로)	전기기기·전자장비 등 제품의 제조, 설치를 위해 CAD를 활용하여 상세한 회로를 설계하는 사람 〈예시〉· 전기장비 제도사 · 전자장비 제도사
웹활용	3. 컴퓨터웹디자이너	인터넷 홈페이지를 디자인하거나 인터넷 제작도구를 사용하여 고안된 이미지를 웹에 올리거나 운용하는 사람 〈예시〉· 홈페이지 디자이너 · 웹페이지 디자이너 · 기업용 웹 운영자
컴퓨터 운용	4. 컴퓨터운용사	컴퓨터 하드웨어 또는 소프트웨어 기술을 습득한 사람이거나, 시스템 사용자들에게 기술적인 지원 및 훈련을 시키고, 사용자들의 컴퓨터소프트웨어 및 하드웨어 문제를 조사하고 해결하는 사람

② 제수당

제수당은 기본급여금 이외에 수당 명목으로 지불되는 비용을 말하며 계약목적물의 생산가능업체 또는 계약대상업체의 실지불실적을 조사하여 계상하며, "예정가격 작성기준"에서는 근로기준법에서 규정하고 있는 초과근로에 따른 추가수당만을 인정하도록 규정하고 있다.

근로기준법 제53조제1항에서는 근로시간 연장을 1주일에 12시간을 한도로 하고 있으므로, 원가계산 시 주 12시간 이상의 연장근로가 발생하지 않도록 확인하여야 하며, 연장근로시간이 주 12시간을 초과하는 경우에는 그 초과근로시간에 해당하는 수당은 계상할 수 없다.

[참고] 근로기준법에 규정된 제수당

ㄱ 연장근로수당(근로기준법 56조)

ㄴ 야간근로수당(근로기준법 56조)

ㄷ 휴일근로수당(근로기준법 56조)

ㄹ 연차휴가수당(근로기준법 60조)

ㅁ 해고예고수당(근로기준법 26조)

ㅂ 휴업수당(근로기준법 46조)

③ 상여금

상여금의 인정범위는 정부회계 원가계산기준인 "예정가격 작성기준"에서는 기본급의 년400%를 상한으로 하며, 그 범위 내에서 업체의 지급 실적을 기준으로 계상하도록 할 수 있다.

$$상여금 = 시중노임단가 \times 상여금율$$

* 상여금 지급 실적율(400% 한도) $= \dfrac{상여금 \, 지급액}{기본급 + 고정급수당} \times 12$

* 상여금 적용율 $= \dfrac{상여금지급액(400\% \, 초과분 \, 제외)}{기본급 + 잔업기본급(100\%) + 고정급수당}$

※ 상여금 지급액은 직전년도의 상여금 지급실적을 적용하여 계상

사례　**상여금 지급율(400% 한도) 초과 여부 결정 오류**

상용근로자 및 일용근로자의 업체 실지급 기본급에 대한 실지급 상여금액 비율로 400%초과 여부 판단

· 상여금 지급실적율 $= \dfrac{실지급 \, 상여금액}{상용 \, 및 \, 일용근로자} \times 100(\%)$

(기본급 + 제수당 − 근로기준법상 제수당)

▶ 검토의견

상여금이 지급되는 상용근로자의 실지급 기본급에 대한 실지급 상여금액의 비율로 400% 초과여부 판단

· 상여금 지급실적율 $= \dfrac{실지급 \, 상여금액}{상용근로자} \times 100(\%)$

(기본급 + 제수당 − 근로기준법상 제수당)

예정가격 작성을 위한 원가계산 시에는 제품의 생산 업체가 확정되지 않은 상태로 일반적으로는 상여금 지급과 관련한 세부자료의 확보가 어려운 경우가 대부분이다.

따라서, 상여금 지급에 대한 근거자료가 확보되는 경우 세부적으로 상여금 산정이 가능할 수 있으나, 그렇지 않은 경우 상여금의 산정에 연 400% 상한으로 산정하되 제품의 특성, 제작 생산 여건 등을 고려하여 조정 반영할 수 있다.

④ 퇴직급여충당금

퇴직금의 구성요소는 퇴직금 지급대상금액, 퇴직금율, 퇴직금 지급대상인원으로 구분된다. "예정가격 작성기준"에서는 퇴직금의 산정과 관련하여 "퇴직급여충당금은 「근로기준법」상 인정되는 범위를 초과하여 계상할 수 없다."(제10조 제1항)라고만 적의 하고 있어 관련 법령에 기초하여 퇴직금 혹은 퇴직급여충당금을 산정하여야 한다. 근로자퇴직급여보장법 제8조(퇴직금제도의 설정 등)에 의하면 "사용자는 계속근로년수 1년에 대하여 30일분 이상의 평균임금을 퇴직금으로 퇴직근로자에게 지급할 수 있는 제도를 설정하여야 한다."라고 명시하고 있으며, 근로기준법 제2조제1항 6호에서 "평균임금은 이를 산정하여야 할 사유가 발생한 날 이전 3개월 동안에 그 근로자에게 지급된 임금의 총액을 그 기간의 총일수로 나눈 금액을 말한다. 근로자가 취업한 후 3개월 미만인 경우도 이에 준한다."라고 규정하고 있다. 따라서, 퇴직급여충당금은 앞에서 설명한 기본급여금, 제수당, 상여금의 합계액에 1/12을 기준으로 계산하되, 법인세법에 의한 퇴직급여충당금의 계산시와 마찬가지로 총사용인분의 총급여액에 대한 1년간 계속 근로한 사용인분의 급여액의 비율을 조사·적용하여 1년미만 근로한 사용인의 퇴직급여충당금은 제외시켜야 한다.

> ■ 노무비계산을 위한 퇴직급여충당금
>
> $$= (기본급 + 제수당 + 상여금) \times 1/12 \times \frac{1년간\ 계속근로한\ 사용인분의\ 급여액}{총\ 사용인분의\ 총급여액}$$

다만, 정부회계 원가계산은 일반적으로 예정가격을 작성하기 위한 원가계산으로 사후원가계산이 아닌 사전원가계산을 하게 되므로, 해당 제품의 생산에 참여하는 노무인력의 고용형태를 확인하여, 일용직 인력과 같이 계속 근속기간이 1년 미만인 근로자의 퇴직급여충당금이 반영되지 않도록 산정하여야 한다.

[참고1] 근로자퇴직급여보장법에서의 퇴직금제도 관련 법령

> [근로기준법] 제34조(퇴직급여 제도) 사용자가 퇴직하는 근로자에게 지급하는 퇴직급여 제도에 관하여는 근로자퇴직급여 보장법이 정하는 대로 따른다.
>
> [근로자퇴직급여 보장법] 제8조(퇴직금제도의 설정 등)
> ① 퇴직금제도를 설정하려는 사용자는 계속근로기간 1년에 대하여 30일분 이상의 평균임금을 퇴직금으로 퇴직 근로자에게 지급할 수 있는 제도를 설정하여야 한다.
> ② 제1항에도 불구하고 사용자는 주택구입 등 대통령령으로 정하는 사유로 근로자가 요구하는 경우에는 근로자가 퇴직하기 전에 해당 근로자의 계속근로기간에 대한 퇴직금을 미리 정산하여 지급할 수 있다. 이 경우 미리 정산하여 지급한 후의 퇴직금 산정을 위한 계속근로기간은 정산시점부터 새로 계산한다.

[참고 2] 퇴직금과 퇴직급여충당금

퇴직금과 퇴직급여충당금은 퇴직과 관련된 용어로, 비슷해 보이지만 다른 개념이다.

▷ 퇴직금은 근로자가 회사를 퇴직할 때 받는 것으로 근속연수에 비례하여 지급되며, 근로기준법에 따라 회사의 재정 상황과 관계없이 근로자에게 지급하도록 의무화되어 있다.

▷ 퇴직급여충당금은 회사가 퇴직금을 지급하기 위해 미리 적립해 놓아야하는 비용으로, 회사는 퇴직금 지급 의무를 충당하기 위해 퇴직급여충당금을 설정하고, 매년 적립해야 한다.

퇴직급여충당금은 회사의 자산이지만, 퇴직금을 지급해야 할 때 사용되어야 하는 지급이 유보된 비용이라 할 수 있다.

구분	퇴직금	퇴직급여충당금
개념	근로자가 받는 급여	회사가 적립하는 비용
성격	근로자의 권리	회사의 의무
지급 시기	퇴직 시	퇴직 전(미리 적립)
법적 근거	근로기준법	상법, 근로자퇴직급여 보장법

이처럼, 퇴직금과 퇴직급여충당금은 서로 다른 개념으로 비용의 성격, 지급 등에서 차이가 있으나, 정부회계원가계산의 예정가격 원가계산시에는 근로자의 퇴직금 지급을 위해 산정하야하는 비용으로 노무비의 산정에는 차이가 없다.

다) 노임단가 적용 사례

- 용접원 노무비 자료 -

■ 중소기업중앙회 2024년 9월 발표

　용접원 조사노임: 111,668원/일(시중노임단가)

■ 조사대상업체의 용접원에 대한 노무비 실적 Data

　·기본급　　　　　 : 120,000원/일

　·자격수당　　　　 : 100,000원/월

　·월/근로일수　　　 : 22일/월

　·상여금 지급율　　 : 연200%

　·용접공 근속연수　 : 2년6개월

　·일 기준 작업시간　 : 정상근로시간 8Hr + 연장근로시간 2Hr = 10Hr/일

노임단가는 시중노임단가를 기본급으로 하여 제수당(연장시간에 대한 가산수당), 상여금, 퇴직급여충당금의 합계액으로 결정됨. 따라서 자격수당은 시중노임단가(기본급)에 속하므로 제외하여야 하고, 제수당은 연장근로시간에 대해 50/100을 가산한 임금을 산정하고, 상여금은 기본급을 기준으로 실지급 상여금

율(200%)을 적용하고, 퇴직급여충당금은 근속연수 1년이상 근속자에 대한 통상임금의 1/12분을 계상하여야 함.

- ■ 일/기준노임단가(일/10Hr 작업기준)

    - · 기본급: 111,668원(용접원 제조부문 시중노임단가)

    - · 제수당: 111,668원÷8Hr×2Hr×1.5(50%가산) = 41,876원

    - · 상여금: 111,668원×2/12 = 18,611원

    - · 퇴직급여충당금:(111,668 + 41,876 + 18,611)×1/12 = 14,346원

    - · 계: 186,501원/일(10Hr)

- ◆ 용접원 노임단가: 186,501원/일÷10Hr/일 = 18,650원/Hr

라) 직접노무비 계산 사례

- ■ 업체제시

    - ▷ 부품별 작업시간 및 직접노무비

부품명	직종명	작업시간(M/H)	임율(가정)	금액	제조노임단가(원/일)
OOO	컴퓨터운영사	5.13	35,000	179,550	137,484
	CAD설계사(회로)	4.77	25,000	119,250	133,764
	전자제품조립원	1.98	15,000	29,700	116,486
	수동물품포장공	0.16	12,000	1,920	92,609
계		12.04		330,420	

- · 업체 제출 총소요공수: 1,550인/시간

- · 총 표준소요공수: 1,320인/시간

    - ▷ 노무비 월 지급현황

        - · 실지급기본급   : 72,427,993원/월

        - · 상여금지급액   : 34,308,934원/월

        - · 고정급수당   : 5,127,000원/월

        - · 잔업기본급(100%)   : 4,080,364원/월

    - ▷ 퇴직급여 충당금

        - · 1년간 계속 근로한 사용인분의 급여액   : 187,135,571원/월

        - · 총사용인분의 총급여액   : 236,251,113원/월

■ 노무비 산정

▲ 노무량(공수)조정율 산정내역

업체제출(M/H)	총 표준공수(M/H)	조정율(%)	비고
1,550	1,320	85.16	

➡ 노무량(공수)조정내역

부품명	직종명	공수(M/H)			비고
		업체제시	조정율(%)	적용	
OOO	컴퓨터운영사	5.13	85.16	4.37	
	CAD설계사(회로)	4.77	85.16	4.06	
	전자제품조립원	1.98	85.16	1.69	
	수동물품포장공	0.16	85.16	0.14	
계		12.04		10.26	

▲ 상여금율

· 상여금 = 시중노임단가 × 상여금율

· 상여금 지급실적율(400%한도) $= \dfrac{\text{상여금지급액}}{\text{실지급기본급} + \text{고정급수당}} \times 12$

· 400%한도 제외금액 $= \dfrac{400}{\text{상여금지급실적율}} \times \text{상여금지급액}$

· 기본급 대비 상여금율 $= \dfrac{\text{상여금지급액(400\%한도 제외금액)}}{\text{실지급기본급} + \text{잔업기본급(100\%)} + \text{고정급수당}} \times 100$

1. 실지급기본급 = 72,427,993

2. 상여금지급액 = 34,308,934

3. 고정급수당 = 5,127,000

4. 잔업기본급(100%) = 4,080,364

[계산]

1. 상여금 지급실적율(400%한도) $= \dfrac{34,308,934}{72,427,993+5,127,000} \times 12 = 531\%$

2. 400%한도 제외금액 $= \dfrac{400\%}{531\%} \times 34,308,934 = 25,849,639$

3. 기본급 대비 상여금율 $= \dfrac{25,849,639}{72,427,993+4,080,364+5,127,000} \times 100 = 31.66\%$

▲ 퇴직금율

· 퇴직급여충당금

$= (기본급 + 제수당 + 상여금) \times \dfrac{1}{12} \times \dfrac{1년간\ 계속\ 근로한\ 사용인분의\ 급여액}{총사용인분의\ 총급여액}$

· 충당금율 $= \dfrac{1}{12} \times \dfrac{1년간\ 계속\ 근로한\ 사용인분의\ 급여액}{총사용인분의\ 총급여액} \times 100(\%)$

1. 1년간 계속 근로한 사용인분의 급여액	=	187,135,571
2. 총사용인분의 총급여액	=	236,251,113

※ 세무조정계산서
(퇴직급여 충당금
조정명세서)

[계산]

1. 충당금율 $= \dfrac{1}{12} \times \dfrac{187,135,571}{236,251,113} \times 100(\%) = 6.60(\%)$

▲ 임율 산정내역

· 상여금 = 시중노임단가 × 상여금율
· 제수당 = 시중노임단가 × 제수당율
  (제수당: 근로기준법에 규정된 제수당, 잔업할증금 50% 인정)
   * 연장근로 또는 휴일근로시간에 계약목적물 제조활동이 확인된 경우에 인정할 수 있음
· 퇴직급여충당금 = (시중노임단가 + 제수당 + 상여금) × 퇴직충당비율
· 임율/일 = 시중노임단가 + 제수당 + 상여금 + 퇴충금
· 임율/시간 = 임율/일 ÷ 작업시간/일

구분	노임단가	제수당	상여금 31.66%	계	퇴충금 6.60%	임율 (1일)	임율 (1시간)
컴퓨터운영사	137,484		43,527	181,011	11,947	192,958	24,120
CAD설계사(회로)	133,764		42,350	176,114	11,624	187,738	23,467
전자제품조립원	116,486		36,879	153,365	10,122	163,487	20,436
수동물품포장공	92,609		29,320	121,929	8,047	129,976	16,247

➡ 원가계산 결과

부품명	직종명	작업시간(M/H)	임율	금액	비고
OOO	컴퓨터운영사	4.37	24,120	105,404	
	CAD설계사(회로)	4.06	23,467	95,276	
	전자제품조립원	1.69	20,436	34,537	
	수동물품포장공	0.14	16,247	2,275	
계		10.26		237,492	

라. 간접노무비 계산

간접노무비는 작업현장에서 보조작업에 종사하는 노무자, 종업원과 현장감독자, 공장관리자의 기본급여, 제수당, 상여금, 퇴직급여충당금의 합계액으로 계산된다. 정부회계 "예정가격 작성기준"에서는 다음과 같이 규정하고 있다.

> **[예정가격 작성기준] 제10조(노무비)**
>
> ② 간접노무비는 직접 제조작업에 종사하지는 않으나, 작업현장에서 보조작업에 종사하는 노무자, 종업원과 현장감독자 등의 기본급과 제수당, 상여금, 퇴직급여충당금의 합계액으로 한다. 다만, 제1항 각 호 및 단서를 준용한다.
>
> ④ 제2항의 간접노무비는 제34조의 규정에 의한 원가계산자료를 활용하여 직접노무비에 대하여 간접노무비율(간접노무비/직접노무비)을 곱하여 계산한다.
>
> ⑤ 제4항의 간접노무비는 제3항의 직접노무비를 초과하여 계상할 수 없다. 다만 작업현장의 기계화, 자동화 등으로 인하여 불가피하게 간접노무비가 직접노무비를 초과하는 경우에는 증빙자료에 의하여 초과 계상할 수 있다.

간접노무비는 직접노무비 계산방법과 같이 직접 계산하지 않고, 직접노무비 산출액에 간접노무비율(직접노무비 × 간접노무비율)을 곱하여 계산하되 직접노무비의 100%를 초과하여 계상할 수 없도록 하고 있는 것이다. 단, 생산공정의 자동화 등으로 인하여 간접노무비가 직접노무비를 초과하는 경우에는 증빙자료에 의하여 초과 계상할 수 있다.

> **간접노무비 = 직접노무비 × 간접노무비율(100% 상한)**

[참고] 간접노무비명세서 서식

간접노무비 명세서

배부율 산정 내역			④ 당해제품 배부기준 직접노무비	⑤ 당해제품 간접노무비 (④ × ③)	비고
① 업체 간접노무비 발생총액	② 업체 직접노무비 발생총액	③ 간접노무비율 (① ÷ ②)			

원가계산 실무에서는 생산가능업체 또는 계약대상업체의 관계자료를 수집하여 간접노무비율을 산정하고 있다. 간접노무비율 산정에 따른 절차 및 방법은 다음과 같다.

(1) 자료의 수집 및 분석요령

가) 자료의 수집

해당업체로부터 수집하는 간접노무비율 산정을 위한 자료는 다음과 같다.

① 최근년도 직·간접노무비 발생현황 및 실지급임금대장사본

② 최근년도 손익계산서 및 제조원가명세서

③ 월별 발생 보조원장 사본(제조 및 일반부문)

④ 임무, 기능 확인 가능한 회사 조직도

나) 자료분석 요령

① 회사조직표를 확인: 일반관리부문 및 제조부문 구분

② 결산서 확인: 연간 발생 일반관리부문 및 제조부문 구분

③ 결산서와 보조원장 확인: 월별 발생 노무비 및 일반관리비 확인

④ 최근년도 노무비 발생내역서에서 직·간접구분 확인: 직·간접구분이 기준에 적합한지 여부 확인

⑤ 최근 월 임금대장 확인:

- 임금대장으로 부터 일반관리부문 및 제조노무비 부문을 구분하여 일반관리부문이 제조노무비부문에 계상되어 있는 경우는 일반관리부문으로 대체 조정

- 임금대장상 금액이 월별 발생 노무비 금액과 일치여부 확인(복리후생비 비목이 합산된 경우 확인)

(2) 간접노무비 대상

간접노무비는 직접 제조작업에 종사하지는 않으나 작업현장에서 보조작업에 종사하는 관리감독자와 노무자 및 종사원에게 지급되는 노무비로 다음 부문의 종사자에게 지급되는 노무비를 말한다.

① 동력부문 종사자(전기, 가스, 보일러 부문)

② 용수부문 종사자(용수, 폐수처리 부문)

③ 수선부문 종사자(기계장치 및 구축물 수선부문)

④ 운반부문 종사자(원·부재료 운반기사 등)

⑤ 공구제작 및 관리부문 종사자

⑥ 공장 경비부문 종사자

⑦ 기획설계부문 종사자(설계실)

⑧ 시험연구 및 분석부문 종사자(시험실, 연구실)

⑨ 품질관리부문

⑩ 자재관리 및 구매부문(자재부)

⑪ 공장사무(공장경리 등)

⑫ 공장복지부문(식당, 기숙사종사자 등)

⑬ 현장감독(공장장, 과장, 대리 등)

　　※ 예외적으로 직접노무비에 속하는 직무

　　　　– 생산부서의 직·반장 및 금형제작공

　　　　– 공정간의 검사 및 완제품 검사공

　　　　– 생산공정에 고정 배치되어 제조작업에 필수적으로 투입되는 운반공

(3) 산정방법

간접노무비율은 최근년도 급료와 임금지급실적을 기준으로 직접노무비 합계액에 대한 간접노무비 합계액의 비율로 산정하는 것을 원칙으로 하고 있다.

$$\text{간접노무비율} = \frac{\text{최근년도 간접노무비합계액}}{\text{최근년도 직접노무비합계액}} \times 100(\%)$$

마. 노무비 계산 실무 검토

세부사항	실무 검토 사항	비고
직접노무비 ▲ 노무량 (소요공수)	■ 노무량 산정대상기간의 타당성 · 산정대상기간(1년)은 적정성 확인 · 조업도 변화가 극심하지 않는지 (극심하지 않을 경우 6개월 적용 가능) ■ 투입인원 / 작업시간 / 생산능력 측정의 합리성 · 조퇴, 지각 등 근태시간의 포함여부 · 규격변경 / 공정변경 / 학습효과 등이 생산능력에 미치는 영향 검토 · 임금대장 / 작업일보 등의 인원과 생산량의 일치성 ■ 직접부서와 간접부서 구분의 명확성 · 간접지원부서 / 타부서 지원 등 직접부서의 명확한 구분	· 조직도 · 작업공정도 · 기계배치도 · 작업지시서 · 작업일보 · 작업시간집계표 · 근태기록부
▲ 노무단가	■ 시중노임단가 적용의 적정성 · 직종분류, 적용의 타당성 확인 ■ 제수당 산정의 타당성 · 고정급 성격의 수당은 배제 · 근로기준법에서 인정하는 수당만 계상 · 연장근로(주12시간) 초과분 배제 · 잔업수당 할증금(50%) 초과분 인정여부 ■ 상여금 계산의 적정성 · 상여금 상한율(400%) 초과여부 판단 · 상여금 실적율 계산 ■ 퇴직급여충당금 · 연 12분의 1 계상여부 · 1년미만 근로자분 차감여부	· 시중노임단가표 · 임금규정 · 임금지불대장 · 근로기준법 · 제수당/ 상여금지급내역 · 퇴직급여설정내역

간접노무비	■ 조직구성도 분석 직접부서와 간접부서의 정확한 구분
	 · 간접부서의 정확한 구분
	  (직접노무비/일반관리비와 이중계상 여부 확인)
	■ 직접부서와 간접부서의 정확한 구분
	 · 간접노무비율 적용의 합리성
	 · 간접노무비율 상한(100%) 초과계상 여부
	■ 간접노무비율 산정 방법의 합리성
	 · 기본급과 제수당(상여금, 퇴직급여 배제)이 계상된 직접노무비에 대한
	  간접노무비의 비율로 산정
		· 업체조직표
		· 부서별 임무/기능
		· 임금지급대장
		· 제조원가명세서

바. 노무비 계산 실습문제

문제 1

제조부문에서 적용하는 노임단가는 중소기업중앙회 공표 직종별 시중노임단가를 기본급으로 하여 제수당, 상여금, 퇴직급여충당금을 가산하여 결정된다. 아래와 같은 주물원에 대한 노무비 자료를 기준으로 정부회계 기준에 의해 시간당 노임단가를 원단위이하 절사기준으로 산출하면 얼마인가?

- 주물원 노무비 자료 -

- 중소기업중앙회 주물원 조사노임: 93,421원/일

- 대상업체의 주물원에 대한 노무비 실적 Data
  - 기본급   : 90,000원/일
  - 자격수당   : 200,000원/월
  - 월/근로일수   : 22일/월
  - 상여금 지급율   : 연600%
  - 근속연수   : 1년6개월
  - 일 기준 작업시간   : 정상근로시간 8Hr + 연장근로시간 1Hr = 9Hr/일

풀이

- 일/기준노임단가(일/9Hr 작업기준)

  - 기본급: 93,421원(주물원 제조부문 시중노임단가)

  - 제수당: 93,421원 ÷ 8Hr × 1Hr × 1.5(50%가산) = 17,516원

  - 상여금: 93,421원 × 4/12 = 31,140원

  - 퇴직급여충당금:(93,421 + 17,516 + 31,140) × 1/12 = 11,839원

  - 계: 153,916원/9Hr

- 주물원 노임단가: 153,916원/일 ÷ 9Hr/일 = 17,101원/Hr

  - 노임단가는 시중노임단가를 기본급으로 하여 제수당(연장시간에 대한 가산수당), 상여금, 퇴직급여충당금의 합계액으로 결정됨

  - 자격수당은 시중노임단가(기본급)에 속하므로 제외하여야 함

  - 제수당은 연장근로시간에 대해 50/100을 가산한 임금을 산정하고, 상여금은 기본급을 기준으로 실지급 상여금율(400%)을 적용하고, 퇴직급여충당금은 1년이상 근속자에 대하여 통상임금의 1/12분을 계상하여야 함

정부회계기준으로 사후정산방식의 원가계산을 실시할 때 당해계약 이행에서 발생한 아래의 작업시간에서 적용할 노무공수는 몇 Hr인가?

– 당해계약 이행에서 발생한 노무공수 자료 –

▪ 정상작업시간	:	22,000Hr	▪ 정전대기시간	:	1,000Hr
▪ 직무교육시간	:	500Hr	▪ 작업준비시간	:	1,500Hr
▪ 기계고장시간	:	700Hr			

풀이

- 적용 노무공수: 22,000Hr + 500Hr + 1,500Hr = 24,000Hr

  · 정부회계 원가계산에서는 정상조업기준의 원가를 산정하는 것이 일반적인 기준임

  · 정상조업에 해당되지 않는 정전대기시간, 기계고장시간은 제외하여야 함

문제 3

단일제품을 생산하는 업체의 최근년도 생산실적자료를 기준으로 제품단위당 노무공수를 소수점이하 둘째자리 절사기준으로 산출하면 몇 Hr인가?

– 최근년도 생산실적 자료 –

- 당기 제품생산량: 1,000개
- 기초재공품 수량: 100개(공정율 50%)
- 기말재공품 수량: 200개(공정율 50%)
- 당기 작업시간: 11,500Hr

풀이

- 재공품을 보정한 제품 생산량: 1,000개 + (200개 – 100개) × 50% = 1,050개
- 제품단위당 공수: 11,500Hr ÷ 1,050개 = 10.95Hr

  · 생산활동에서 투입된 당기 작업시간에서 당기 제품생산량 제조에 투입된 작업시간 외에 재공품(기말–기초)에 대한 노동력도 포함되어 있음

  · 제품단위당 공수는 재공품을 보정하여 산출하여야 함

아래와 같은 생산 조업기준에서 제조공정 중 압출공정에서 적용할 제품단위당 노무공수를 산정하면(소수점 이하 둘째자리 절사) 몇 man/hour 인가?

- 생산 조업기준 -

- 제품명: 압출제품
- 제품규격: 길이 6m/EA
- 압출공정 작업인원: 2인
- 압출기 기계제원: 압출속도 0.2m/분
- 압출공정 생산직 1인당 연간 작업시간 내역
  · 직접작업시간(제조공정에서 직접 작업에 투입되는 시간): 1,950hr
  · 간접작업시간(임금이 지급되지만 제조공정에서 직접 작업에 투입되지는 않는 준비시간, 대기시간, 교육시간 등): 195hr

---

풀이

- 제품단위당 압출공정 기계작업시간: 6m ÷ (0.2m × 60분) = 0.5hr/EA
- 압출공정 제품단위당 노무공수: 0.5hr × 2인 = 1hr/EA
- 간접시간 발생비율: 195hr ÷ 1,950hr = 10%
- 제품단위당 노무공수: 1hr × 1.1 = 1.1hr/EA
  · 압출공정 기계속도, 작업인원을 기준으로 직접작업시간을 산출한 후 간접시간율을 가산하여 노무공수를 산출함

아래의 최근 회계연도 노무비발생액 자료를 대상으로 정부회계 원가계산에서 평균임금에 곱할 퇴직급여충당금 비율을 소수점이하 둘째자리 절사기준으로 산출하면 몇%인가?

- ■ 최근 회계연도 노무비 발생액
  - · 기본급여(제수당 포함)   :   271,230,000원
  - · 상여금   :   135,615,000원
  -   소계   :   406,845,000원

- ■ 근속연도에 따라 노무비 발생액 분류
  - · 1년 이상 근속 근로자 급여   :   335,818,250원
  - · 1년 미만 근로자 급여   :   71,026,750원
  -   소계   :   406,845,000원

풀이

- ■ 퇴직급여충당금 계상비율 = 1/12 × (335,818,250 ÷ 406,845,000) = 6.87%
  - · 퇴직금은 근로자퇴직급여보장법에 따라 계속근로기간 1년에 대하여 30일분이상의 평균임금을 설정하여야 함
  - · 계속근로기간 1년 미만 근로자는 제외함

문제 6

콘크리트블럭 생산업체의 최근회계연도 제조원가명세서와 제품생산량은 아래와 같다. 수량법에 의해 노무비 실제원가를 산정하는데 있어 적용할 재공품공제계수를 구하고, 제품단위당 노무비를 원단위이하 절사하면 얼마인가?

- 최근회계연도 제조원가명세서

비목	금액(천원)	비고
재료비	359,682	
노무비	725,611	
경비	508,327	
당기총제조비용	1,593,620	
기초재공품재고액	189,654	
합계	1,783,274	
기말재공품재고액	221,526	
당기제조원가	1,561,748	

* 재공품의 공정율은 비목별로 동일한 것으로 간주함
- 콘크리트블럭 제품 생산량 : 11,000EA(제품수불부상의 당기생산량)

풀이

- 재공품 공제계수

$$1 - \left(\frac{\text{기말재공품재고액} - \text{기초재공품재고액}}{\text{당기총제조비용}} \right) = 0.98$$

$$1 - \left(\frac{(221{,}526 - 189{,}654)}{1{,}593{,}620} \right) = 0.98$$

- 제품단위당 노무비원가 : 725,611천원 × 0.98 ÷ 11,000EA = 64,645원/EA

  · 기말재공품재고액이 기초재공품재고액보다 크므로 당기총제조비용에는 재공품량(기말-기초)에 해당되는 비용이 포함되어 있음

  · 노무비발생액에 재공품공제계수를 곱하여 당기생산량(11,000EA)에 해당하는 노무비원가를 산정한 후 생산량으로 나누어 제품단위당 실제원가를 산정하여야 함

문제 7

아래의 최근회계연도 제조부문 노무비 실적을 기준으로 정부회계 원가계산에서 적용할 간접노무비 비율을 소수점이하 둘째자리 절사기준으로 산출하면 몇 %인가?

계정과목	부서명	연간/노무비	비고
기본급·제수당	생산부	123,541,200	
	생산관리부	35,024,650	
	잡급(일용직)	20,534,240	
상여금		26,587,210	
퇴직급여충당금		13,354,850	
합계		219,042,150	

* 잡급은 생산공정에 투입되고, 상여금 지급율은 생산직/생산관리직 동일

풀이

■ 상여금 및 퇴직급여충당금에 대한 직·간접노무비 분류에서 잡급을 제외하고 배부하여 간접노무비율을 산정하여야 함

■ 직·간접노무비 분류

계정과목	부서명	최근회계연도 노무비실적액	직·간접노무비 분류	
			직접노무비	간접노무비
기본급·제수당	생산부	123,541,200	123,541,200	
	생산관리부	35,024,650		35,024,650
	잡급(일용)	20,534,240	20,534,240	
상여금		26,587,210	20,714,522	5,872,688
퇴직급여충당금		13,354,850	10,404,978	2,949,872
합계		219,042,150	175,194,940	43,847,210
간접노무비 비율				25.02%

■ 상여금에 대한 직·간접노무비 분류
 · 직접노무비부문액: $26,587,210 \div (123,541,200 + 35,024,650) \times 123,541,200 = 20,714,522$
 · 간접노무비부문액: $26,587,210 \div (123,541,200 + 35,024,650) \times 35,024,650 = 5,872,688$
■ 퇴직급여충당금에 대한 직·간접노무비 분류
 · 직접노무비 부문액: $13,354,850 \div (123,541,200 + 35,024,650 + 26,587,210)$
  $\times (123,541,200 + 20,714,522) = 10,404,978$
 · 간접노무비 부문액: $13,354,850 \div (123,541,200 + 35,024,650 + 26,587,210)$
  $\times (35,024,650 + 5,872,688) = 2,949,872$

■ 간접노무비 비율: $43,847,210 \div 175,194,940 = 25.02\%$

4 | 경비의 산정

가. 경비의 의의

일반적으로 원가 중 경비는 기업의 제품을 생산하거나 서비스를 제공하는 과정에서 발생하는 간접비용을 말한다. 원가를 구성하는 요소 중 하나로, 직접비용(재료비, 인건비 등)과 대비되는 개념으로 설명하고 있다.하지만, 정부회계 원가계산 예정가격 작성기준에서의 경비는 제품의 제조를 위하여 소비되는 원가 중에서 재료비와 노무비를 제외한 모든 제조원가 비목으로 정의되고 있지만, 직접경비와 간접경비를 구분하지 않으며, 경비로 계상할 수 있는 비용을 일부 비목으로 제한하고 있다.

특히, 경비의 산정은 당해계약 목적물 제조기간에 원가계산자료 또는 계약서, 영수증 등을 근거로 적정성을 검토하여야 하며, 또한, 제조경비 비목이 일반관리비 비목과 대체로 유사함으로 인해 제조경비와 일반관리비의 양자조정을 통한 원가의 임의 분류가능성이 있음을 유의하여야 한다.

이러한 임의 분류는 일반관리비 상한 업체에서 빈번히 나타나는 현상으로, 특히, 본사와 공장이 일체화되어 있는 경우의 제조비용과 일반관리비의 구분을 명확히 설정해야 한다.

정부회계 원가계산 "예정가격 작성기준"에서는 제조경비와 일반관리비의 구분 및 그 중요성에 대해 다음과 같이 규정하고 있다.

> [예정가격 작성기준] 제11조(경비)
> ① 경비는 제품의 제조를 위하여 소비된 제조원가중 재료비, 노무비를 제외한 원가를 말하며 기업의 유지를 위한 관리활동부문에서 발생하는 일반관리비와 구분된다.

따라서, 정부회계 원가계산 경비 산정에 있어 경비의 비목별 정의에 따른 명확한 비용을 산정하고, 재료비 및 일반관리비와 중복되지 않도록 유의해서 산정하여야 한다.

나. 경비의 분류

경비는 노무비와 함께 재료를 가공하는데 소비된 자원의 가치로서 가공원가의 성격을 지니고 있다. 원가계산에서 이러한 경비는 간접비 성격이 강하여 재료비와 노무비와는 달리 발생 원가가 개별제품에 직접적인 추적 및 대응이 이루어지는 경우가 적으며, 연구개발비와 외주가공비와 같이 특정제품에 직접 발생하는 경우를 제외하고는 간접경비로 비율 배부방법에 의해 원가 산정이 이루어진다.

경비의 산정과 관련하여 다음과 같이 직접 산출을 기본적으로 정의하고 있다.

> **[예정가격 작성기준] 제11조(경비)**
> ② 경비는 해당 계약목적물 제조기간의 소요(소비)량을 측정하거나 제34조에 의한 원가계산자료나 계약서, 영수증 등을 근거로 하여 산출하여야 한다.

개별제품에 직접적으로 추적이 가능한 경비는 일반적으로 개별제품의 생산지표인 생산량 또는 산출량이나 해당 횟수 등이 산정기준이 되며, 비율 배부 경비의 경우에는 재료비법, 노무비법, 원가법, 노무공수법 등과 같은 일반적인 배부방법 중 가장 적합한 기준과 방법을 채택하여 산정하게 된다.

경비의 구성항목은 재료비나 노무비와 비교하여 볼 때 그 비용항목이 다양하며 세부적으로는 제품의 성격, 계산 목적 등에 따라 비목별 세부 구성 내용이 달라질 수도 있다.

예정가격 작성기준에서는 다음과 같이 경비 항목을 정의하고 있다.

> **[예정가격 작성기준] 제11조(경비)**
> ③ 경비의 세비목은 다음 각호의 것으로 한다.
> 1. 전력비, 수도광열비는 계약목적물을 제조하는데 직접 소요되는 해당 비용을 말한다.
> 〈개정 2015.9.21.〉
> 2. 운반비는 재료비에 포함되지 않는 운반비로서 원재료 또는 완제품의 운송비, 하역비, 상하차비, 조작비등을 말한다.
> 3. 감가상각비는 제품생산에 직접 사용되는 건물, 기계장치 등 유형고정자산에 대하여 세법에서 정한 감가상각방식에 따라 계산한다. 다만, 세법에서 정한 내용년수의 적용이 불합리하다고 인정된 때에는 해당 계약목적물에 직접 사용되는 전용기기에 한하여 그 내용년수를 별도로 정하거나 특별상각할 수 있다.
> 4. 수리수선비는 계약목적물을 제조하는데 직접 사용되거나 제공되고 있는 건물, 기계장치, 구축물, 선박차량 등 운반구, 내구성공구, 기구제품의 수리수선비로서 해당 목적물의 제조과정에서 그 원인이 발생될 것으로 예견되는 것에 한한다. 다만, 자본적 지출에 해당하는 대수리 수선비는 제외한다.
> 5. 특허권사용료는 계약목적물이 특허품이거나 또는 그 제조과정의 일부가 특허의 대상이 되어 특허권 사용계약에 의하여 제조하고 있는 경우의 사용료로서 그 사용비례에 따라 계산한다.

6. 기술료는 해당 계약목적물을 제조하는데 직접 필요한 노하우(Know-how) 및 동 부대비용으로서 외부에 지급하는 비용을 말하며 「법인세법」상의 시험연구비 등에서 정한 바에 따라 계상하여 사업년도로부터 이연상각하되 그 적용비례를 기준하여 배분 계산한다.

7. 연구개발비는 해당 계약목적물을 제조하는데 직접 필요한 기술개발 및 연구비로서 시험 및 시범제작에 소요된 비용 또는 연구기관에 의뢰한 기술개발용역비와 법령에 의한 기술개발촉진비 및 직업훈련비를 말하며 「법인세법」상의 시험연구비 등에서 정한 바에 따라 이연상각하되 그 생산수량에 비례하여 배분 계산한다. 다만, 연구개발비중 장래 계속생산으로의 연결이 불확실하여 미래수익의 증가와 관련이 없는 비용은 특별상각할 수 있다.

8. 시험검사비는 해당 계약의 이행을 위한 직접적인 시험검사비로서 외부에 이를 의뢰하는 경우의 비용을 말한다. 다만, 자체시험검사비는 법령이나 계약조건에 의하여 내부검사가 요구되는 경우에 계상할 수 있다.

9. 지급임차료는 계약목적물을 제조하는데 직접 사용되거나 제공되는 토지, 건물, 기술, 기구 등의 사용료로서 해당 계약 물품의 생산기간에 따라 계산한다.

10. 보험료는 산업재해보험, 고용보험, 국민건강보험 및 국민연금보험 등 법령이나 계약조건에 의하여 의무적으로 가입이 요구되는 보험의 보험료를 말하며 재료비에 계상되는 것은 제외한다.

11. 복리후생비는 계약목적물의 제조작업에 종사하고 있는 노무자, 종업원등의 의료 위생약품대, 공상치료비, 지급피복비, 건강진단비, 급식비("중식 및 간식제공을 위한 비용을 말한다."이하 같다)등 작업조건유지에 직접 관련되는 복리후생비를 말한다.

12. 보관비는 계약목적물의 제조에 소요되는 재료, 기자재 등의 창고 사용료로서 외부에 지급되는 경우의 비용만을 계상하여야 하며 이중에서 재료비에 계상되는 것은 제외한다.

13. 외주가공비는 재료를 외부에 가공시키는 실가공비용을 말하며 부분품의 가치로서 재료비에 계상되는 것은 제외한다.

14. 산업안전보건관리비는 작업현장에서 산업재해 및 건강장해예방을 위하여 법령에 따라 요구되는 비용을 말한다.

15. 소모품비는 작업현장에서 발생되는 문방구, 장부대 등 소모품 구입비용을 말하며 보조재료로서 재료비에 계상되는 것은 제외한다.

16. 여비 · 교통비 · 통신비는 작업현장에서 직접 소요되는 여비 및 차량유지비와 전신전화사용료, 우편료를 말한다.

17. 세금과 공과는 해당 제조와 직접 관련되어 부담하여야 할 재산세, 차량세 등의 세금 및 공공단체에 납부하는 공과금을 말한다.

18. 폐기물처리비는 계약목적물의 제조와 관련하여 발생되는 오물, 잔재물, 폐유, 폐알칼리, 폐고무, 폐합성수지등 공해유발물질을 법령에 따라 처리하기 위하여 소요되는 비용을 말한다.

19. 도서인쇄비는 계약목적물의 제조를 위한 참고서적구입비, 각종 인쇄비, 사진제작비(VTR제작비를 포함한다)등을 말한다

20. 지급수수료는 법령에 규정되어 있거나 의무지워진 수수료에 한하며, 다른 비목에 계상되지 않는 수수료를 말한다.

21. 법정부담금은 관련법령에 따라 해당 제조와 직접 관련하여 의무적으로 부담하여야 할 부담금을 말한다. 〈신설 2019.12.18.〉

22. 기타 법정경비는 위에서 열거한 이외의 것으로서 법령에 규정되어 있거나 의무지워진 경비를 말한다.

23. 품질관리비는 해당 계약목적물의 품질관리를 위하여 관련 법령 및 계약조건에 의하여 요구되는 비용(품질시험 인건비를 포함한다)을 말하며, 간접노무비에 계상되는 것은 제외한다. 〈신설 2021.12.1.〉

24. 안전관리비는 제조현장의 안전관리를 위하여 관계법령에 의하여 요구되는 비용을 말한다. 〈신설 2021.12.1.〉

"예정가격 작성기준"에서는 경비를 직접경비와 간접경비로 구분하고 있지는 않지만, 직접계산이 가능한 일부 비목과 여러 제품에 공통적으로 발생하는 간접계산되어야 하는 간접비 성격의 비목으로 구성되어 있다. 다만, 종류나 금액에 있어서 정상적인 비용이 아니라고 파악되는 것은 제외하여야 한다.

일반적으로 직접 혹은 간접계산 되는 경비 비목 구분은 다음과 같다.

계산방식에 따른 경비 비목 구분

구분	내용
직접계산	운반비, 특허권사용료, 기술료, 연구개발비, 시험검사비, 외주가공비 품질관리비, 안전관리비 등(감가상각비, 지급임차료)
간접계산	전력비, 수도광열비, 감가상각비, 수리수선비, 지급임차료, 보험료, 복리후생비, 보관비, 안전관리비, 여비·교통비·통신비, 세금과공과, 폐기물처리비, 도서인쇄비, 지급수수료, 법정부담금, 기타 법정경비

직접계산 및 간접계산과 같은 계산방식에 따라 경비 산정 절차는 다음과 같이 정리할 수 있다.

경비 산정 절차

다. 직접계산이 가능한 경비 산정

(1) 운반비

> [예정가격 작성기준] 제11조(경비) 제3항
> 2. 운반비는 재료비에 포함되지 않는 운반비로서 원재료 또는 완제품의 운송비, 하역비, 상하차비, 조작비등을 말한다.

정부회계 원가계산에서의 운반비는 재료비 계상에 포함되지 않는 운반비로써 재료 구입을 위한 외부 부대비로서의 운반비용과 완제품을 계약목적지까지 운반하는데 소요되는 비용으로 정의하고 있다. 즉, 재료비에 포함되는 운반비는 재료구입과 관련된 부대비용 즉, 거래운임, 하역비, 상하차비, 조작비 등이며, 재료 구입 후 발생하는 부대비용은 경비로 계상하는 것이다.

원가계산에서 최종제품의 납품운반비가 경비 비목의 운반비로 계상되고 있으나, 이는 회계이론상으로는 제조완료 이후에 발생한 것이므로 제조원가가 아닌 손익계산서상의 일반관리비에 계상하여야 할 부분이다. 하지만 정부회계 원가계산에서는 제품운반비가 개별계산이 가능한 비용이므로 비율계산방법에 의해 산정되는 일반관리비로 계상하지 않고 개별계산 비용을 계상할 수 있는 경비항목으로 적용하고 있는 것이다.

기업에서는 사용재료의 가격을 결정할 때, 구입가격과 부대비용을 합산하여 취득가액으로 계상하는 경우와 부대비용을 각각 당해 비용 과목에 분류 계상하는 경우가 있다. 이러한 부대비용을 정부회계 원가계산 기준으로 과목을 분류·계상할 때는 다음과 같이 결정된다.

① 자사 운반차로 운반하는 경우

연료비, 운전, 운송인의 여비, 차량상각비, 차량세 등 제조원가의 당해 비용과목에 계상한다.

② 운송회사에서 운반하는 경우

운송회사에서 운반하는 경우 지불 경비로서 제조원가의 운반비 과목에 계상한다. 운반비는 운반수단(자동차, 기차 등)에 따라 상이한 바 제조공장과 계약목적지간의 거리, 중량(또는 용적톤)을 고려하여 화물자동차 운임인 경우에는 과거 실적운반요율 또는 과거실적이 없는 경우에는 유사물자 과거실적 운반요율을 기준으로 적정하게 적용하며, 철도화물운임인 경우에는 철도화물요율등을 적용하여 계산하되 그 계산된 금액에 하역료/상하차비/조작비를 가산하여 계산한다.

> 운반비 =(거리×중량×운반료율)+(하역료+상·하차비+조작비)

[참고] 제조부문 시중노임단가 적용시 단가 적용 범위 유의

일련 번호	납지	거리 (km)	수량	단위당 중량(kg)	총중량 (톤)	운반요율 (원/톤 · km)	금액	단위당 운반비
1	부산	316	87	86.00	7.482	250	591,078	6,794
합계			87		7.482		537,344(부가세제외)	

계약목적지가 다지역에 분산되어 있는 경우에는 제조공장과 납품지역별 조달 물량을 고려하여 계산하여야 한다.

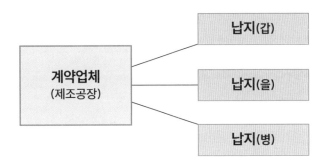

$$운반비 = \frac{(갑)납지운반비 + (을)납지운반비 + (병)납지운반비}{총조달물량}$$

또한, 일반경쟁계약 대상 물품에 대한 운반비 계산의 경우에는 납지에서 최근거리에 위치한 생산가능업체(아래 표에서 '병')를 기준으로 계산함을 원칙으로 한다.

즉, 운반비 계산에 있어 납지가 1곳인 경우에는 납지를 기점으로 최근거리 업체를 기준으로 선정하도록 한다.

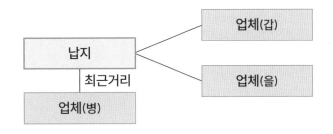

다만, 유류 등과 같이 다수의 계약업체가 다수의 계약목적지에 납품하는 경우와 같이 납지가 여러 곳이 있는 경우에는 업체별로 복수납지까지의 운반비를 합한 금액이 최저인 업체를 최근거리 참가업체로 인식하여 산정하여야 한다.

즉, 납지가 여러 곳인 경우에는 업체별 복수납지에 따른 평균 운반비를 산정한 뒤, 이 중 가장 낮은 업체를 최근거리 업체로 보아야 한다.

(2) 감가상각비

① "감가상각비"는 제품생산에 직접 사용되는 공장의 건물, 구축물, 기계장치, 운반구, 금형, 내구성치공구, 기구, 비품 등의 유형고정자산 상각액을 말한다.

② 상각자산가액은 다음 각호의 기준에 의한다.

　ㄱ 제작원가 또는 매입원가에 취득부대비용을 가산한 금액

　ㄴ 자산재평가법에 의거 적법한 절차로 재평가된 자산의 재평가된 가액

　ㄷ 법인세법시행령의 규정에 의한 고정자산의 내용년수를 연장시키거나 가치를 현실적으로 증가시키는 자본적지출에 상당하는 금액을 가산한 금액

③ 감가상각비는 정액법을 기준으로 상각하되, 생산능력으로 나누어 단위당 상각비를 계산하거나 적정배부율로 배부하여 단위당 상각비를 계산한다.

④ 사업연도 중에 취득하여 사업에 사용한 감가상각자산에 대한 상각범위액은 사업에 사용한 날부터 당해 사업연도 종료일까지의 역에 따라 계산한 월수에 의하되 1월 미만의 일수는 1월로 한다.

[참고] 법인세법상 자산별 감가상각 방법 [법인세법 시행령 제26조 1항]

1. 건축물과 무형자산(제3호 및 제6호부터 제8호까지의 자산은 제외한다): 정액법
2. 건축물 외의 유형자산(제4호의 광업용 유형자산은 제외한다): 정률법 또는 정액법
3. 광업권(「해저광물자원 개발법」에 의한 채취권을 포함한다) 또는 폐기물매립시설(「폐기물관리법 시행령」 별표 3 제2호가목의 매립시설을 말한다): 생산량비례법 또는 정액법
4. 광업용 유형자산: 생산량비례법 · 정률법 또는 정액법
5. 삭제 〈2002. 12. 30.〉
6. 개발비: 관련 제품의 판매 또는 사용이 가능한 시점부터 20년의 범위에서 연단위로 신고한 내용연수에 따라 매 사업연도별 경과월수에 비례하여 상각하는 방법
7. 사용수익기부자산가액: 해당 자산의 사용수익기간(그 기간에 관한 특약이 없는 경우 신고내용연수를 말한다)에 따라 균등하게 안분한 금액(그 기간 중에 해당 기부자산이 멸실되거나 계약이 해지된 경우 그 잔액을 말한다)을 상각하는 방법

8. 「전파법」제14조에 따른 주파수이용권, 「공항시설법」제26조에 따른 공항시설관리권 및 「항만법」제24조에 따른 항만시설관리권:주무관청에서 고시하거나 주무관청에 등록한 기간내에서 사용기간에 따라 균등액을 상각하는 방법

※ 내용연수 –> 법인세법 시행규칙 별표

[별표5] 건축물 등의 기준내용연수 및 내용연수범위표(제15조제3항 관련)

[별표6] 업종별자산의 기준내용연수 및 내용연수 범위표(제15조제3항 관련)

(3) 특허권사용료

[예정가격 작성기준] 제11조(경비) 제3항

5. 특허권사용료는 계약목적물이 특허품이거나 또는 그 제조과정의 일부가 특허의 대상이 되어 특허권 사용계약에 의하여 제조하고 있는 경우의 사용료로서 그 사용비례에 따라 계산한다.

일반적으로 타인이 소유하는 특허권을 사용할 때 지급하는 사용료 또는 임차료는 소유자와 사용자간에 협의된 계약에 의하여 사용료를 지급하는 것이 통례이며, 타인에게 양도하였을 때는 일정한 계약기간에 따라 법률상 보호를 받는 기간 동안 특허료의 지급을 받는다. 이때에는 계약서 내용을 검토하여 계약조건이나 계약내용의 타당성을 검토하고 지급대장상에서 비용발생의 확인하는 과정이 필요하다.

■ **"특허권사용료" 산정은 특허권 사용계약에 의한 수량으로 나누어 계산하거나 또는 특허사용기간 및 생산 능력으로 나누어 계산한다.**

특허권 계약내용에 사용료가 생산수량에 따라 지급되는 경우에는 개별계산방법에 의해 단위당비용으로 계상하고, 계약상 특허권사용료의 지급이 연액으로 되어 있을 경우는 대상기간 중 생산수량을 기준으로 계산한다.

[예시] 특허권 사용료 계산

> ■ 계산방법
>
> 12,000,000(특허권사용료) ÷ 2,000(생산계획량(생산능력)) = 6,000원/EA

[참고] 특허권사용료 원시자료 획득 / 확인 / 평가방법

확인 사항	검토 사항	비고
■ 발생내역/증빙자료	■ 발생내역/증빙자료	■ 계약서
■ 생산수량/매출액확인	■ 생산수량/매출액확인	■ 특허권 사용료 지급대장

(4) 기술료

노하우비(Know-how)는 내국인이나 외국인으로부터 공업소유권[3]이나 기타기술을 양수받고 그 사용에 관한 권리를 도입하는 것으로, 통상 계약기간이 1년이상으로서 단순하지 않은 기술과 그 기술의 사용에 직접 필요한 용역의 도입을 말한다.

기술료는 신제품, 신기술 개발, 신기술 도입, 설비 개량 등 일반적으로 기초적 연구를 하기 위한 설계, 시험 등 연구활동에 따라 발생하는 비용으로, 기술개발촉진법에 의해 기술개발준비금의 사용범위 즉, 기술개발비, 도입기술의 소화개량비, 기술정보비, 기술훈련비, 연구시설비 등을 말한다.

기술료의 상각은 법인세법에서 관련 제품의 판매 또는 사용이 가능한 시점부터 20년 이내의 기간 내에서 연단위로 신고한 내용연수(무신고시 관련제품의 판매 또는 사용이 가능한 시점부터 5년 동안 매년 균등액 상각)에 따라 매사업연도 경과월수에 비례하여 상각하도록 규정하고 있다.

■ **"기술료" 산정은 법인세법상의 시험연구비 등에서 정한 내용연수를 기준으로 이연상각하되 생산능력으로 나누어 계산하거나 그 사용비례를 기준으로 배부 계산한다.**

[예시] 기술료 계산(내용연수 5년 신고시)

품목	지급비용	내용연수	당기상각액	생산능력	단위당기술료
BI-SEARCH DORP	235,890,000	5	47,178,000	5,000	9,435.60

[참고] 기술료 원시자료 획득 / 확인 / 평가방법

확인 사항	검토 사항	비고

■ 연도별 기술료 지급 실적
■ 관련 근거 서류 정밀 검토
 • 기술료 도입 내역
  · 산정기준
	■ 기술료 산정 적정성
	■ 동일제품 타 매출실적 여부
	■ 장기물량 통보내역 검토
	■ 불평등 계약조건 유/무
	  * 규격변경전 기술개발비 항목 중
	   Know-How획득비, 해외기술자 초청비,
	   TDP자료획득비, 기술료로 회계처리 여부
		■ 기술도입허가서
		■ 계약서
		■ 지급청구서
		■ 송금내역서
		■ 기술료지급대장
		■ 공인회계사확인서

---

3) 공업소유권이라 함은 법률에 의하여 일정기간 독점적, 배타적으로 이용할 수 있는 권리이다.
  발명권 및 실용신안권 · 의장권 · 발명보호법 · 상표법 등이 있다.

(5) 연구개발비

[예정가격 작성기준] 제11조(경비) 제3항

7. 연구개발비는 해당 계약목적물을 제조하는데 직접 필요한 기술개발 및 연구비로서 시험 및 시범제작에 소요된 비용 또는 연구기관에 의뢰한 기술개발용역비와 법령에 의한 기술개발촉진비 및 직업훈련비를 말하며 법인세법상의 시험연구비 등에서 정한 바에 따라 이연상각하되 그 생산수량에 비례하여 배분 계산한다. 다만, 연구개발비 중 장래 계속생산으로의 연결이 불확실하여 미래수익의 증가와 관련이 없는 비용은 특별상각할 수 있다.

연구개발비는 법인세법에서 계상 요건이 엄격하게 규정되어 있으므로 저부회계 원가산정에서의 연구개발비 인정은 규정과 같이 「계약목적물을 제조하는 데 직접 필요한 비용」으로 제한되어야 한다.

기업회계기준에서 개발비 계상은 다음의 요건을 모두 충족하여야 한다. 무형자산을 사용 또는 판매하기 위해 그 자산을 완성시킬 수 있는 기술적 실현가능성, 무형자산을 완성해 그것을 사용하거나 판매하려는 기업의 의도, 완성된 무형자산을 사용하거나 판매할 수 있는 기업의 능력, 무형자산이 어떻게 미래 경제적 효익을 창출할 것인가를 보여줄 수 있는 능력, 무형자산의 개발을 완료하고 그것을 판매 또는 사용하는데 필요한 기술적, 금전적 자원을 충분히 확보하고 있다는 사실을 제시하고, 개발단계에서 발생한 무형자산 관련 지출을 신뢰성 있게 구분하여 측정할 수 있어야 한다.

정부회계 원가계산의 연구개발비는 기술개발 및 연구비, 기술개발용역비, 기술개발촉진비 등으로 대별할 수 있다.

"예정가격 작성기준"에서의 연구개발비 인정여부에 대해서는 법인세법 규정이 참고가 될 수 있겠는데 법인세법의 개발비는 상업적인 생산 또는 사용 전에 재료, 장치, 제품, 공정, 시스템 또는 용역을 창출하거나 현저히 개선하기 위한 계획 또는 설계를 위하여 연구결과 또는 관련 지식을 적용하는데 발생하는 비용으로서 당해 법인이 개발비로 계상한 것(산업기술연구조합육성법에 의한 산업기술연구조합의 조합원이 동 조합에 연구개발 및 연구시설 취득 등을 위하여 지출하는 금액을 포함한다)으로 관련 제품의 판매 또는 사용이 가능한 시점부터 20년 이내의 기간 내에서 연단위로 신고한 내용연수(무신고시 관련제품의 판매 또는 사용이 가능한 시점부터 5년동안 매년 균등액 상각)에 따라 매사업연도 경과월수에 비례하여 상각한다.(법인세법 시행령 제24조, 제26조)

■ "연구개발비"산정은 법인세법상의 시험연구비 등에서 정한 내용년수를 기준으로 이연상각하되 생산능력으로 나누어 계산하거나 또는 그 생산수량에 비례하여 배분 계산한다.

다만, 연구개발비 중 장래 계속 생산으로의 연결이 불확실하며 미래 수익의 증가와 관련이 없는 비용은 특별상각할 수 있다.

[예시] 연구개발비 계산

- 연구개발비 발생금액

구분	기술개발비 발생	기술개발비 인정	비고
1차연도	44,699,050	38,885,390	당해제품과 무관한 비용 부인
2차연도	78,873,918	22,571,131	〃
3차연도	175,115,499	6,098,380	〃
합계	298,688,467	67,554,901	

- 계산방법(내용연수 5년 신고시)

 67,554,901원÷5÷401셋(당해년도 생산수량) = 33,693원

[참고] 연구개발비 원시자료 획득 / 확인 / 평가방법

확인 사항	검토 사항	비고
■ 연도별 기술개발비 발생내역 ■ 발생내역/증빙자료 · 세부비목별 · 세부내역별	■ 발생근거/타당성 ■ 산정기준 적정성 ■ 개발전담여부 ■ 회계처리기준	■ 개발대장 ■ 품의서 ■ 인사명령 ■ 회계처리대장

사례 직접 관련 없는 연구개발비 계상 부적정

계약품목과 관련없는 연구개발비를 단지 결산서상에 계상하므로써 결산서만을 근거로 간접경비로 배부계산하였으므로, 배부계산시 이를 제외함.

▶ 검토의견

연구개발비는 과거 연구개발비용으로 개발비대장에 의하여 이연상각하여 당해연도 계약수량으로 나누어 계산하여야 함. 즉, 당해 계약품목과 직접적으로 관련된 경비의 경우만 직접경비로 계상하여야 함.

(6) 시험검사비

> **[예정가격 작성기준] 제11조(경비) 제3항**
> 8. 시험검사비는 해당 계약의 이행을 위한 직접적인 시험검사비로서 외부에 이를 의뢰하는 경우의 비용을 말한다. 다만, 자체시험검사비는 법령이나 계약조건에 의하여 내부검사가 요구되는 경우에 계상할 수 있다.

시험검사비는 완제품의 성능 또는 기능 등을 객관적으로 입증 받기 위해서 외부기관(시험기관)에 시험 의뢰할 때의 소요비용을 말한다.

자체 시험검사에 있어서 법령이나 계약조건에 의하여 내부검사를 요하는 경우의 소요비용은 별도 계

정과목으로 처리하는 경우에 계상하는데, 내부검사를 요하는 제품이라 함은 예를 들어 소방법령이나 계량법 등에 의하여 제품을 판매함에 앞서서 국가에 의한 검사 또는 검정을 받아야 하는 제품 등을 말한다.

정부회계 원가계산에서의 시험검사비는 규정에 따라 "계약목적물을 제조하는데 직접 필요한 비용"으로 제한되어야 한다. 또한 이를 제조경비상의 간접비로 배부계산하는 것은 인정되지 아니한다.

■ **"시험검사비"산정은 당해제품에 직접 소요되는 비용을 조달 수량으로 나누어 계산한다.**

[예시] 시험검사비 계산

품명	시험내역	발생금액	당해제품 조달수량	단위당 시험검사비	비고
MDR-6000	성능시험 등	10,895,000	401셋	27,169.58	

[참고] 시험검사비 원시자료 획득 / 확인 / 평가방법

확인 사항	검토 사항	비고
■ 발생내역 / 증빙자료 ■ 규격서 규제사항	■ 외부검사 의뢰여부 ■ 품관소 생산감독관 협조 ■ 검사수량 롯트구성	■ 시험검사내역서 ■ 세금계산서 ■ 규격서

(7) 외주가공비

> [예정가격 작성기준] 제11조(경비) 제3항
> 13. 외주가공비는 재료를 외부에 가공시키는 실가공비용을 말하며 부분품의 가치로서 재료비에 계상되는 것은 제외한다.

외주가공비는 직접 생산하기 어렵거나 비효율적인 부분을 외부 업체에 맡겨 생산하고, 그에 대한 대가로 지불하는 비용으로, 기술적으로 자체시설로 제조가 불가능하거나 시설부족 또는 생산능력 부족 등의 사유로 외부에 재료를 제공하면서 가공만을 의뢰하였을 경우의 가공비를 말한다. 그러므로 부분품 등 완제품은 동 비목에 포함해서는 안 되며 그것은 재료비에서 계산하여야 한다.

외주가공비는 재료를 외주 공장에 주고 가공이 완료되어 인수할 때 가공비를 지불하는 것이므로 사용재료의 잔품 또는 작업시설물의 처리문제도 계약조건을 검토하여 결정하여야 하고, 주의할 것으로는 외주가공비는 당해 계약품목에 직접 관련한 비용을 직접 계산하는 것이며, 제조원가명세서상 외주가공비 비목이 있다고 하여 이를 배부계산하여서는 안 된다.

㉠ **"외주가공비"는 제품의 자체 제조기술 또는 설비부족 등으로 인하여 재료를 제공하고 가공만을 의뢰하여 부분품으로서 인수할 때 지급되는 단순가공비를 말한다. 다만, 부분품의 가치로서 재료비에 계상되는 것을 제외한다.**

ⓒ "외주가공비" 산정은 계약목적물에 직접적으로 소요되는 비용으로서 외부와의 가공계약에 관련되는 자료에 의하여 확인된 비용으로 한다.

최근에는 외부에서 노무용역 자체를 제공하는 경우 업체의 제조공정이나 외주가공부문 고용형태 등에 따라 다양하게 나타나고 있으므로 업체특성, 외주가공부문 등에 따라 원가담당자가 합리적으로 판단하여 처리하여야 할 것이다.

일반적으로 업체에서 작업자와 직접 계약을 맺고 직접 임금을 지급하며 임금대장상 반영된 경우에는 이를 직접노무비로, 업체가 노무용역제공업체(인력회사)와 일부부문이나 공정에 대해 도급방식(일의 처리보다는 완성에 중점을 둠)으로 계약을 맺고 대금을 지급하는 것이라면 이는 외주가공비로 처리하는 것이 타당할 것이다.

[예시] 시험검사비 계산

일련번호	부품명	외주가공 내역	단위	수량	단가(가정)	단위당 금액	비고
1	상부휘드콘	센딩	EA	1	450	450	
2	하부휘드콘	센딩	EA	1	450	450	
계						900	

[참고] 외주가공비 원시자료 획득 / 확인 / 평가방법

확인 사항	검토 사항	비고
■ 발생내역 / 증빙자료 ■ 자체가공시설 실태 ■ 재료지원관계	■ 노무비 중복여부 ■ 과다계상여부 ■ 가공비 적정성	■ 제조원가명세서 ■ 제조경비대장 ■ 세금계산서

사례　**외주가공비 계산방법 부적정**

직접계산 경비비목인 외주가공비를 제조원가명세서상에 외주가공비를 기초로 배부경비에 포함하여 계상

▶ 검토의견

계약목적물에 직접적으로 소요되는 실비용은 직접 개별계산토록 되어 있음에도 외주가공비를 배부방식으로 계산하였음으로 이를 시정 조치함.

(8) 품질관리비 및 안전관리비

> [예정가격 작성기준] 제11조(경비) 제3항
> 　　23. 품질관리비는 해당 계약목적물의 품질관리를 위하여 관련 법령 및 계약조건에 의하여 요구되는 비용(품질시험 인건비를 포함한다)을 말하며, 간접노무비에 계상되는 것은 제외한다.
> 　　　　〈신설 2021.12.1.〉
> 　　24. 안전관리비는 제조현장의 안전관리를 위하여 관계법령에 의하여 요구되는 비용을 말한다.
> 　　　　〈신설 2021.12.1.〉

품질관리비 및 안전관리비는 관련 법령 및 계약조건에 의하여 요구되는 관련 비용으로 해당 인력이 간접노무비에 포함되어 이중계상되지 않도록 하여야 하며, 비용은 실제 발생하는 비용을 집계하여 반영하고, 적정 배부기준에 따라 배부한다.(2021년 12월 1일 개정에 따른 추가 반영 항목)

[참고 1] 건설업 산업안전보건관리비 계상 및 사용기준(고용노동부고시 제2023-49호, 2023. 10. 5.)

[별표 1] 공사종류 및 규모별 산업안전보건관리비 계상기준표

구분 공사종류	대상액 5억원 미만인 경우 적용비율(%)	대상액 5억원 이상 50억원 미만인 경우		대상액 50억원 이상인 경우 적용비율(%)	영 별표5에 따른 보건관리자 선임 대상 건설공사의 적용비율(%)
		적용 비율(%)	기초액		
건축공사	2.93%	1.86%	5,349,000원	1.97%	2.15%
토목공사	3.09%	1.99%	5,499,000원	2.10%	2.29%
중건설공사	3.43%	2.35%	5,400,000원	2.44%	2.66%
특수건설공사	1.85%	1.20%	3,250,000원	1.27%	1.38%

[참고 2] 안전관리비 관련 유사 규정 비교

구분	안전관리비	산업안전보건관리비
정의	건설공사의 품질 및 안전관리에 필요한 비용	현장근로자의 안전 및 보건을 위하여 사용하는 비용
관련 규정	건설기술진흥법 제63조 (안전관리비용)	산업안전보건법 제72조 (건설공사 등의 산업안전보건관리비 계상 등)
금액 산정	각 항목별 실비(견적)금액 적용	공사 금액별 정액 요율 적용
사용 기준	(국토부 고시) 건설공사 안전관리비 업무수행 지침[별표7]	(고용노동부 고시) 건설업 산업안전보건관리비 계상 및 사용기준
사용 가능 항목	1) 안전관리계획의 작성 및 검토비용 2) 안전점검 비용 3) 발파, 굴착 등의 건설공사로 인한 주변 건축물 등의 피해방지대책 비용 4) 공사장 주변의 통행 안전을 위한 안전시설의 설치 및 유지관리비용, 신호수 배치 비용 5) 공사시행 중 구조적 안전성 확보 비용	1) 안전관리자, 보건관리자의 임금 등 2) 안전시설비 등 3) 보고구 등 4) 안저보건진단비 등 5) 안전보건교육비 등 6) 근로자 건강장해예방비 등 7) 건설재해예방전문지도기관 기술지도비 8) 본사 전담조직 근로자 임금 등 9) 위험성평가 등에 따른 소요 비용

라. 간접계산 경비 산정

(1) 배부계산 간접계산 경비 비목

개별제품에 직접대응이 불가능한 비목에 대하여는 합리적인 배부방법을 채택하여 계산하여야 한다. 예를 들어 전력비 등은 전기사용량(kw) 등이 개별제품별로 인식이 곤란하므로 적정한 방법에 의해 일정한 기준에 따라 배부될 수밖에 없는 것이다.

하지만 아래에서 나열된 비목들은 반드시 배부 계산되어야 하는 것은 아니며 개별제품에 직접 인식 대응될 경우 직접경비로 계상할 수도 있다.

> **[예정가격 작성기준] 제11조(경비)**
>
> ③ 경비의 세비목은 다음 각호의 것으로 한다.
>
> 1. 전력비, 수도광열비는 계약목적물을 제조하는데 직접 소요되는 해당 비용을 말한다.
>   〈개정 2015.9.21.〉
> 4. 수리수선비는 계약목적물을 제조하는데 직접 사용되거나 제공되고 있는 건물, 기계장치, 구축물, 선박차량 등 운반구, 내구성공구, 기구제품의 수리수선비로서 해당 목적물의 제조과정에서 그 원인이 발생될 것으로 예견되는 것에 한한다. 다만, 자본적 지출에 해당하는 대수리 수선비는 제외한다.
> 9. 지급임차료는 계약목적물을 제조하는데 직접 사용되거나 제공되는 토지, 건물, 기술, 기구 등의 사용료로서 해당 계약 물품의 생산기간에 따라 계산한다.
> 10. 보험료는 산업재해보험, 고용보험, 국민건강보험 및 국민연금보험 등 법령이나 계약조건에 의하여 의무적으로 가입이 요구되는 보험의 보험료를 말하며 재료비에 계상되는 것은 제외한다.
> 11. 복리후생비는 계약목적물의 제조작업에 종사하고 있는 노무자, 종업원등의 의료 위생약품대, 공상치료비, 지급피복비, 건강진단비, 급식비("중식 및 간식제공을 위한 비용을 말한다." 이하 같다)등 작업조건유지에 직접 관련되는 복리후생비를 말한다.
> 12. 보관비는 계약목적물의 제조에 소요되는 재료, 기자재 등의 창고 사용료로서 외부에 지급되는 경우의 비용만을 계상하여야 하며 이중에서 재료비에 계상되는 것은 제외한다.
> 13. 외주가공비는 재료를 외부에 가공시키는 실가공비용을 말하며 부분품의 가치로서 재료비에 계상되는 것은 제외한다.
> 14. 산업안전보건관리비는 작업현장에서 산업재해 및 건강장해예방을 위하여 법령에 따라 요구되는 비용을 말한다.
> 15. 소모품비는 작업현장에서 발생되는 문방구, 장부대 등 소모품 구입비용을 말하며 보조재료로서 재료비에 계상되는 것은 제외한다.
> 16. 여비·교통비·통신비는 작업현장에서 직접 소요되는 여비 및 차량유지비와 전신전화사용료, 우편료를 말한다.
> 17. 세금과 공과는 해당 제조와 직접 관련되어 부담하여야 할 재산세, 차량세 등의 세금 및 공공단체에 납부하는 공과금을 말한다.

18. 폐기물처리비는 계약목적물의 제조와 관련하여 발생되는 오물, 잔재물, 폐유, 폐알칼리, 폐고무, 폐합성수지등 공해유발물질을 법령에 따라 처리하기 위하여 소요되는 비용을 말한다.

19. 도서인쇄비는 계약목적물의 제조를 위한 참고서적구입비, 각종 인쇄비, 사진제작비(VTR제작비를 포함한다)등을 말한다

20. 지급수수료는 법령에 규정되어 있거나 의무지워진 수수료에 한하며, 다른 비목에 계상되지 않는 수수료를 말한다.

21. 법정부담금은 관련법령에 따라 해당 제조와 직접 관련하여 의무적으로 부담하여야 할 부담금을 말한다. 〈신설 2019.12.18.〉

22. 기타 법정경비는 위에서 열거한 이외의 것으로서 법령에 규정되어 있거나 의무지워진 경비를 말한다.

(2) 경비 배부방법

가) 원가배부기준 일반

정부회계 원가계산에 있어서는 직접계산하는 개별경비 비목을 제외하고는 제조업체의 결산자료 실적비용을 대상으로 하여 계약목적물 제조특성에 부합하는 합리적인 배분기준을 채택하여 배부 계산하여야 한다.

원가배분기준으로는 인과관계기준, 부담능력기준, 수혜기준 등이 있으며, 원가배분을 통해 달성해야 할 목표로서 공정성과 공평성의 원칙이 있다.

① 인과관계기준

가장 이상적인 원가배분은 원가와 원가배분대상 간에 인과관계가 존재하도록 원가를 배분하는 것이다. 여기서 인과관계란 특정 활동의 수행으로 인하여 특정원가가 발생할 때 그 활동과 원가 사이의 관계를 말한다. 따라서 인과관계기준이란 이러한 인과관계에 입각하여 특정원가를 원가대상에 대응시키는 배분기준을 말한다.

② 부담능력기준

원가와 원가배분대상의 인과관계를 알 수 없는 경우에는 하나의 대안으로서 각 원가배분대상이 원가를 부담할 수 있는 능력에 비례하여 원가를 배분할 수 있다. 이와 같은 배분기준을 부담능력기준이라고 하며, 부담능력을 평가하는 지표로 매출액을 가장 많이 사용하고 있다.

③ 수혜기준

수혜기준이란 원가배분대상이 공통원가로부터 제공받는 경제적 효익의 정도에 비례하여 공통원가를 배분하는 방법을 말하며 수익자부담기준이라고도 한다.

④ 공정성과 공평성원칙

원가배분기준은 기본적으로 공정성과 공평성을 가져야 한다. 즉, 원가를 여러 원가대상에 배분할 때 그 원가배분은 공정하고 공평하게 이루어져야 한다. 공정성과 공평성원칙은 논리적으로는 타당하나, 매우 포괄적인 개념이므로 일반적으로 원가배분을 통해 달성하려는 목표를 나타내는 것이라고 할 수 있다.

⑤ 배분기준의 선택

원가배분기준이란 집적한 원가를 각 원가배분대상에 대응시키는 기준을 말한다. 배분기준은 논리적으로 타당한 것이어야 하며 경제적으로 이용가능하고 합리적인 것이어야 한다. 이러한 배분기준을 찾기 위해서는 원가와 원가배분대상과의 관계를 명확히 파악하여야 한다. 배분기준을 선택할 때 주의할 점은 아무리 논리적인 방법이라도 제품원가에 큰 영향을 미치지 못한다면 많은 비용이 소요되는 방법은 비경제적이라는 점이다.

원가배분에서 일반적으로 적용되는 기준을 보면 다음과 같다.

㉠ 노동활동과 관련된 공통원가

· 고용원수, 노동시간, 직접노무원가 혹은 기타 노동과 관련된 기준에 따라 배분한다.

㉡ 기계작동과 관련된 공통원가

· 기계작동시간, 기계나 부품의 현행가치, 기계의 수와 같은 기계의 작동과 관련된 기준에 따라 배분한다.

㉢ 공간과 관련된 공통원가

· 점유면적, 점유량, 기타공간과 관련된 기준에 따라 배분한다.

㉣ 서비스와 관련된 공통원가

· 서비스량, 가치, 시간, 기타 관련기준에 따라 배분한다.

나) 일반적인 경비배부방법

경비배부는 제품생산방법, 비용특성 등을 고려하여 가장 합리적인 배부방법을 채택 적용하여야 하며, 일반적인 기준에서의 배부방법 적용기준을 살펴보면 다음과 같다.

■ 제품생산과정을 파악하여 계정과목별로 재료비법, 노무비법, 원가법, 작업시간법, 기계시간법, 수량법 중에서 가장 인과관계가 있는 배부방법 채택

■ 근로자 작업시간에 비례하여 발생되는 인적비용은 작업시간법 적용

■ 근로자 노무비액 비례하여 발생되는 인적비용은 노무비법 적용

■ 기계운전시간에 비례하여 발생하는 기계운전비용은 기계시간법 적용

■ 생산수량에 비례하여 발생하는 비용은 수량법 적용

■ 기타경비 해당비용은 작업시간법 또는 원가법 적용

■ 제품 특성, 생산방법, 재료의 관급, 발생비용 특수성으로 위 배부방법의 적용이 곤란하다고 판단되는 경우에는 다른 배부방법을 적용할 수 있음. 예를 들어, 수산물 등의 가공과정에서 발생하는 전력비 등은 그 경비발생이 원제품의 구입단가, 업종별 차이 없이 거의 유사한 가공공정을 거치므로 비용발생이 금액(구입단가)보다는 생산량이나 산출물에 비례하여 발생하므로 노무비법이나 원가법보다는 생산량비례법이 더 타당하다는 것이다.

① 제품단위당 경비 배부계산방법

구분	배부 기준
재료비법	당해제품 재료비 × 재료비법에 의하여 산정된 율
노무비법	당해제품 노무비 × 노무비법에 의하여 산정된 율
원가법	당해제품 재료비와 노무비 × 원가법에 의하여 산정된 율
작업시간법	당해제품 노무공수 × 작업시간법에 의하여 산정된 율
기계시간법	당해제품 기계시간 × 기계시간법에 의하여 산정된 율
수량법	발생경비 ÷ 생산량

※ 재료비, 노무비, 작업시간, 기계시간 등은 원가계산 담당자가 작성하는 원가계산 내역서상의 각 항목별 수치를 말함

② 적정배부율 산정방법

구분	배부 기준	
재료비법	최근년도 업체의 해당비목 발생실적액 / 최근년도 업체의 재료비 발생실적액	× 100(%)
노무비법	최근년도 업체의 해당비목 발생실적액 / 최근년도 업체의 노무비 발생실적액	× 100(%)
원가법	최근년도 업체의 해당비목 발생실적액 / 최근년도 업체의 재료비와 노무비 발생실적액	× 100(%)
작업시간법	최근년도 업체의 해당비목 발생실적액 / 최근년도 업체의 노무공수 발생실적	× 100(%)

※ 계약대상업체 또는 생산가능업체의 최근년도 제조원가명세서 기준

[참고 1] 경비배부계산서 서식

<table>
<tr><td colspan="7" align="center">경 비 배 부 계 산 서</td></tr>
<tr><td rowspan="2">배부
방법</td><td colspan="3">배부율 산정 내역</td><td rowspan="2">④ 당해제품
해당금액</td><td rowspan="2">⑤ 산정금액
(③ × ④)</td><td rowspan="2">비고</td></tr>
<tr><td>① 해당비목
발생실적액</td><td>② 배부기준
발생실적액</td><td>③ 배부율
(① ÷ ②)</td></tr>
<tr><td></td><td></td><td></td><td></td><td></td><td></td><td></td></tr>
<tr><td></td><td></td><td></td><td></td><td></td><td></td><td></td></tr>
</table>

[참고 2] 배부계산비목 해설

비목	내용
전력비	▪ 전력비는 계약목적물을 제조하는데 직접 소비되는 전력소비량에 한국전력공사에서 공표하는 단위당(Kw) 전력요율을 곱하여 계산하거나 또는 전력비 발생실적을 근거로 하여 적정배부율을 기준으로 배부 계산한다. ▪ 전력비 등에 있어서는 특히 관련비용의 제조원가와 일반관리비의 구분 적정성에 유의하여야 한다. 즉, 공장, 사무실 등의 일반관리비 성격의 비용이 제조원가에 포함되지 않았는지 주의하여야 하며 특히 일반관리비 상한에 있는 업체의 경우 제조원가와 일반관리비의 조정을 통한 원가 임의 계상 현상이 나타날 수 있으므로 세심한 주의가 필요하다.
수도광열비	▪ "용수비"는 계약목적물을 제조하는데 직접 소비되는 용수소비량에 지방자치단체의 장이 정하는 용수료율을 곱하여 계산하거나 또는 용수비 발생실적을 근거로 하여 적정배부율을 기준으로 배부 계산한다. 다만, 자가시설에 의한 용수공급시는 양수 및 공급에 소요되는 실비용만을 계상한다. ▪ "연료비"는 계약목적물을 제조하는데 직접 소비되는 연료소비량에 산업통상자원부 고시가격을 적용 계산하거나 또는 연료비 발생실적을 근거로 하여 적정배부율을 기준으로 배부 계산한다.
수리수선비	▪ "수리수선비"는 당해 목적물의 제조과정에서 그 원인이 발생될 것으로 예견되는 것으로서 법인세법 시행규칙 제17조의 규정에 의한 수익적 지출로 인정되는 것에 한하며 법인세법시행령 제31조 제2항의 자본적지출에 해당하는 대수리수선비는 제외한다. 이는 대수선으로 인하여 고정자산의 내용연수가 증가되는 종류의 수리수선비는 제외시켜야 함을 의미한다. ▪ "수리수선비"는 당해제품의 제조에 소요되는 비용을 추정하여 생산능력으로 나누어 계산하거나 또는 수리수선비 발생실적을 근거로 하여 적정 배부율을 기준으로 배부 계산한다.
지급임차료	▪ "지급임차료"에서 본사건물의 임차료 등은 일반관리비 성격이므로 경비에서 제외하여야 한다. ▪ "지급임차료"는 당해 계약목적물의 생산기간 및 생산능력으로 나누어 계산하거나 또는 지급임차료 발생실적을 근거로 하여 적정배부율을 기준으로 배부 계산한다.
복리후생비	▪ "복리후생비"는 월간생산능력(공수)을 기준으로 산출하거나 또는 복리후생비 발생실적을 근거로 하여 적정배부율을 기준으로 배부 계산한다.
보험료	▪ 법령상 가입이 강제된 주요 보험으로는 산업재해보험, 고용보험, 국민건강보험, 국민연금보험 이외에 화재보험, 위험물 운반(화약류 등)이나 고가물 운반 및 해상운반 등의 가입하도록 되어 있는 특수보험 등을 들 수 있다. ▪ "보험료"는 다음 각호를 기준으로 계산하거나 또는 보험료 발생실적을 근거로 하여 적정배부율을 기준으로 배부계산한다. · "산재보험료"는 직접노무비 및 간접노무비중 제수당, 상여금, 퇴직급여충당금을 제외한 금액에 산업재해보상법에 의거 매년 노동부장관이 결정하는 산재보험료율을 곱하여 계산한다. · "건강보험료"는 직접노무비 및 간접노무비중 제수당, 상여금, 퇴직급여충당금을 제외한 금액에 의료보험법에 규정된 사용자 부담의 의료보험료율을 곱하여 계산한다. · "화재보험료"는 화재로 인한 재해보상과 보험가입에 관한 법률에 의거 부과되는 보험료 발생실적을 근거로 하여 적정 배부율을 기준으로 계산한다. · 기타법령 및 계약특수조건에 의하여 가입이 강제되는 보험료는 외부와의 보험계약에 관련되는 자료에 의하여 확인된 비용을 계산하거나, 보험료 발생실적을 근거로 하여 적정배부율을 기준으로 배부 계산한다.

비목	내용
보관비	▪ "보관비"는 재료비에 계상되는 것은 제외한다. ▪ "보관비"는 계약목적물에 직접적으로 소요되는 비용으로서 외부와의 창고 계약에 관계되는 자료에 의하여 확인된 비용으로 한다.
산업안전보건관리비	▪ "산업안전보건관리비"는 작업현장에서 산업재해 및 건강장해예방을 위하여 법령에 따라 요구되는 비용으로 보험료 또는 복리후생비에 계상되는 것은 제외한다. 산업재해라 함은 근로자가 업무와 관계되는 건축물, 설비, 원재료, 가스 등에 의하여 작업 또는 업무수행 중 사망하는 경우와 부상하거나 질병에 걸리게 되는 것을 말한다. ▪ "산업안전보건관리비"는 안전관리비 발생실적을 근거로 하여 적정배부율을 기준으로 배부계산한다.
소모품비	▪ "소모품비"에서는 재료비에서 계상되는 보조재료비는 제외한다. 또한 작업현장이 아닌 사무실, 민방위실 등의 일반관리비 성격의 소모품비는 제조원가에서 제외되어야 함을 유의하여야 한다. ▪ "소모품비"는 소모품비 발생실적을 근거로 하여 적정배부율을 기준으로 배부 계산한다.
여비·교통비·통신비	▪ "여비·교통비·통신비"에서는 일반관리비 비목의 여비, 교통, 통신비와의 구분이 적절하게 되었는지 업체재무자료를 검토할 필요가 있다. ▪ "여비·교통비·통신비"는 여비·교통비 및 통신비 발생실적을 근거로 하여 적정배부율을 기준으로 배부 계산한다.
법정부담금	▪ "법정부담금"은 관련법령에 따라 해당 제조와 직접 관련하여 의무적으로 부담하여야 할 부담금을 말하며, 관련 법령에 따른 지급기준을 검토할 필요가 있다. ▪ "법정부담금"은 관련 법령에 근거하여 실제 지급한 비용을 해당 건의 비율에 따라 배부 또는 적용하여 계산한다.
품질관리비	▪ "품질관리비"는 해당 계약목적물의 품질관리를 위하여 관련 법령 및 계약조건에 의하여 요구되는 비용(품질시험 인건비를 포함한다)을 말하며, 간접노무비에 계상되는 것은 제외한다. ▪ "품질관리비"는 품질관리비 발생실적을 근거로 하여 적정배부율을 기준으로 배부계산한다.
안전관리비	안전관리비는 제조현장의 안전관리를 위하여 관계법령에 의하여 요구되는 비용을 말한다. ▪ "안전관리비"는 안전관리비 발생실적을 근거로 하여 적정배부율을 기준으로 배부계산한다.

[참고 3] 국민건강보험료, 노인장기요양보험료, 국민연금보험료, 퇴직급여충당금 및 퇴직공제부금 사후정산 등(정부 입찰 · 계약 집행기준 제91조~제94조)

- 공사 · 용역 및 물품제조계약에 있어 국민건강보험료, 노인장기요양보험료, 국민연금보험료, 퇴직급여 충당금 및 「건설근로자의 고용개선 등에 관한 법률」 제10조에 따른 퇴직공제부금(이하 국민건강보험료 등 이라 한다)의 계상, 입찰 및 대가지급과 관련하여서는
- 계약담당공무원은 예정가격 작성시 국민건강보험료 등을 관련법령에서 정하는 기준에 따라 각각 계상
- 단, 퇴직급여충당금의 경우 시행규칙 제23조의3 각호에 해당하는 용역계약에 한하여 적용하며 퇴직공 제부금은 「건설근로자의 고용개선 등에 관한 법률」 제10조에서 규정한 건설공사에 한하여 적용한다).
- 계약담당공무원은 국민건강보험료 등의 사후정산과 관련하여 다음 각 호의 사항을 입찰공고 등에 명시 하여 입찰에 참가하고자 하는 자가 미리 열람할 수 있도록 하여야 한다.
- 계약담당공무원은 계약대가의 지급청구를 받은 때에는 하도급계약을 포함하여 해당 계약 전체에 대한 보험료 납부여부를 최종 확인하여야 하며, 이를 확인 후 제93조제2호에 따라 입찰공고 등에 고지된 국 민건강보험료 등의 범위 내에서 최종 정산하여야 한다.

(3) 경비 배부계산 사례

| 사례 1 | **원가법/노무비법 활용** |

- A제품 원가계산 사례

  · 재료비: 45,000원   · 노무비: 12,000원
  · 원가(재료비 + 노무비): 57,000

■ 업체 결산자료(제조원가보고서) 및 배부율계산

항목		결산서	재료비법	노무비법	원가법
재료비		134,019,000			
노무비		40,738,000			
소계		174,757,000			
경비	전력비	516,000	0.3850%	1.2666%	0.2953%
	수도광열비	481,000	0.3589%	1.1807%	0.2752%
	감가상각비	1,189,000	0.8872%	2.9187%	0.6804%
	수리수선비	193,000	0.1440%	0.4738%	0.1104%
	지급임차료	300,000	0.2238%	0.7364%	0.1717%
	보험료	653,000	0.4872%	1.6029%	0.3737%
	복리후생비	3,196,000	2.3847%	7.8453%	1.8288%
	소모품비	2,226,000	1.6610%	5.4642%	1.2738%
	여비교통비	319,000	0.2380%	0.7831%	0.1825%
	통신비	66,000	0.0492%	0.1620%	0.0378%
	세금과공과	339,000	0.2529%	0.8321%	0.1940%
	도서인쇄비	51,000	0.0381%	0.1252%	0.0292%
소계		9,529,000	7.1102%	23.3909%	5.4527%

■ A제품 경비배부 계산

항목		배부방법	배부율	금액
경비	전력비	원가법	0.2953%	168.32
	수도광열비	원가법	0.2752%	156.86
	감가상각비	원가법	0.6804%	387.83
	수리수선비	원가법	0.1104%	62.93
	지급임차료	원가법	0.1717%	97.87
	보험료	노무비법	1.6029%	192.35
	복리후생비	노무비법	7.8453%	941.44
	소모품비	원가법	1.2738%	726.07
	여비교통비	원가법	0.1825%	104.03
	통신비	원가법	0.0378%	21.55
	세금과공과	원가법	0.1940%	110.58
	도서인쇄비	원가법	0.0292%	16.64
계				2,986.47

종합원가계산방식에 의한 경비 배부

■ 계정과목별 배부기준 및 배부결과

계정과목	배부등가기준	실적발생액	생산적수	등가계수	단위금액
전력비	기계작업시간법	52,541,285	254,251	5.24	1,082
수도광열비	기계작업시간법	65,411,954	254,251	5.24	1,348
운반비	개별계산				685
감가상각비	기계작업시간법	125,241,521	254,251	5.24	2,581
수리수선비	기계작업시간법	25,400,665	254,251	5.24	33
보험료	작업시간법	52,411,875	658,412	15.81	1,258
복리후생비	작업시간법	32,551,682	658,412	15.81	781
외주가공비	개별계산				1,025
여비교통비	작업시간법	5,852,461	658,412	15.81	140
도서인쇄비	원가법	3,328,417	354,258,995	54,852	515
지급수수료	원가법	1,954,668	354,258,995	54,852	302
계					9,750

* 1) 배부등가기준

    기계작업시간, 작업시간, 직접원가 기준 원가계산대상품의 단위당 시간 또는 원가(등가계수)

* 2) 생산적수

    기계작업시간, 직접작업시간, 직접원가에 대한 연간 총생산적수

     · 제품 단위당 등가계수 × 제품 생산량(연간)

* 3) 단위금액 = 실적발생액 ÷ 생산적수 × 단위등가계수

(4) 배부경비율 산정시 실무착안사항

구분	확인 / 검토 사항	비고

공통	■ 제조경비 회계처리 적정성 여부
	· 일반관리비 비목 제조경비 회계처리 여부(접대비 등)
	· 부인비목의 인정비목 회계처리 여부
	■ 비목별 연도별 비용발생 과다 증감요인
	· 정상적인 비용 발생여부
	· 업체 편의적인 손익조작에 따른 회계처리 여부(감가상각비 등)
	■ 배부경비 조정내역서
	■ 제품의 특성, 생산형태, 공통성, 비례성, 목적성 등 고려
	■ 계약목적물 제조와 연관여부
		· 본사, 공장
		  공용 사용시
		
		· 제조경비대장
		  확인(비목별)
		
		· 배부방법 결정
		  고려사항

수도 광열비	■ 자가시설에 의한 용수 공급시는 양수 및 공급에 소요되는 실비용만 계상	
수리 수선비	■ 건물, 구축물, 기계장치, 선박, 차량 등 운반구 및 내구성 치공구, 기구, 비품의 수리수선 여부 ＊대수리수선비 제외(자본적 지출)	· 수익적지출에 한해 인정 ＊감가상각비
보험료	■ 법령, 계약조건에 의무적으로 가입이 요구되는 보험료 여부 ＊재료비에 계상되는 것은 제외(수입자재등 운송비와 관련한 보험료 등) ■ 외부와의 보험계약 관련자료의 신빙성	· 산업재해보험료 · 의료보험료 · 화재보험료 · 고용보험료
복리 후생비	■ 계약목적물의 제조작업과 관련한 비용여부 ＊노무비 성격의 수당 포함여부(학자금, 특별수당 등) ＊접대비 성격의 비용 포함여부	· 의료위생약품대 · 공상치료비 · 지급피복비 · 건강진단비 · 급식비
보관비	■ 계약목적물의 제조에 소요되는 재료, 기자재 등의 외부에 지급하는 창고사용료 ＊재료비에 계상되는 것은 제외(이윤보상 차이)	· 중복회계 여부
산업안전 보건관리비	■ 작업현장에서 산업재해 및 건강장애 예방을 위하여 법령에 의거 요구되는 비용여부 ＊보험료, 복리후생비에 계상되는 것은 제외(배부방법 차이)	
소모품비	■ 작업현장 발생 문방구, 장부대 여부 ＊보조재료비(소모공구, 기구, 비품 등)에 계상되는 것은 제외	· 이윤보상 차이
여비·교통비 ·통신비	■ 수출과 관련한 비용 여부	
세금과공과	■ 공장이 부담하는 재산세, 차량세 등과 공공단체에 납부하는 공과금 여부 ■ 재료비에 계상되는 세금여부(수입과 관련한 제비용 등)	· 중복회계 여부
폐기물 처리비	■ 공해유발물질을 법령에 의거 처리하기 위하여 소요되는 비용여부	

구분	확인 / 검토 사항	비고
도서인쇄비	▪ 계약목적물의 제조를 위한 참고서적구입비, 각종인쇄비, 사진제작비(VTR 제작비 포함) 여부 ＊ 재료비로 회계처리되는 교범 포함여부	· 이윤보상 차이
지급수수료	▪ 계약목적물 제조와 관련하여 법률로서 규정되어 지급이 강제된 수수료 여부	
법정부담금	▪ 계약목적물 제조와 관련하여 의무적으로 부담하여야 할 부담금 발생 여부	

마. 경비 계산 실습문제

> **문제 1**

업체의 최근회계연도 제조경비 보조원장을 분석한 결과 소모품비계정의 비용요소별 실적비용은 아래와 같다. 정부회계 원가계산에서 제조원가 경비비목의 소모품비에서 배부 계산되는 해당비용은 얼마인가?

– 소모품비 계정원장 발생비용 분류 –

- 부분품: 33,000,000원
- 현장관리 문방구용품: 2,100,000원
- 기계 윤활유: 2,900,000원
- 장부대: 520,000원
- 포장재료: 9,800,000원
- 용접재료: 12,800,000원
- 도금재료: 5,000,000원

> **풀이**

- 경비비목 소모품비 해당비용: 2,100,000원 + 520,000원 = 2,620,000원
  - 제조경비 소모품비는 작업현장에서 발생하는 문방구, 장부대 등 소모품 구입비용을 말하며, 제품에 보조적으로 소비되는 물품의 가치(소모재료비, 소모공구·기구·비품비, 포장재료비)는 간접재료비에서 계상하여야 함

아래의 자료는 원가대상품에 대한 제품단위당 재료비와 노무비 산정결과와 대상업체의 최근회계연도 제조원가명세서(요약) 자료이다. 재료비법, 노무비법, 원가법에 의해 복리후생비에 대한 제품단위당 원가를 산정하면 얼마인가?

- 제품단위당 원가산정 결과
  · 재료비: 20,000원/EA
  · 노무비: 6,000원/EA

- 최근회계연도 제조원가명세서(요약)

(단위: 천원)

항목		금액	비고
재료비		204,000	
노무비		140,000	
경비	전력비	5,089	
	수도광열비	3,980	
	감가상각비	13,540	
	수리수선비	11,650	
	지급임차료	6,500	
	보험료	8,850	
	복리후생비	22,650	
	소모품비	10,950	
	여비교통비	1,250	
	통신비	987	
	세금과공과	1,098	
	도서인쇄비	1,689	
	소계	88,233	
(이하 생략)			

풀이

- 재료비법 기준 복리후생비 = 20,000 × (22,650 ÷ 204,000) = 2,220원/EA

- 노무비법 기준 복리후생비 = 6,000 × (22,650 ÷ 140,000) = 970원/EA

- 원가법 기준 복리후생비 = 26,000 × (22,650 ÷ 344,000) = 1,711원/EA

현장도착도 기준인 물품제조구매 계약의 정부회계 원가계산에서 아래와 같은 납품 운반조건의 경우 제품단위당 경비비목의 운반비를 원단위이하 절사기준으로 계산하면 얼마인가?

– 납품 운반조건 –

- 계약업체(제조공장) 지역: 천안
- 납품물량
  · (갑)납지 600EA, (을)납지 400EA, (병)납지 200EA
- 납지별 운반차량 대당 운반비
  · (갑)납지 150,000원, (을)납지 100,000원, (병)납지 80,000원
- 운반차량 대당 제품 적재가능량: 200EA

풀이

- 제품단위당 운반비 = (450,000 + 200,000 + 80,000) ÷ 1,200EA = 608원/EA

  $$* 운반비 \ = \ \frac{(갑)납지운반비 + (을)납지운반비 + (병)납지운반비}{총납품물량}$$

경비비목의 감가상각비는 제품생산에 직접 사용되는 건물, 기계장치 등 유형고정자산에 대하여 세법에서 정한 감가상각방식에 따라 계산하도록 규정되어 있다. 아래의 자료를 대상으로 정부회계 원가계산을 실시할 때 파이프피복제품 단위당 감가상각비를 원단위이하 절사기준으로 산출하면 얼마인가?

- 원가계산 자료 -

- 제품명: 파이프피복제품
- 파이프피복 기계장치: 파이프피복기(전용기기)
- 파이프피복기 취득가액: 449,000,000원
- 파이프피복기 감가상각 내역
  · 상각방법: 정액법
  · 내용년수: 5년
  · 감가상각비 누계액: 179,600,000원
- 파이프피복제품 연간 생산량: 50,000m

풀이

- 파이프피복제품 m당 감가상각비

  = 449,000,000원×0.2(내용연수 5년기준 정액법 상각율)÷50,000m = 1,796원/m

  · 취득가격을 기준으로 정액법에 의한 상각방법에 의해 연간 감가상각비를 산정한 후 연간 생산량으로
    나누어 제품단위당 감가상각비 산정

자체 연구개발을 완료하고 제품 양산에 들어간 아래의 신기술제품 A에 대한 정부회계 원가계산에서 제품단위당 연구개발비로 계상할 원가는 얼마인가?

– 신기술제품 연구개발비 자료 –

- 제품명: 신기술제품 A
- 연구개발기간: 2016년 ~ 2019년
- 신기술제품 A 연구개발비 발생액
  · 2016년: 110,000,000원
  · 2017년: 50,000,000원
  · 2018년: 85,000,000원
  · 2019년: 68,000000원
- 연간 표준 생산량: 100,000EA
- 납세지 관할 세무서에 내용연수 무신고

풀이

- 제품단위당 연구개발비: 313,000,000 ÷ 5년 ÷ 100,000EA = 626원/EA

  · 법인세법시행령 제26조에서 개발비 상각방법은 관련제품의 판매 또는 사용이 가능한 시점부터 20년 이내의 기간내에서 연단위로 신고한 내용연수에 따라 매 사업연도별 경과월수에 비례하여 상각하고, 납세지 관할세무서에 신고한 내용연수가 없는 경우에는 5년을 기준으로 상각함

문제 6

법인세법시행령 제31조에서는 법인이 감가상각자산을 취득하기 위하여 지출한 금액과 감가상각자산에 대한 자본적 지출에 해당하는 금액을 손금으로 계상한 경우에는 이를 감가상각한 것으로 보아 상각범위액을 계산하도록 규정하고 있다. 아래에서 "자본적 지출"에 해당하지 않는 것을 모두 고르시오.

① 본래의 용도를 변경하기 위한 개조

② 엘리베이터 또는 냉난방장치의 설치

③ 빌딩 등에 있어서 피난시설 등의 설치

④ 재해 등으로 인하여 멸실 또는 훼손되어 본래의 용도에 이용할 가치가 없는 건축물·기계·설비 등의 복구

⑤ 벨트콘베이어의 모터 수리

⑥ 무정전전원장치(UPS) 수리

풀이

■ 자본적지출에 해당하지 않는 것: ⑤, ⑥

· "자본적 지출"이라 함은 법인이 소유하는 감가상각자산의 내용연수를 연장시키거나 당해 자산의 가치를 현실적으로 증가시키기 위하여 지출한 수선비를 말함

5 | 일반관리비의 산정

가. 일반관리비의 의의

기업회계에서 판매비와 관리비는 상품과 용역의 판매활동 또는 기업의 관리와 유지에서 발생하는 비용으로 급여(임원급여, 급료, 임금 및 제수당 포함), 퇴직급여, 복리후생비, 임차료, 접대비, 감가상각비, 무형자산상각비, 세금과공과, 광고선전비, 연구비, 경상개발비, 대손상각비 등 매출원가에 속하지 않는 모든 영업비용을 포함한다. 대부분의 기업은 판매비와 관리비를 일괄 계상하고 있다. 동일한 비용(원가)과목이 제조활동과 관련되어 있으면 제조원가로, 회사의 영업활동, 관리와 유지에 관련되면 판매비와 관리비로 회계 처리한다.

기업회계의 일반관리비 및 판매비

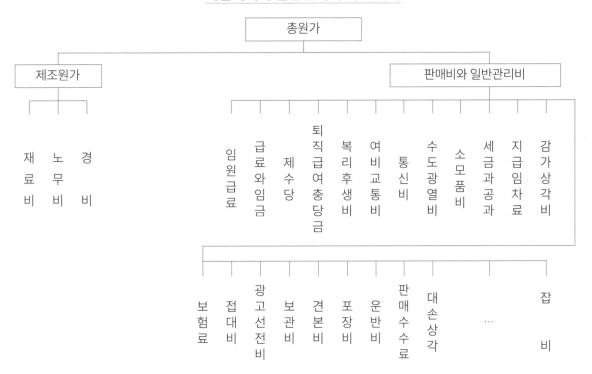

정부회계 원가계산의 "예정가격 작성기준"에서는 기업 손익계산서를 기준으로 하여 일반관리비는 판매비 성격비용(대손상각비, 광고선전비, 접대비 등)을 부인하고 있을 뿐만 아니라, 직접 계산하지 않고 제조원가에 일반관리비율을 곱하는 비율계산방법을 채택하고 있는 것이 특징이다.

나. 일반관리비의 산정 대상

일반관리비에 대해 정부회계 원가계산의 "예정가격 작성기준"에서는 다음과 같이 규정하고 있다.

[예정가격 작성기준]

제12조(일반관리비의 내용) 일반관리비는 기업의 유지를 위한 관리활동부문에서 발생하는 제비용으로서 제조원가에 속하지 아니하는 모든 영업비용중 판매비 등을 제외한 다음의 비용, 즉, 임원급료, 사무실직원의 급료, 제수당, 퇴직급여충당금, 복리후생비, 여비, 교통·통신비, 수도광열비, 세금과 공과, 지급임차료, 감가상각비, 운반비, 차량비, 경상시험연구개발비, 보험료 등을 말하며 기업손익계산서를 기준하여 산정한다.

제13조(일반관리비의 계상방법) 제12조에 의한 일반관리비는 제조원가에 별표3에서 정한 일반관리비율(일반관리비가 매출원가에서 차지하는 비율)을 초과하여 계상할 수 없다.

일반관리비는 기업의 유지관리를 위하여 발생하는 비용으로 제조원가에 속하지 아니하는 제비용중에서 판매비를 제외한 다음의 비용을 말한다.

1. 임원급료	2. 사무실직원의 급료
3. 제수당	4. 퇴직급여충당금
5. 복리후생비	6. 여비
7. 교통·통신비	8. 수도광열비
9. 세금과공과	10. 지급임차료
11. 감가상각비	12. 운반비
13. 차량비	14. 경상시험연구개발비
15. 보험료 등	

다. 일반관리비의 계산

일반관리비는 제조원가(직·간접재료비, 직·간접노무비, 경비의 합계액)에 일반관리비율을 곱하여 계산한다.

> **일반관리비 = 제조원가 × 일반관리비율**

(1) 업종별 일반관리비율

일반관리비율은 「국가계약법 시행규칙」 제8조 1항과 "예정가격 작성기준"제13조에서 정하고 있는 업종별 일반관리비율을 초과할 수 없도록 하고 있으며, 해당업종별 일반관리비율의 범위 내에서 생산가능업체 또는 계약 대상업체의 결산자료를 기초자료로 활용하여 일반관리비율을 산정하도록 하고 있다.

[예정가격 작성기준] (별표3) 일반관리비율

업종	일반관리비율(%)
■ 제조업	
음 · 식료품의 제조 · 구매	14
섬유 · 의복 · 가죽제품의 제조 · 구매	8
나무 · 나무제품의 제조 · 구매	9
종이 · 종이제품 · 인쇄출판물의 제조 · 구매	14
화학 · 석유 · 석탄 · 고무 · 플라스틱제품의 제조 · 구매	8
비금속광물제품의 제조 · 구매	12
제1차 금속제품의 제조 · 구매	6
조립금속제품 · 기계 · 장비의 제조 · 구매	7
기타물품의 제조 · 구매	11
■ 시설공사업	6

주 1) 업종분류: 한국표준산업분류에 의함.

> **[국가계약법 시행규칙]**
>
> 제8조(원가계산에 의한 예정가격 결정 시의 일반관리비율 및 이윤율) ① 원가계산에 의한 가격을 기준으로 예정가격을 결정할 때 일반관리비의 비율은 다음 각 호의 어느 하나의 율을 초과하지 못한다.
>
> 1. 공사: 100분의 6
>
> 2. 음 · 식료품의 제조 · 구매: 100분의 14
>
> 3. 섬유 · 의복 · 가죽제품의 제조 · 구매: 100분의 8
>
> 4. 나무 · 나무제품의 제조 · 구매: 100분의 9
>
> 5. 종이 · 종이제품 · 인쇄출판물의 제조 · 구매: 100분의 14
>
> 6. 화학 · 석유 · 석탄 · 고무 · 플라스틱 제품의 제조 · 구매: 100분의 8
>
> 7. 비금속광물제품의 제조 · 구매: 100분의 12
>
> 8. 제1차 금속제품의 제조 · 구매: 100분의 6
>
> 9. 조립금속제품 · 기계 · 장비의 제조 · 구매: 100분의 7

10. 수입물품의 구매: 100분의 8

11. 기타 물품의 제조 · 구매: 100분의 11

12. 폐기물 처리 · 재활용 용역: 100분의 10

13. 시설물 관리 · 경비 및 청소 용역: 100분의 9

14. 행사관리 및 그 밖의 사업지원 용역: 100분의 8

15. 여행, 숙박, 운송 및 보험 용역: 100분의 5

16. 장비 유지 · 보수 용역: 100분의 10

17. 기타 용역: 100분의 6

(2) 일반관리비율 산정

일반관리비율은 생산가능업체 또는 계약대상업체의 손익계산서를 기준하여 최근년도 사업실적을 기준으로 매출원가 합계액에 대한 일반관리비 비목 합계액의 비율로 산정한다.

$$\text{일반관리비율} = \frac{\text{최근년도 일반관리비 합계액}}{\text{최근년도 매출원가 합계액}} \times 100(\%)$$

| 사례 | **일반관리비율 산정 부적정**

일반관리비에 비상근임원의 급여와 당해 제품과 관련이 없고 제조원가로 처리해야 할 연구개발비 및 무형자산상각비를 포함하여 산정함

▶ 검토의견

업체의 일반관리비를 확인한 결과, 기업의 유지를 위한 관리활동과 관련이 없는 비상근임원의 급여와 당해 제품과 관련이 없고 제조원가로 처리해야 할 연구개발비 및 무형자산상각비를 포함하여 산정함으로써 일반관리비를 과대 계상

(3) 일반관리비 계산시 유의사항

① 제조원가(재료비, 노무비, 경비)에서 계산된 비용이 일반관리비율에 포함되지 않도록 유의할 것

② 기업의 직전 전년도 손익계산서를 활용하지 말 것 ※ 최근 회계연도 손익계산서 활용

③ 동일유형의 제품이라도 업종이 상이 할 수 있으므로 한국표준산업분류(통계청 고시)에서의 산업분류기준에 따라 해당업종을 결정하여야 함

예시 1) 비료제품에 대한 「예정가격 작성기준」에서의 일반관리비 상한선

■ 유기질비료, 복합비료 등화학 · 석유 · 석탄 · 고무 · 플라스틱제품의 제조 · 구매부문 8% 적용(표준산업분류코드 20209, 기타 비료 및 질소화합물 제조업)

■ 생석회, 소석회비금속광물제품의 제조 · 구매부문 12% 적용(표준산업분류코드 23312, 석회 및 플라스터 제조업)

예시 2) 수리업에 대한 「예정가격 작성기준」에서의 일반관리비 상한선

■ 특정산업용 기계장비 및 용품을 직접 제조하는 사업체가 그 기계장비 및 용품의 수리 · 유지를 병행할 경우 : 그 기계장비의 제조업으로 각각 분류되므로 조립금속제품 · 기계 · 장비부문 7% 적용

■ 특정기계장비 및 용품을 판매하는 사업체가 그 제품의 수리 · 유지를 병행할 경우 : 그 기계장비의 도 · 소매업으로 각각 분류되므로 용역업부문 10% 적용

라. 일반관리비율 산정 사례

(1) 결산보고서(손익계산서)

근거자료	결산서 (감사보고서 또는 재무제표증명원)	매출원가	판매비와 일반관리비
		1,307,531,802	224,639,517

(2) 인정, 불인정 판단 및 금액집계

확인 내용	일반관리명세서 * 규정상 인정하는 비목여부 확인	판매비와 일반관리비		인정 일반관리비	
		결산기준	224,639,517	인정비목	193,998,257

※ 판매비 불인정

불인정 판매비	
7개비목	30,641,260

(3) 일반관리비율 산정

$$\frac{최근년도\ 발생\ 일반관리비금액}{최근년도\ 발생\ 매출원가금액} = \frac{193,998,257}{1,307,531,802}$$

$$= 14.83\%$$

마. 일반관리비 계산 실습문제

문제 1

아래의 손익계산서를 기준으로 정부회계기준의 조립금속제품 원가계산을 실시할 때 적용할 일반관리비율은 소수점이하 둘째자리 절사기준으로 몇%인가?

(단위: 천원)

비목	금액		비고
매출액		12,652,000	
매출원가		10,562,450	
일반관리비 및 판매비		573,000	
– 급료	265,000		
– 상여금	43,500		
– 복리후생비	54,000		
– 감가상각비	10,000		
– 운반비	44,000		
– 지급임차료	38,000		
– 통신비	12,000		
– 여비교통비	15,000		
– 광고선전비	11,000		
– 판매수수료	23,500		
– 보험료	20,000		
– 접대비	11,000		
– 대손상각비	26,000		
(이하 생략)			

풀이

■ 일반관리비율

{573,000 – (44,000+11,000+23,500+11,000+26,000)} ÷ 10,562,450 = 4.33%

· 손익계산서의 일반관리비 및 판매비에서 경비비목 개별계산비용(운반비), 판매비성격비용(광고선전비, 판매수수료, 접대비, 대손상각비)을 제외한 일반관리비 대상액을 매출원가로 나누어 산출

· 일반관리비율은 「국가계약법 시행규칙」 제8조 1항과 "예정가격 작성기준" 제13조에서 정하고 있는 업종별 일반관리비율을 초과할 수 없도록

6 | 이윤의 산정

가. 이윤의 의의

　이윤은 기업의 경영 성과를 나타내는 중요한 지표로, 수익에서 비용을 차감한 금액으로, 이윤은 기업이 일정 기간 동안 활동을 통해 발생한 순수익을 의미하며, 기업회계기준에서의 이윤은 손익계산서 작성기준으로 매출총이익, 영업이익, 경상이익, 법인세차감전이익, 당기순이익으로 구분 표시된다.

　이윤은 기업이 특정 기간 동안 얼마나 효율적으로 운영되었는지를 나타내는 중요한 지표이다. 기업회계기준에서는 이러한 이윤을 재무상태표와 손익계산서를 통해 명확하게 표시하고, 이를 기준으로 투자자나 경영진은 기업의 성과를 평가하게 된다.

[참고] 손익계산서의 이윤

```
        매출액
      − 매출원가
    ─────────────────────
          =    매출총이익
      − 판매관리비
    ─────────────────────
          =    영업이익
    ＋ 영업외수익
    − 영업외비용
    ─────────────────────
          =    경상이익
     ＋ 특별이익
      − 특별손실
    ─────────────────────
          =  법인세차감전이익
    − 법인세 등
    ─────────────────────
          =    당기순이익
```

※ 매출원가 = 기초제품재고액
　　　　　　 ＋ 당기제품제조원가
　　　　　　 − 기말제품재고액

정부회계기준 원가계산인 "예정가격 작성기준"에서 규정하고 있는 이윤의 개념은 상기의 기업회계기준에서의 영업이익을 기준으로 하고 있다.

나. 이윤의 계산

정부회계기준 원가계산인 "예정가격 작성기준"에서 규정하고 있는 이윤의 개념은 다음과 같다.

[예정가격 작성기준]
제14조(이윤) 이윤은 영업이익(비영리법인의 경우에는 목적사업이외의 수익사업에서 발생하는 이익을 말한다. 이하 같다.)을 말하며 제조원가중 노무비, 경비와 일반관리비의 합계액(이 경우에 기술료 외주 가공비는 제외한다)의 25%를 초과하여 계상할 수 없다.

이윤은 산출한 제조원가 중 노무비, 경비(기술료 및 외주가공비 제외)와 일반관리비의 합계 금액에 업종 별 구분 없이 일정이윤율(25%이내)을 곱하여 계산한다.

이윤 = {노무비 + 경비(**외주가공비, 기술료제외**) + 일반관리비} × 이윤율

정부회계 원가계산의 이윤율 적용기준은 다음과 같다.

[국가계약법 시행규칙]
제8조(원가계산에 의한 예정가격 결정 시의 일반관리비율 및 이윤율)
② 원가계산에 의한 가격으로 예정가격을 결정할 때 이윤율은 다음 각 호의 어느 하나에 해당하는 율을 초과하지 못한다. 다만, 각 중앙관서의 장은 다음 각 호의 이윤율의 적용으로는 계약의 목적달성이 곤란하다고 인정되는 특별한 사유가 있는 경우에는 기획재정부장관과 협의하여 그 이윤율을 초과하여 정할 수 있다.
1. 공사: 100분의 15
2. 제조·구매(「소프트웨어산업 진흥법」 제22조제1항에 따라 고시된 소프트웨어사업의 대가기준에 따른 소프트웨어개발을 포함한다): 100분의 25
3. 수입물품의 구매: 100분의 10
4. 용역(「소프트웨어산업 진흥법」 제22조제1항에 따라 고시된 소프트웨어사업의 대가기준에 따른 소프트웨어개발을 제외한다): 100분의 10다)의 25%를 초과하여 계상할 수 없다.

사례   **재료 운반비용에 대한 이윤 계상 불인정**

원재료 운반비용에 상, 하차 등의 노무비가 발생하였다는 이유로 이윤산정 대상에 포함하여 계상

▶ 검토의견

원재료 운반비용(산지부대비)은 재료비의 구성요소로서 재료비로 포함되므로, 관련비용(산지부대비)에 대해서는 이윤산정 대상에서 제외하는 것이 타당함.

객관식

01 직접재료비는 "소요량 × 단가"의 원단위계산방법에 의해 계산된다. 원가계산대상품은 아래의 조건에서와 같이 부품A와 부품B로 구성되어 있다. 정부회계기준으로 원가계산을 실시하는데 있어 적용할 제품단위당 재료소요량을 계산하면(소수점이하 둘째자리 절사) 몇 kg인가?

> ▪ 제품규격
> · 부품A 규격: 두께 2mm × 폭 400mm × 길이 1,000mm, 2EA
> · 부품B 규격: 두께 2mm × 폭 100mm × 길이 2,000mm, 3EA
> ▪ 사용재료: SPC 2t(비중 7.85)
> ▪ 재료 손실율 및 시료율
> · 손실율: 5%(잠정치)
> · 시료율: 100EA당 2EA 강도시험

① 9.89kg   ② 10.08kg   ③ 25.17kg   ④ 23.54kg

해설 ▪ 정미량
  · 부품A 단위중량: $2 \times 400 \times 1,000 \times 7.85 \times 10 - 6 = 6.28kg$
  · 부품B 단위중량: $2 \times 400 \times 2,000 \times 7.85 \times 10 - 6 = 3.14kg$
  · 제품단위당 정미중량: (6.28kg × 2EA) + (3.14kg × 3EA) = 21.98kg
  ▪ 제품단위당 재료소요량: 21.98kg(정미량) × 1.05(손실율) × 1.02(시료율) = 23.54kg

02 과즙을 생산하는 A사의 최근 회계연도기준 원료투입량은 3,850,000kg이고, 과즙생산량은 3,500,000kg이다. 원가계산에서 적용하여야 할 과즙 생산수율은 몇%(소수점이하 사사오입)인가?

① 91%   ② 10%   ③ 9%   ④ 100%

해설 수율: 생산량(3,500,000kg) ÷ 투입량(3,850,000kg) = 91%

정답 01. ④   02. ①

03 제품제조활동은 소재구입에서 가공조립에 이르는 공정을 거쳐 완제품이 생산된다. 정부원가계산 기준에 의해 재료소요량을 산출할 때 포함되지 <u>않는</u> 것은?

① 정미량

② 손실율

③ 불량률(보수가능품)

④ 시료율

해설 불량품 인정은 완전 폐기되는 불량품을 대상하는 것이므로, 보수나 재가공에 의해 회복이 가능한 불량품은 제외함

04 주재료(철판)에 대한 소재절단 및 사용기준은 아래와 같다. 철판에 대한 손실율을(소수점이하 둘째 짜리 절사) 산출하면 몇 %인가?

- 주재료 소재규격: 철판 10t × 914 × 1,829
- 생산제품 정미규격: 10t × 900 × 1,600
- 타제품에서의 활용 가능 규격: 10t × 200 × 800

① 4.97%   ② 4.48%   ③ 16.09%   ④ 10%

해설
- 소재 면적: 1,671,706
- 정미규격 면적: 1,440,000
- 타제품 활용 면적: 160,000
- 손실율: {1,671,706 − (1,440,000 + 160,000)} ÷ (1,440,000 + 160,000) = 4.48%

정답 03. ③   04. ②

05 다음의 가격 중에서 거래실례가격에 해당하지 <u>않는</u> 가격은 무엇인가?

① 조달청장이 조사하여 통보한 가격

② 2이상의 사업자로부터 당해물품의 거래실례를 직접 조사하여 확인한 가격

③ 기획재정부장관에게 등록한 기관이 조사하여 공표한 가격

④ 견적가격

해설 국가계약법 시행규칙 제5조에 따라 견적가격은 거래실례가격에 포함되지 않음

06 정부원가계산기준에 의해 원가계산을 할 때 단위당가격은 우선순위를 정하고 있다. 다음의 가격 중에서 마지막 순위에 있는 가격은 무엇인가?

① 거래실례가격

② 감정가격

③ 견적가격

④ 유사한 거래실례가격

해설 단위당가격 적용순위에서 견적가격은 국가계약법 시행규칙 제7조, 제10조에 따라 마지막 순위에 있음
[시행규칙 제7조 제1항]
1. 거래실례가격 또는 「통계법」 제15조에 따른 지정기관이 조사하여 공표한 가격. 다만, 기획재정부장관이 단위당 가격을 별도로 정한 경우 또는 각 중앙관서의 장이 별도로 기획재정부장관과 협의하여 단위당 가격을 조사·공표한 경우에는 해당 가격
2. 제10조제1호 내지 제3호의 1의 규정에 의한 가격
   → 1. 감정가격, 2. 유사한 거래실례가격, 3. 견적가격

정답 05. ④   06. ③

07 아래의 비용 중에서 정부원가계산기준의 간접재료비 비목에 해당되지 <u>않는</u> 비용은 무엇인가?

① 기계오일

② 볼트, 넛트

③ 장갑

④ 포장재료비

해설 볼트, 넛트는 계약목적물의 실체를 형성하는 물품이므로 직접재료비 해당 비용임

08 정부원가계산기준의 제조원가계산에서 철판 재료에 대한 작업설을 평가할 때 작업설물 회수량은 아래에서 어떤 기준이 합리적인가?

① 100%

② 70%

③ 80%

④ cutting plan에 의한 설물발생량

해설 표준품셈에 명기된 회수율 70%기준은 공사현장에서의 설물회수 기준이므로 실적발생 조사없이 이 기준을 제조원가에서 사용하여서는 안됨. 따라서 제조물품에서의 설물회수량은 당해제품의 발생실적(cutting plan에 의한 설물발생량)에 의해 적용하여야 함

정답 07. ② 08. ④

09 제조물품을 구성하는 부품을 직접 수입하는 경우 수입비용(물품가격, 운임, 보험료, 수입경비, 관세 등)이 발생한다. 아래의 설명에서 올바른 것을 모두 고르시오.

① 물품가격은 재료비단가로 계상한다.

② 운임 및 보험료는 재료비단가로 계상한다.

③ 수입경비는 경비의 해당 계정과목으로 계상한다.

④ 관세는 재료비에 포함하여 계상한다.

해설 수입재료는 수입원가계산기준에 의해 단가를 산출한 후 관세를 제외한 모든 비용은 재료비단가로 계상하고, 관세는 이윤 하단의 세액에서 계상한다

10 정부원가계산기준에 의해 생산실적을 토대로 제조부문 노무비단가를 계산할 때 별도로 인정하면 안 되는 수당은 무엇인가?

① 연장근로수당

② 휴일근로수당

③ 자격수당

④ 심야근로수당

해설 "예정가격 작성기준" 제10조 제1항의 제수당기준

→ 2. 제수당(기본급의 성격을 가지지 않는 시간외 수당 · 야간수당 · 휴일수당 · 주휴수당 등 작업상 통상적으로 지급되는 금액을 말한다)또한, 중소기업중앙회 중소제조업 직종별 임금조사보고서에 따르면 발표 노임단가에는 위험수당, 생산장려수당, 자격수당 등 기본급 성격의 통상적 수당이 포함되어 있음

정답 09. ①, ② 10. ③

11 정부원가계산기준에 의해 노무공수를 분석할 때 불인정되는 시간은?

① 기계고장수리시간

② 작업준비시간

③ 금형교체시간

④ 작업정리시간

해설 노무공수는 정상조업기준을 기준으로 분석 적용하는 것이 원칙임. 따라서 정상조업에 포함되지 않는 기계고장
수리시간은 노무공수에서 제외하여야 함

12 정부원가계산기준에서는 연장근로와 야간근로 등에 대한 추가근로수당은 근로기준법에서 정한
기준을 적용한다. 야간근로시간대는 몇 시부터 몇 시까지인가?

① 오후 9시부터 오전 6시까지

② 오후 10시부터 오전 5시까지

③ 오후 9시부터 오전 5시까지

④ 오후 10시부터 오전 6시까지

해설 근로기준법 제56조에 따라 야간근로시간대는 오후 10시부터 오전 6시까지임

정답 11. ① 12. ④

13 제조부문에서 적용하는 노임단가는 중소기업중앙회 공표 제조부문 직종별 시중노임단가를 기본급으로 하여 제수당, 상여금, 퇴직급여충당금을 가산하여 결정된다. 아래와 같은 용접공에 대한 노무비 자료를 기준으로 정부회계기준에 의해 용접공에 대한 시간당/노임단가를 산정하면(원단위 이하 절사) 얼마인가?

- 용접공 노무비 자료 -

■ 용접공 조사노임: 91,928원/일(가정)

■ 조사대상업체의 용접공에 대한 노무비 실적 Data

  · 기본급　　　　　: 100,000원/일

  · 자격수당　　　　: 200,000원/월

  · 월/근로일수　　　: 22일/월

  · 상여금 지급율　　: 연300%

  · 용접공 근속연수　: 2년6개월

  · 일 기준 작업시간　: 정상근로시간 8Hr + 연장근로시간 2Hr = 10Hr/일

---

① 15,353원

② 16,183원

③ 17,012원

④ 17,604원

해설 노임단가는 시중노임단가를 기본급으로 하여 제수당(연장시간에 대한 가산수당), 상여금, 퇴직급여충당금의 합계액으로 결정됨. 따라서 자격수당은 시중노임단가(기본급)에 속하므로 제외하여야 하고, 제수당은 연장근로시간에 대해 50/100을 가산한 임금을 산정하고, 상여금은 기본급을 기준으로 실지급 상여금율(300%)을 적용하고, 퇴직급여충당금은 근속연수 1년이상 근속자에 대한 통상임금의 1/12분을 계상하여야 함.

■ 일/기준노임단가(일/10Hr 작업기준)

  · 기본급: 91,928원(용접공 제조부문 시중노임단가)

  · 제수당: 91,928원 ÷ 8Hr × 2Hr × 1.5(50%가산) = 34,473원

  · 상여금: 91,928원 × 3/12 = 22,982원

  · 퇴직급여충당금: (91,928 + 34,473 + 22,982) × 1/12 = 12,448원

  · 계: 161,831원/일(10Hr)

■ 용접공 노임단가 : 161,831원/일 ÷ 10Hr/일 = 16,183원/Hr

---

14 아래와 같은 최근 생산실적(생산량과 생산기간)을 기준으로 제품단위당 노무공수를 산출하면(소수점 이하 둘째자리 절사) 몇 Hr인가?

> **– 최근 생산실적 자료(2012년 연간) –**
>
> - 당기 제품생산량: 1,000개
> - 기초재공품 수량: 100개(공정율 50%)
> - 기말재공품 수량: 200개(공정율 50%)
> - 당기 작업시간: 11,500Hr

① 10.52Hr   ② 11.50Hr   ③ 10.95Hr   ④ 10.45Hr

해설 생산활동에서 투입된 당기 작업시간에서 당기 제품생산량 이외에 재공품(기말-기초)에 대한 노동력도 포함되어 있으므로 제품단위당 공수는 재공품을 감안하여 산출하여야 함

- 재공품 수량을 반영한 제품 생산량: 1,000개 + (200개 − 100개) × 50% = 1,050개
- 제품단위당 공수: 11,500Hr ÷ 1,050개 = 10.95Hr

15 정부원가계산기준에 의해 경비를 계산할 때 아래의 계정과목에서 개별계산이 불가능한 비용은 무엇인가?

① 수리수선비

② 특허권사용료

③ 제품운반비

④ 외주가공비

해설 수리수선비는 특정 프로젝트에 발생하는 개별비용이 아닌 공통비용이므로 일정한 배부기준에 의해 배부계산되는 비용임

정답 14. ③   15. ①

16 다음의 원가요소 중에서 원단위계산방법에 의해 개별계산 할 수 <u>없는</u> 비용은 어느 것인가?

① 직접재료비

② 포장재료비

③ 복리후생비

④ 직접노무비

해설 복리후생비는 특정 프로젝트에 발생하는 개별비용이 아닌 공통비용이므로 일정한 배부기준에 의해 배부계산되는 비용임

17 "예정가격 작성기준"에 따르면 연구개발비는 이연상각하도록 규정되어 있다. 세법에서 정한 기준에서의 이연상각 내용연수는 몇 년 이내인가?

① 5년

② 10년

③ 15년

④ 20년

해설 법인세법시행령 제26조 제1항 제6호에서는 이연상각 내용연수를 20년 이내로 규정

정답 16. ③   17. ④

18 "예정가격 작성기준"에 따르면 연구개발비는 이연상각하도록 규정되어 있다. 법인세법에서는 납세지 관할세무서에 신고한 내용연수가 <u>없는</u> 경우(무신고시) 일정기간을 기준으로 상각하도록 규정되어 있다. 무신고시 기준 내용연수는 몇 년인가?

① 5년

② 10년

③ 15년

④ 20년

해설 법인세법시행령 제26조에서는 연구개발비 과제에 대하여 납세지 관할세무서에 신고한 내용연수가 없는 경우에는 5년을 기준으로 상각하도록 규정하고 있음

19 자본적 지출이라 함은 법인세법에서 법인이 소유하는 감가상각자산의 내용연수를 연장시키거나 당해 자산의 가치를 현실적으로 증가시키기 위하여 지출한 수선비를 말한다. 다음사항 중에서 지본적지출에 해당하지 <u>않는</u> 것은?

① 본래의 용도를 변경하기 위한 개조

② 빌딩 등에 있어서 피난시설 등의 설치

③ 개량·확장·증설

④ 기계장치 수리

해설 기계장치 수리비용은 법인세법시행령 제31조의 자본적지출 대상에 포함되지 않음

정답 18.① 19.④

20 정부원가계산기준에 의해 단가계약품목에 대한 예정원가계산에서 감가상각비를 계산할 때 적용하여야 할 상각방법은 어느 것인가?

① 정액법   ② 정률법   ③ 대상업체 결산 상각방법   ④ 정액 또는 정률법

해설 매년 감가상각비가 일정하게 계상되는 정액법에 의해 원가를 산정하여야 함

21 업체의 최근회계연도 제조경비 보조원장을 분석한 결과 소모품비계정의 비용요소별 발생비용은 아래와 같다. 정부원가계산기준에서 제조원가 경비 비목의 소모품비에 해당하는 비용은 얼마인가?

```
─ 소모품비 계정 비용요소별 발생비용 ─

▪부분품: 23,000,000원

▪현장관리 문방구용품: 2,300,000원

▪기계기구 윤활유: 2,900,000원

▪장부대: 580,000원

▪포장재료: 9,800,000원

▪용접재료: 12,800,000원
```

① 2,300,000원   ② 2,880,000원   ③ 5,780,000원   ④ 580,200원

해설 "예정가격 작성기준"(기획재정부 계약예규)에 따르면 제조경비상의 소모품비는 작업현장에서 발생하는 문방구, 장부대 등 소모품비를 말하며, 보조재료(소모재료비, 소모공구기구비품비, 포장재료비)로서 재료비에서 계상되는 것은 제외함

▪ 경비비목 소모품비 해당비용: 2,300,000원 + 580,000원 = 2,880,000원

정답 **20.** ①   **21.** ②

22 특허권이 있는 제품에서 특허권을 제조업체 대표이사가 소유하고 있을 경우 특허권사용료를 계산하는 기준으로 가장 올바른 것은 무엇인가?

① 불인정

② 특허권사용료 ÷ 예정생산량

③ 특허권사용료 ÷ 20년 ÷ 당기생산량

④ 특허권사용료 ÷ 5년 ÷ 당기생산량

해설 특허권사용료는 외부에 지급되는 사용료를 기준으로 사용비례에 따라 계산하는 것이므로 제조업체 대표이사가 특허권을 소유하고 있을 경우에는 불인정됨

23 계약특수조건에서 아래와 같이 납품지역이 분산되어 있는 계약에 있어서 제품단위당 운반비를 계산하면(원단위이하 절사) 얼마인가?

> **– 납품 운반비 원가계산 조건 –**
>
> - 계약업체(제조공장) 지역: 천안
> - 조달물량: (갑)납지 600개, (을)납지 400개, (병)납지 200개 – 총 1,200개
> - 납지별 운반차량 대당 운반비(부가가치세포함)
>   · (갑)납지 150,000원, (을)납지 100,000원, (병)납지 80,000원
> - 운반차량 대당 제품 적재가능량: 200개

① 400원 ② 553원 ③ 608원 ④ 363원

해설 운반비 $= \dfrac{\text{(갑)납지운반비} + \text{(을)납지운반비} + \text{(병)납지운반비}}{\text{총조달물량}}$

- 제품단위당 운반비 = (450,000 + 200,000 + 80,000) ÷ 1,200개 ÷ 1.1 = 553원/개

24 다음의 원가요소 중에서 제조간접비에 속하지 <u>않는</u> 것은?

① 간접재료비

② 간접노무비

③ 간접경비

④ 일반관리비

해설 제조간접비는 제조활동에서 발생하는 원가를 말하며, 일반관리비는 제조활동비용이 아닌 기업의 유지를 위한 관리활동부문에서 발생하는 비용이므로 제조간접비에 포함되지 않음

25 경비 중 개별계산이 어려운 계정은 일반적으로 배부계산방법에 의해 원가를 산출하며 일반적인 배부방법은 재료비법, 노무비법, 원가법으로 분류된다. 아래는 업체의 최근년도 결산자료 중 제조원가명세서(요약)이다. 원가법을 기준으로 할때 복리후생비 발생비율을 구하면(소수점이하 둘째자리 절사) 몇 %인가?

항목		금액(단위 : 천원)	비고
재료비		204,000	
노무비		140,000	
경비	전력비	5,089	
	수도광열비	3,980	
	감가상각비	13,540	
	수리수선비	11,650	
	지급임차료	6,500	
	보험료	8,850	
	복리후생비	22,650	
	소모품비	10,950	
	여비교통비	1,250	
	통신비	987	
	세금과공과	1,098	
	도서인쇄비	1,689	
	소계	88,233	
(이하 생략)			

– 최근회계연도 제조원가명세서(요약) –

① 6.58%   ② 8.54%   ③ 16.17%   ④ 11.10%

해설 원가법에 의한 복리후생비 발생비율 = 22,650 ÷ (204,000 + 140,000) = 6.58%

정답 25. ①

26 "예정가격 작성기준"에서는 제비율에 대한 상한선을 규정하고 있는데, 다음의 비목 중에서 상한 선이 규정되지 <u>않는</u> 것은 어떤 것인가?

① 간접노무비

② 일반관리비

③ 간접재료비

④ 이윤

해설　"예정가격 작성기준"에서는 간접재료비에 대해서는 상한선을 규정하고 있지 않음

27 정부원가계산기준에 의해 일반관리비율을 분석할 경우 다음의 판매비와 일반관리비 중에서 불인 되는 비용은?

① 대손상각비

② 영업부인건비

③ 보험료

④ 감가상각비

해설　대손상각비는 매출채권 이외의 채권, 즉 대여금, 미수금 등에서 발생하는 대손액을 처리하는 계정으로 정부원가 계산규정에 의해 실시되는 프로젝트에서는 발생하지 않으므로 일반관리비율 대상액에서 제외함

정답　26. ③　27. ①

28 "예정가격 작성기준"에서는 업종별 일반관리비율에 대한 상한비율을 정하고 있다. 나무제품 제조부문의 일반관리비 상한비율은 몇 %인가?

① 6%

② 7%

③ 8%

④ 9%

해설 "예정가격 작성기준" 별표3에 따라 나무제품 일반관리비 기준비율은 9%임

29 정부원가계산기준에서의 수입품에 대한 일반관리비율은 몇 %인가?

① 7%

② 8%

③ 7%

④ 10%

해설 국가계약법 시행규칙 제8조에 따라 수입품의 일반관리비율은 8%임

30 정부원가계산기준에서 조립금속제품의 일반관리비율은 7%이다. 당해 제품을 사후원가검토 조건부계약에 의한 사후원가계산으로 실시할 경우 적용할 일반관리비율로 가장 올바른 것은 무엇인가?

① 산출내역서 일반관리비율

② 7%

③ 최근회계연도 일반관리비율

④ 7%, 산출내역서 일반관리비율, 최근회계연도 일반관리비율 중 가장 낮은 비율

해설 사후원가계산은 산출내역서에서 적용한 제비율을 기준으로 실제 사업을 수행한 기간의 실적비율을 비교하여 적용하는 것이 원칙임

31 정부원가계산기준에서의 수입품에 대한 이윤 비율은 몇 %인가?

① 25%

② 5%

③ 10%

④ 25%

해설 국가계약법 시행규칙 제8조에 따라 수입품의 이윤율은 10%

정답 30. ④ 31. ③

32 정부원가계산기준에서 인정하는 이윤은 손익계산서 작성에서 표시되는 이익 중 어떤 이익인가?

    ① 매출이익

    ② 영업이익

    ③ 경상이익

    ④ 당기순이익

해설   "예정가격 작성기준" 제14조에 의하면 정부원가계산에서 적용하는 이윤은 영업이익을 말한다.

33 정부원가계산기준에 의해 이윤을 계산할 경우 다음의 순제조원가(재료비, 노무비, 경비) 비용 중 이윤대상액에서 제외되는 비용은 어느 것인가?

    ① 기술료

    ② 직접노무비

    ③ 간접노무비

    ④ 세금과공과

해설   "예정가격 작성기준" 제20조에 따라 이윤을 계산할 때는 이윤대상액에서는 재료비, 기술료, 외주가공비는 제외됨

정답   32. ②   33. ①

34 정부원가계산기준에 의해 예정원가계산을 실시할 때 이윤 하단에 계상되는 세액에 해당하지 <u>않는</u> 것은 무엇인가?

① 관세

② 특별소비세

③ 과세사업자의 부가가치세

④ 면세사업자의 부가가치세

해설 면세사업자의 부가가치세는 해당 원가비목(재료비, 경비 등)의 비용으로 계상됨

35 예정가격 결정시 합산하여야 하는 세액이 <u>아닌</u> 것은 무엇인가?

① 부가가치세법에 의한 부가가치세

② 소득세법에 따른 소득세

③ 개별소비세법에 의한 개별소비세

④ 교육세법에 의한 교육세

해설 「국가계약법 시행규칙」 제11조

정답 34. ④ 35. ②

01 아래의 철판가공제품에 대한 재료할증율을 계산하면(소수점이하 둘째자리절사) 몇 %인가?

− 철판가공제품에 대한 소재 및 제품 규격 −

- 재료명: 열연강판 1.4t
- 소재규격: 1.4t × 914mm × 1,829mm(비중: 7.85)
- 제품규격: 1.4t × 910mm × 1,800mm/EA

해설 · 소재 1매당 중량: 18.37kg

· 제품 단위당 중량: 18kg

■ 할증율: (18.37kg − 18kg) ÷ 18kg = 2.05%

---

02 아래와 같은 생산조건으로 PIPE를 절단·가공하는 제품에 있어서 절단기준으로 적용할 재료할증율(%)과, 이 기준으로 재료비를 계산할 경우 제품 단위당 작업설에 대한 회수량을 계산하면(소수점이하 둘째짜리 절사) 몇 kg인가?

− 생산규격 자료 −

- 소재규격: PIPE ∅508mm × 14.3t × 길이5.04m(재료비중: 7.85)

  (소재의 단위 중량은 174.02kg/m)
- 제품정미규격: PIPE가공품 ∅508mm × 14.3t × 길이2.4m
- 작업설 회수율: 95%기준(가정치)

해설 ■ 재료할증율: (5.04m − 2.4m × 2개) ÷ 4.8m = 5%

■ 제품단위당 작업설 회수량: 2.4m × 174.02kg/m × 5% × 95% = 19.83kg

(이때, 174.02kg/m는 단위당 중량을 말하며, 이는 각 소재별 중량 계산방법 참고

*(외경 − 두께) × 두께 × 3.14 × 7.85 × 1,000mm ÷ 1,000,000)

정답 **01.** 2.05%　**02.** 재료할증율 5%, 작업설 회수량 19.83kg

03 자재수불부상의 기초재고량, 당기매입량, 기말재고량을 사용하여 당기 재료사용량을 수식으로 표현하시오.

해설

04 "예정가격 작성기준"에서 재료의 구입과정에서 발생하는 운임, 보험료, 보관비는 각각 어떤 비목에서 계산하여야 하는가?

해설 "예정가격 작성기준" 제9조

정답 **03.** 기초재고량 + 당기매입량 − 기말재고량   **04.** 운임, 보험료, 보관비 모두 재료비에서 계상

05 정부원가계산기준에서의 소모공구 · 기구 · 비품비에 대한 기준 내용년수는 몇 년인가?

해설 소모공구 · 기구 · 비품비

내용년수 1년 미만으로서 구입단가가「법인세법」또는「소득세법」규정에 의한 상당금액이하인 감가상각대상에서 제외되는 소모성 공구 · 기구 · 비품의 가치

06 다음 이윤 산출기준의(   )에 해당하는 것을 채우시오.

"이윤은 영업이익을 말하며 제조원가중 노무비, 경비와 일반관리비의 합계액(이 경우에(   ),

(   )는 제외한다)의 (   )를 초과하여 계상할 수 없다."

해설 "예정가격 작성기준" 제14조

정답 05. 1년 미만   06. 기술료, 외주가공비, 25%

07 아래의 제조업체 실적비용자료를 토대로 원가법에 의해 당해제품 단위당 간접재료비 배부액(원단위 이하 사사오입)을 산출하시오.

- 생산실적 자료 -

- 최근회계연도 업체의 실적발생액 조사내용
  · 최근년도 결산자료상의 직접재료비 실적액: 200,000,000
  · 최근년도 결산자료상의 노무비 실적액: 100,000,000
  · 최근년도 결산자료상의 간접재료비 실적액: 50,000,000
- 결산세부자료(계정원장 등) 검토내용
  · 간접재료비 중 정부원가계산기준의 직접재료비 비용: 10,500,000
- 당해제품 단위당 계산원가
  · 당해제품 단위당 직접재료비 계산액: 36,000
  · 당해제품 단위당 노무비 계산액: 21,000

해설 · 최근회계연도 간접재료비 조정액: 50,000,000 − 10,500,000 = 39,500,000
- 제품단위당 간접재료비 배부액 계산내역

$$\frac{\text{최근회계연도 간접재료비 조정액}}{\text{최근회계연도 직접재료비 + 노무비}} = \text{제품단위당 간접재료비 배부액}$$

$$(36,000 + 21,000) \times \frac{39,500,000}{(200,000,000 + 10,500,000) + 100,000,000} = 7,251원$$

08 다음 기술료 산출기준의 (   )에 해당하는 것을 채우시오.

"기술료는 해당 계약목적물을 제조하는데 직접 필요한 (   ) 및 동 부대비용으로서 외부에 지급되는 비용을 말하며 법인세법상의 시험연구비 등에서 정한 바에 따라 계상하여 사업년도로부터 (   )하되 그 적용비례를 기준하여 배분 계산한다."

해설 "예정가격 작성기준" 제11조 제3항

정답 **07.** 7,251원/EA   **08.** 노하우비(Know-how), 이연상각

09 조립금속제조업체인 A사의 최근회계연도 손익계산서는 아래와 같다. 동 자료를 대상으로 원가계산대상품(인도기준: 공장상차도)의 예정원가계산(정부회계기준)에서 적용할 일반관리비율(%)을 계산하면(소수점이하 둘째자리 절사) 몇%인가?

– 최근 회계연도 손익계산서(일부 요약) –

비목	금액(단위: 천원)	비고
매출액	11,912,000	
매출원가	10,118,000	
일반관리비 및 판매비	812,000	
– 급료	325,000	
– 상여금	81,000	
– 복리후생비	65,000	
– 감가상각비	12,000	
– 운반비	54,000	
– 지급임차료	32,000	
– 통신비	10,000	
– 여비교통비	45,000	
– 광고선전비	21,000	
– 판매수수료	65,000	
– 보험료	22,000	
– 접대비	31,000	
– 대손상각비	49,000	
(이하 생략)		

해설 공장상차도 인도조건에 따른 무관련비용(운반비)과 판매비 성격비용(광고선전비, 판매수수료, 접대비, 대손상각비)을 제외한 일반관리비인정액을 대상으로 일반관리비 비율을 산정하여야 함

- 일반관리비비율: {812,000 − (54,000 + 21,000 + 65,000 + 31,000 + 49,000)} ÷ 10,118,000
  = 5.85%

정답 09. 5.85%

10 아래의 최근 회계연도 노무비발생액 자료를 대상으로 예정원가계산(정부회계기준)에서 평균임금에 곱할 퇴직급여충당금 비율(%)을 계산하면(소수점 이하 둘째자리 절사) 몇 %인가?

- 최근 회계연도 노무비 발생액
  - 기본급여(제수당 포함)   :   271,230,000원
  - 상여금   :   135,615,000원
    소계   :   406,845,000원

- 근속연도에 따라 노무비 발생액 분류
  - 1년이상 근속 근로자 급여: 335,818,250원
  - 1년미만 근로자 급여   :   71,026,750원
    소계   :   406,845,000원

해설 퇴직금은 근로자퇴직급여보장법에 따라 계속근로기간 1년에 대하여 30일분이상의 평균임금을 설정하여야 하며, 계속근로기간 1년미만 근로자는 제외함

- 퇴직급여충당금 계상비율 = 1/12(근로자퇴직급여보장법에서의 퇴직금비율) ×
    (335,818,250 ÷ 406,845,000) = 6.87%

정답 10. 6.87%

기출문제

03 다음 제조비용 중 직접비와 간접비의 구분에 대한 설명으로 **틀린** 것을 모두 나열한 것은?

> 1. 공장재산세, 기계감가상각비는 고정제조간접비로서 간접비로 분류된다.
> 2. 통신비, 수도광열비, 전기요금 등은 경비로서 회귀분석법에 의하여 직접비와 간접비로 분류된다.
> 3. 공장장, 생산이사와 같이 직접 작업에 참여하지 않는 사람의 급여는 간접노무비로 분류한다.
> 4. 직접노무비는 작업에 직접 참여하지 않는 작업감독자의 임금을 포함한다.
> 5. 재료비는 제품의 주요부분을 구성하면서 추적가능성이 있으면 직접재료비로 분류가 가능하다.

① 1, 2 　　　　② 1, 3 　　　　③ 2, 4 　　　　④ 2, 5

해설 · 통신비, 수도광열비, 전기요금 등은 경비로서 간접비로 분류된다.
· 직접노무비는 제조현장에서 계약목적물을 완성하기 위하여 직접작업에 종사하는 종업원 및 노무자에 의하여 제공되는 노동력의 대가이다.

05 다음 중 비원가 항목에 해당하는 것은?

① 기계공 임금

② 공장 보험료

③ 공장 기계장치 감가상각비

④ 판매원 급료

해설 비원가(비재조원가)는 제품 제조활동 이외의 판매활동과 일반관리활동, 재무활동 등에 발생한 원가로 발생한 기간에 비용 처리한다.
- 판매비 : 판매활동에서 발생한 비용
  ➡ 시장조사비, 광고선전비, 판매수수료, 판매원 급료 등
- 관리비 : 기업조직의 유지 및 관리를 위해 발생한 비용
  ➡ 임원급여, 사무원급여, 본사의 통신비

정답 03. ③　 05. ④

07 다음 자료에 의하여 당기제품제조원가를 바르게 구한 것은?

> * 매출액: 1,300,000원(매출원가의 20% 이익 가산)
> * 매출환입: 100,000원
> * 당기에 판매되지 않아 차기로 이월한 제품: 200,000원
> * 전기에 판매되지 않아 당기로 이월한 제품: 400,000원

① 700,000원   ② 800,000원   ③ 900,000원   ④ 1,000,000원

[해설] {(1,300,000원 − 100,000원) ÷ 120%} - 200,000원 = 800,000원

21 원가계산기준에서 노무비에 대한 설명이 <u>틀린</u> 것은?

① 직접노무비는 제조현장에서 계약목적물을 완성하기 위하여 직접 작업에 종사하는 종업원 및 노무자에 의하여 소비되는 노동력의 대가를 말한다.

② 간접노무비는 작업현장에서 보조 작업에 종사하는 노무자, 종업원과 현장감독자, 공장관리부문 등에 종사하는 자에 의하여 소비되는 노동력의 대가를 말한다.

③ 상여금은 기본급의 년 400%, 퇴직급여충당금은 근로기준법상 인정되는 범위를 초과하여 계상할 수 없다.

④ 간접노무비는 무조건 직접노무비를 초과하여 계상할 수 없다.

[해설] "예정가격 작성기준" 제10조 "⑤ 제4항의 간접노무비는 제3항의 직접노무비를 초과하여 계상할 수 없다. 다만, 작업현장의 기계화, 자동화 등으로 인하여 불가피하게 간접노무비가 직접노무비를 초과하는 경우에는 증빙자료에 의하여 초과 계상할 수 있다."

[정답] 07. ②   21. ④

24 다음 공식에 알맞은 용어는?

직접재료비 + 직접노무비 + 직접경비 = (　　　　　)

① 제조원가

② 총원가

③ 직접원가

④ 판매가격

해설 직접비의 합계로 직접원가임.

정답 24. ③

기출문제

제조원가계산

21 다음은 A사가 직접 구입한 재료에 관한 비용자료이다. 구입실적비용을 기준으로 정부회계기준에 따라 재료단가를 적용할 경우 직접재료의 단가는 얼마인가?

- 직접재료 구입수량: 2,000Kg
  - * 직접재료 2,000kg에 대한 발생비용
    - · 재료대금: 5,350,000원
    - · 재료구입시 발생비용(운임, 보험료): 300,000원
    - · 재료구입후 부대비용(운송비, 하역비): 50,000원

---

① 2,850원

② 2,568원

③ 2,591원

④ 2,218원

[해설] {(5,350,000 ÷ 1.1) + (300,000 ÷ 1.1)} ÷ 2,000kg

재료구입시 발생하는 운임 및 보험료는 재료비에 포함하여 계상하고, 부가가치세는 총원가에 대하여 계상하므로 개별비목산정에서는 제외한다.

[정답] 21. ②

22 다음과 같은 자료에 의한 주물원에 대한 시간당 노임단가는 얼마인가?(원 미만 절사)

---

1. 중소기업중앙회 주물원 조사노임 69,325원/일

2. 대상업체의 주물원 대한 노무비 실적자료
- 기본급: 75,000원/일, 자격수당: 90,000원/월
- 월 근로일수: 25일/월, 상여금 지급율 300%
- 근속년수: 2년
- 일 기준 작업시간: 정상근로시간 8Hr + 연장근로시간 2Hr = 10Hr/일

---

① 12,203원

② 13,203원

③ 15,254원

④ 12,829원

해설 노임단가는 시중노임단가를 기본급으로 하여 제수당(연장시간에 대한 가산수당), 상여금, 퇴직급여충당금의 합계액으로 결정됨. 따라서 자격수당은 시중노임단가(기본급)에 속하므로 제외하여야 하고, 제수당은 연장근로시간에 대해 50/100을 가산한 임금을 산정하고, 상여금은 기본급을 기준으로 실지급 상여금율(300%)을 적용하고, 퇴직급여충당금은 근속연수 1년이상 근속자에 대한 통상임금의 1/12분을 계상하여야 함.

- 일/기준노임단가(일/10Hr 작업기준)
    - 기본급: 69,325원(용접공 제조부문 시중노임단가)
    - 제수당: 69,325원 ÷ 8Hr × 2Hr × 1.5(50% 가산) = 25,996원
    - 상여금: 69,325원 × 3/12 = 17,331원
    - 퇴직급여충당금: (69,325 + 25,996 + 17,331) × 1/12 = 9,387원
    - 계: 122,039원/일(10Hr)
- 용접공 노임단가: 122,039원/일 ÷ 10Hr/일 = 12,203원/Hr

29 정부회계기준으로 사후정산방식의 원가계산을 실시할 때 당해 계약이행에서 발생한 아래의 작업시간에서 적용할 노무공수는 몇 Hr인가?(계산식과 정답을 모두 쓰시오)

- 당해 계약이행에서 발생한 노무공수 자료 -

* 정상작업시간: 20,000Hr   * 정전대기시간: 1,000Hr

* 직무교육시간: 400Hr   * 작업준비시간: 1,500Hr

* 기계고장시간: 700Hr

계산식:

정답:

해설   · 정부회계기준 원가계산에서는 정상조업기준의 원가를 산정하는 것이 일반적인 기준임

· 정상조업에 해당되지 않는 정전대기시간, 기계고장시간은 제외하여야 함

30 연구개발을 완료하고 제품 양산에 들어간 아래의 신기술제품 A에 대한 정부회계기준 원가계산에서 제품단위당 연구개발비로 계상할 원가는 얼마인가?(계산식과 정답을 모두 쓰시오)

– 신기술제품 연구개발비 자료 –

* 제품명: 신기술제품 A

* 연구개발기간: 2016년 ~ 2019년

* 신기술제품 A 연구개발비 발생액

　· 2016년: 110,000,000원

　· 2017년: 60,000,000원

　· 2018년: 85,000,000원

　· 2019년: 78,000000원

* 연간 표준 생산량: 100,000 EA

* 납세지 관할 세무서에 내용연수 무신고

계산식:

정답:

해설　· 법인세법시행령 제26조에서 개발비 상각방법은 관련제품의 판매 또는 사용이 가능한 시점부터 20년 이내의 기간내에서 연단위로 신고한 내용연수에 따라 매 사업연도별 경과월수에 비례하여 상각하고, 납세지 관할세무서에 신고한 내용연수가 없는 경우에는 5년을 기준으로 상각함

정답　**30.** 계산식: 333,000,000 ÷ 5년 ÷ 100,000EA = / 정답: 666원/EA

기출문제

06 다음 사항 중 정부원가계산 기준에 있어 재료소요량 산출 시에 포함되어야 할 대상이 <u>아닌</u> 것은?

① 정미량

② 불량량(보수 또는 재가공 가능한 불량품)

③ 손실량

④ 시료량(규격서에 명시)

해설 불량품 인정은 완전 폐기되는 불량품을 대상하는 것이므로, 보수나 재가공에 의해 회복이 가능한 불량품은 제외함

12 아래와 같은 최근 생산실적(생산량과 생산기간)을 기준으로 제품단위당 노무공수를 산출하면(소수점 이하 둘째자리 절사) 얼마인가?

【 최근 생산실적자료 】

- 당기제품 생산량: 1,000개
- 기초재공품 수량: 100개(공정율 50%)
- 기말재공품 수량: 200개(공정율 50%)
- 당기 작업시간: 11,500hr

① 10.52hr 　　② 11.50hr 　　③ 10.45hr 　　④ 10.95hr

해설 재공품을 보정한 제품 생산량: 1,000개 + (200개 − 100개) × 50% = 1,050개

제품단위당 공수: 11,500Hr ÷ 1,050개 = 10.95Hr

· 생산활동에서 투입된 당기 작업시간에서 당기 제품생산량 제조에 투입된 작업시간 외에 재공품(기말-기초)에 대한 노동력도 포함되어 있음

· 제품단위당 공수는 재공품을 보정하여 산출하여야 함

정답 06. ② 　12. ④

13 정부원가계산 기준에 생산실적을 토대로 제조부문 노무비단가를 계산할 때 별도로 인정하면 <u>안 되</u>는 수당은 무엇인가?

① 연장근로 수당

② 휴일근로 수당

③ 심야근로 수당

④ 자격수당

해설 "예정가격 작성기준" 제10조 제1항의 제수당기준

2. 제수당(기본급의 성격을 가지지 않는 시간외 수당·야간수당·휴일수당·주휴수당 등 작업상 통상적으로 지급되는 금액을 말한다)또한, 중소기업중앙회 중소제조업 직종별 임금조사보고서에 따르면 발표 노임단가에는 위험수당, 생산장려수당, 자격수당 등 기본급 성격의 통상적 수당이 포함되어 있음

15 정부원가계산기준에 의해 원가계산 할 때 단위당가격은 우선순위를 정하고 있다. 다음의 가격 중에서 마지막 순위에 있는 가격은 무엇인가?

① 견적가격   ② 거래실례가격   ③ 유사한 거래실례가격   ④ 감정가격

해설 단위당가격 적용순위에서 견적가격은 국가계약법 시행규칙 제7조, 제10조에 따라 마지막 순위에 있다.

[시행규칙 제7조 제1항]

1. 거래실례가격 또는 「통계법」 제15조에 따른 지정기관이 조사하여 공표한 가격. 다만, 기획재정부장관이 단위당 가격을 별도로 정한 경우 또는 각 중앙관서의 장이 별도로 기획재정부장관과 협의하여 단위당 가격을 조사·공표한 경우에는 해당 가격

2. 제10조제1호 내지 제3호의 1의 규정에 의한 가격

   → 1. 감정가격, 2. 유사한 거래실례가격, 3. 견적가격

정답 13. ④   15. ①

17 정부원가계산 시 원가계산에 의한 예정가격 결정기준 중 잘못된 것은?

① 재료비는 계약목적물의 제조·시공 또는 용역 등에 소요되는 규격별 소요량에 그 단위가격을 곱한 금액

② 노무비는 계약목적물의 제조·시공 또는 용역 등에 소요되는 공정별 노무량에 그 노임단가를 곱한 금액

③ 일반관리비는 계약목적물의 제조에 소요되는 제조직접원가의 합계액에 일반관리비율을 곱한 금액

④ 이윤은 제조원가에서 재료비, 외주가공비, 기술료 등을 제외하고 일반관리비를 합산한 금액에 규정에 의한 이윤을 곱한 금액

해설 일반관리비는 제조원가(직·간접재료비, 직·간접노무비, 경비의 합계액)에 일반관리비율을 곱하여 계산한다.
[예정가격 작성기준]
제13조(일반관리비의 계상방법) 제12조에 의한 일반관리비는 제조원가에 별표3에서 정한 일반관리비율(일반관리비가 매출원가에서 차지하는 비율)을 초과하여 계상할 수 없다.

---

24 사후원가검토조건부 계약에 의한 사후정산 원가계산에서의 노무공수 산정에 대한 설명으로 옳지 않은 것은?

① 불량수정을 위한 재작업시간은 노무공수로 인정되는 작업노무량에 속한다.

② 작업여유, 용무여유, 피로여유, 대기여유 시간은 모두 노무공수로 인정되는 간접작업 노무량에 속한다.

③ 조회, 작업지시, 작업준비 시간은 모두 노무공수로 인정되는 간접작업 노무량에 속한다.

④ 연월차, 유급휴가, 청원휴가, 생리휴가, 공민권행사(각종 투표, 선거 등), 근로자의 날, 예비군교육, 민방위교육, 민방공훈련, 회사 창립행사, 복지 및 교육행사(체육대회, 심신수련대회 등), 직무교육, 직무와 관련된 출장 등에 대한 노무량은 모두 노무공수로 인정되는 간접작업 노무량에 속한다.

해설 사후원가조건부계약: 입찰전에 예정가격을 구성하는 일부비목별 금액을 결정할 수 없는 경우에는 사후원가검토조건부 계약을 체결할 수 있으며, 계약의 이행이 완료된 후에 발생한 비용을 사후정산 한다.
따라서, 불량발생으로 인한 재작업시간은 정상작업시간에 포함되지 않으므로 작업노무량에서 제외되어야 한다.

정답 **17.** ③ **24.** ①

27 다음 이윤 산출기준의 (   )에 해당하는 것을 채우시오.

"이윤은 영업이익을 말하며 제조원가 중 노무비, 경비와 일반관리비의 합계액
【 이 경우에 (①)와 (②)는 제외한다 】의 (③)를 초과하여 계상할 수 없다."

해답: (①) , (②) , (③)

해설 "예정가격 작성기준" 제14조

제14조(이윤) 이윤은 영업이익(비영리법인의 경우에는 목적사업이외의 수익사업에서 발생하는 이익을 말한다.
이하 같다.)을 말하며 제조원가중 노무비, 경비와 일반관리비의 합계액(이 경우에 기술료 및 외주가공비는 제외
한다)의 25%를 초과하여 계상할 수 없다.

정답 **27.** 기술료, 외주가공비, 25%

03

용역 및 기타원가계산

1 | 용역 및 기타원가계산 개요

가. 용역 원가계산의 정의

(1) 용역원가 예정가격 산정 법적 근거

일반적으로 용역업은 다른 사람이나 기업의 의뢰를 받아 특정한 업무를 대신 수행하고 그에 대한 대가를 받는 사업으로, 자신의 기술이나 노하우를 활용하여 다른 사람이나 기업의 문제를 해결해 주는 서비스를 제공하는 것이라고 할 수 있다.

용역계약은 물리적인 제품을 제공하는 것이 아니라 지식, 기술, 관리, 노동력 등의 서비스를 제공하는 계약을 말하는데, 국가계약법에 따른 용역은 크게 공공부문에서 수행되는 서비스를 대행하도록 용역을 발주하는 경우와 국가를 대상으로 제공되는 개별 서비스에 대한 용역으로 구분하여 볼 수 있다.

용역은 서비스의 제공으로 계약에 결과로 제공되는 대상의 목적이 직접적인 구축물이나 물품이 없다는 것이 특징이다. 따라서, 용역원가계산에서는 주된 재료로 정의 되는 물품이 없어 재료비가 없지만, 용역수행 과정에서 소요되는 재료가 있을 수 있는데 이는 대부분 경비로 산입하게 된다.

용역원가계산은 용역계약 발주를 위한 기초금액 산정으로 예정가격을 산정하도록 하고 있는 국가계약법의 규정에 따라 산정하게 되는데, 용역원가계산도 제조원가계산 및 공사원가계산과 마찬가지로 "예정가격 작성기준"에서 산정기준을 정하고 있다.

> [예정가격 작성기준]
> 제3조(원가계산의 구분) 원가계산은 제조원가계산과 공사원가계산 및 용역원가계산으로 구분하되, **용역원가계산**에 관하여는 제4절 및 제5절에 의한다.

(2) 용역원가계산 기준

정부 발주 용역의 형태 및 내용은 일반적인 용역 서비스와는 다른 형태를 갖는데, 정부 발주 용역은 업무편의상 기술용역과 일반용역으로 구분된다.

'기술용역'은 건설기술진흥법 제2조제3호, '엔지니어링기술진흥법' 제2조제1호, '건축사법' 제2조제3호·4호, '전력기술관리법' 제2조제3호·4호, '정보통신공사업법' 제2조제8호·9호, '소방시설공사업법' 제2조제1항제1호가목·다목 등에 규정한 용역 및 이에 준하는 용역을 말하며, 이를 제외한 모든 종류의 용역은 '일반용역'으로 분류하고 있다.(조달청)

이러한 분류를 정리하면 다음과 같다.

일반용역		기술용역
■ 정보화사업용역 ■ 시설물 유지·관리 용역 　(건물 관리, 청소, 경비, 조경 등) ■ 전시 및 행사대행 용역 ■ 장비 유지·보수 용역 등	■ 폐기물처리 ■ 육상운송 용역 ■ 학술연구 용역 ■ 광고 및 디자인 용역 ■ 보험 용역	■ 건설기술용역 ■ 엔지니어링기술진흥법에 의한기술용역으로서 엔지니어링 활동 ■ 기타 개별법에서 정한 기술용역 등

▷ 건설기술용역

"건설기술용역"이란 다른 사람의 위탁을 받아 건설기술에 관한 업무를 수행하는 것을 말한다. 다만, 건설공사의 시공 및 시설물의 보수·철거 업무는 제외한다.(건설기술진흥법 제2조 제3호)

건설기술진흥법 제2조 제2호 – "2. "건설기술"이란 다음 각 목의 사항에 관한 기술을 말한다. 다만, 「산업안전보건법」에서 근로자의 안전에 관하여 따로 정하고 있는 사항은 제외한다."

가. 건설공사에 관한 계획·조사(지반조사를 포함한다. 이하 같다)·설계(「건축사법」 제2조제3호에 따른 설계는 제외한다. 이하 같다)·시공·감리·시험·평가·측량(해양조사를 포함한다. 이하 같다)·자문·지도·품질관리·안전점검 및 안전성 검토

나. 시설물의 운영·검사·안전점검·정밀안전진단·유지·관리·보수·보강 및 철거

다. 건설공사에 필요한 물자의 구매와 조달

라. 건설장비의 시운전(試運轉)

마. 건설사업관리

바. 그 밖에 건설공사에 관한 사항으로서 대통령령으로 정하는 사항

> [건설기술 진흥법 시행령]
> 제2조(건설기술의 범위) 「건설기술 진흥법」(이하 "법"이라 한다) 제2조제2호바목에서 "대통령령으로 정하는 사항"이란 다음 각 호의 사항을 말한다.

1. 건설기술에 관한 타당성의 검토

2. 정보통신체계를 이용한 건설기술에 관한 정보의 처리

3. 건설공사의 견적

▷ 엔지니어링기술진흥법에 의한 기술용역으로서 엔지니어링 활동

"엔지니어링활동"이란 과학기술의 지식을 응용하여 수행하는 사업이나 시설물에 관한 다음 각 목의 활동을 말한다.(엔지니어링산업 진흥법 제2조 제1호)

가. 연구, 기획, 타당성 조사, 설계, 분석, 계약, 구매, 조달, 시험, 감리, 시험운전, 평가, 검사, 안전성 검토, 관리, 매뉴얼 작성, 자문, 지도, 유지 또는 보수

나. 가목의 활동에 대한 사업관리

다. 가목 및 나목에 준하는 것으로서 대통령령으로 정하는 활동

[엔지니어링산업 진흥법 시행령]
제2조(엔지니어링활동) 「엔지니어링산업 진흥법」(이하 "법"이라 한다) 제2조제1호다목에서 "대통령령으로 정하는 활동"이란 과학기술의 지식을 응용하여 수행하는 사업이나 시설물에 관한 다음 각 호의 활동을 말한다.
1. 견적(見積)
2. 설계의 경제성 및 기능성 검토
3. 시스템의 분석 및 관리

▷ 기타 개별법에서 정한 기술용역 등

- 건축사법 제2조제3호 및 제4호에 의한 설계 · 공사감리

- 전력기술관리법 제2조제3호 및 제4호에 의한 설계 · 감리

- 정보통신공사업법 제2조제8호 및 제9호에 의한 설계 · 감리

- 소방시설공사업법 제2조제1항에 의한 설계 · 감리

- 측량 · 수로조사 및 지적에 관한 법률 제2조제1항에 의한 측량

이렇게, 다양한 분야의 용역이 존재하지만, 개별적으로 원가를 산정하는 기준이 모두 정립되어 있지는 않으므로, 산정 방법이 법으로 정해져 있진 않은 용역에 대한 원가계산은 성격이나 비용 구조가 유사한 원가계산 기준을 준용하여 산정하게 된다.

하지만, 이 경우 준용한 용역원가계산 산정기준의 적용에 대하여 법적 타당성에 논란이 있을 수 있으므로, 적용하고자 하는 용역원가계산 기준의 특성과 원가를 산정하고자 하는 용역의 특성을 면밀하게 분석

하여, 산정기준의 적용이 합리적이고 적합한지, 그리고 법적 논란을 최소화할 수 있는지를 검토하여 가장 유사한 원가계산기준을 준용하여야 한다.

나. 용역원가 분류별 기준

정부회계 원가계산 "예정가격 작성기준"에서는 용역원가의 산정과 관련하여 "학술연구용역"과 "기타용역"으로 구분하여 대가를 산정하도록 규정하고 있다.

"예정가격 작성기준"에서는 "학술연구용역"에 대한 구제척 산정기준만을 규정하고 있다.(용역 원가계산 산정 근거규정: 예정가격작성기준 제23조~제28조 및 제30조)

"학술연구용역"을 제외한 모든 용역을 "기타용역" 원가계산으로 분류하고, 관계법령에 따른 대가 산정기준을 따르거나, 학술연구용역을 준용하여 대가를 산정하도록 하고 있다.

(1) 학술연구용역

일반적으로 학술연구용역이란 학문 분야의 기초과학과 응용과학에 대한 연구를 비롯하여, 조사, 검사, 평가, 개발 등의 지적 활동을 통해 정부 정책이나 시책에 대한 자문을 제공하는 용역을 의미한다.

즉, 학문적인 연구를 통해 사회 문제 해결이나 정책 개선에 기여하는 활동이라고 할 수 있는데, "예정가격 작성기준"에서는 "학술연구용역"을 "학문분야의 기초과학과 응용과학에 관한 연구용역 및 이에 준하는 용역"(제23조의 제1호)이라고 정의하고 있다.

"예정가격 작성기준" 제24조 및 제28조에서는 학술연구용역 원가계산 비목을 다음과 같이 정의 하고 있다.

학술연구용역 원가 = 인건비 + 경비 + 일반관리비 + 이윤

"예정가격 작성기준" 제23조의 1호에서는 "학술연구용역"을 그 이행방식에 따라 다음의 세 가지로 구분하고 있다.

① 위탁형 용역: 용역계약을 체결한 계약상대자가 자기책임 하에 연구를 수행하여 연구결과물을 용역결과 보고서 형태로 제출하는 방식

② 공동연구형 용역: 용역계약을 체결한 계약상대자와 발주기관이 공동으로 연구를 수행하는 방식

③ 자문형 용역: 용역계약을 체결한 계약상대자가 발주기관의 특정 현안에 대한 의견을 서면으로 제시하는 방식

이러한, 이행방식에 따라 산정기준 및 적용비목이 달라질 수 있으므로 학술연구용역 원가계산시 대상 용역의 내용과 성격을 과업지시서 등 기초자료 분석단계에서 부터 명확히 파악하여야 한다.

(2) 기타용역

"예정가격 작성기준"에서는 "학술연구용역" 원가계산 기준 외에는 용역원가계산의 기준을 정하고 있지 않으므로, "학술연구용역"을 제외한 모든 용역을 "기타용역의 원가계산"으로 볼 수 있다.

실제로, "예정가격 작성기준" 제30조 제2항에서는 "원가계산기준이 정해지지 않은 기타의 용역에 대하여는 제1항 및 제23조 내지 제29조에 규정된 원가계산기준에 준하여 원가계산할 수 있다"고 정의하고 있다.

"예정가격 작성기준"에서는 규정하고 있는 "기타용역"을 다음의 두 가지로 구분하여 볼 수 있다.

① 다른 법령에서 그 대가기준(원가계산기준)을 규정하고 있는 경우 "엔지니어링사업, 측량용역, 소프트웨어 개발용역 등" 해당 법령에서 규정하고 있는 기준에 따라 원가계산

② 원가계산기준이 정해지지 않은 기타의 용역의 경우 기타 법령에서 정하는 기준, 학술연구용역기준, 해당 업체의 기초자료를 참고로 하여 원가계산

2 | 학술연구용역 원가계산

가. 학술연구용역 원가계산 기준

(1) 원가계산 기준

"예정가격 작성기준"에 따라 "학술연구용역" 원가계산 비목은 인건비, 경비, 일반관리비, 이윤을 적용하여 원가계산을 진행하여야 한다.

"학술연구용역" 원가계산 진행시, "학술연구용역"의 이행방식에 따라, 비목 적용에 있어 주의해야 할 사항을 "예정가격 작성기준" 제24조에서는 다음과 같이 정하고 있다.

> [예정가격 작성기준]
> 제24조(원가계산비목) 원가계산은 노무비(이하 "인건비"라 한다), 경비, 일반관리비등으로 구분하여 작성한다. 다만, 제23조제1호나목 및 다목에 의한 공동연구형 용역 및 자문형 용역의 경우에는 경비항목 중 최소한의 필요항목만 계상하고 일반관리비는 계상하지 아니한다.

▷ **공동연구형 용역 및 자문형 용역**

- 경비 항목 중 최소한의 필요항목만 계상

- 일반관리비 계상하지 않음

따라서, "학술연구용역"에 대한 원가계산을 진행할 경우 우선적으로 원가계산 대상 용역의 이행방식을 확인하여 원가에 적용 제외 비목의 비용이 반영되지 않도록 주의하여야 한다.

또한, "학술연구용역"에 대한 원가계산을 하고자 할 때에는 "학술연구용역" 원가계산서를 작성하고 비목별 산출근거를 명시한 기초계산서를 첨부하여야 한다.

(2) 학술연구용역 원가계산서

"예정가격 작성기준"에서 정하고 있는 "학술연구용역" 원가계산서 양식은 다음과 같다.

(별표 2) 학술연구용역인건비 기준단가(2024년 기준)

비목＼구분	금액	구성비	비고
인건비 책임연구원 연구원 연구보조원 보조원			
경비 여비 유인물비 전산처리비 시약및연구용역재료비 회의비 임차료 교통통신비 감가상각비 **일반관리비( )%** **이윤( )%** **총원가**			

"예정가격 작성기준"의 "학술연구용역" 원가계산서를 보면, 인건비는 책임연구원, 연구원, 연구보조원, 보조원의 인건비로 구성되며, 경비는 유비, 유인물비, 전산처리비, 시약 및 연구용재료비, 회의비, 임차료, 교통신비 및 감가상각비로 구성되어 있는 것을 볼 수 있다.

나. 학술연구용역 비목별 원가계산 기준

(1) 인건비

"학술연구용역" 원가계산의 인건비는 제조원가계산 및 공사원가계산과 달리 직접인건비와 간접인건비를 구분하기 않는다.이는 "학술연구용역"의 경우 인건비의 간접비를 인정하지 않고 있는 것으로, 직접적으로 투입되는 인력의 비용만 원가계산에 반영하여야 한다.

"학술연구용역"의 인건비는 당해 계약목적에 직접 종사하는 연구요원의 급료를 말하는데, 인건비의 계상 기준은 다음과 같다.

■ 인건비의 계상기준

기준단가는 별표5에서 정한 기준단가에 의하되,「근로기준법」에서 규정하고 있는 상여금, 퇴직급여충당금의 합계액으로 한다. 다만, 상여금은 기준단가의 연 400%를 초과하여 계상할 수 없다.

① 기본급

② 상여금

③ 퇴직급여충당금

■ 인건비의 산정방법

인건비의 산정은 용역기간 및 투입인원에 따른 소요공수를산정하고 학술용역 인건비단가를 곱하여 계산한다.

> **인건비 = 소요공수×학술용역인건비단가**

① 소요공수

인건비의 소요공수는 업무에 따라 합리적으로 작업에 투입되는 시간을 기준으로 하여 산출한다.

② 인건비 단가 기준

각 예규 시행일이 속하는 년도의 다음 년도부터는 매년 전년도 소비자물가 상승률만큼 인상한 단가를 기준으로 한다.

(별표 2) 학술연구용역인건비 기준단가(2024년 기준)

등급	월 임금
책임연구원	월 3,622,585원
연구원	월 2,777,750원
연구보조원	월 1,856,832원
보조원	월 1,392,671원

주 1) 본 인건비 기준단가는 1개월을 22일로 하여 용역 참여율 50%로 산정한 것이며, 용역 참여율을 달리하는 경우에는 기준단가를 증감시킬 수 있다.

주 2) 상기단가는 2024년도 기준단가이며, 2025년 이후의 단가산출은 상기단가를 기준으로 "연도별 소비자물가 등락률"(통계청 발표)을 반영하여 산정한다.

➡ 기준단가 1개월 근무 기준일 22일

　용역 참여율 50%

▫ 연평균 소비자물가지수

구분	2017	2018	2019	2020	2021	2022	2023
소비자물가지수	1.9	1.5	0.4	0.5	2.5	5.1	3.6

* 자료: 통계청, 「소비자물가조사」 각 연도

■ 인건비의 구분

① **책임연구원**: 당해 용역수행을 지휘·감독하며 결론을 도출하는 역할을 수행하는 자를 말하며, 대학 부교수 수준의 기능을 보유하고 있어야 한다. 이 경우 **책임연구원은 1인을 원칙**으로 하되, 당해 용역의 성격상 다수의 책임자가 필요한 경우에는 그러하지 아니하다.

② **연구원**: 책임연구원을 보조하는 자로서 대학 조교수 수준의 기능을 보유하고 있어야 한다.

③ **연구보조원**: 통계처리·번역 등의 역할을 수행하는 자로서 당해 연구분야에 대해 조교 정도의 전문지식을 가진 자를 말한다.

④ **보조원**: 타자, 계산, 원고정리 등 단순한 업무처리를 수행하는 자를 말한다.

[**참고**] 수의계약 학술연구용역 원가계산시 주의 사항

[예정가격 작성기준]
제29조(회계직공무원의 주의의무)
② 각 중앙관서의 장은 **학술연구용역을 수의계약으로 체결하고자 할 경우**에는 해당 계약상대자의 최근년도 원가계산자료(급여명세서, 손익계산서등)을 활용하여 제26조의 상여금, 퇴직금 및 제28조제1항의 일반관리비 산정시 과다 계상되지 않도록 주의하여야 한다.

▶ 검토의견

학술연구용역 수의계약을 위한 원가를 산정할 경우 해당 계약상대자로 부터 최근년도 원가계산자료를 제출받아 지급 상여금 및 적정 퇴직급여 충당금을 산정하여야 한다.

상여금 지급 400%한도 및 실제 지급된 상여금률 이상의 상여금이 지급되지 않도록 산정하여야 하고, 학술연구용역에 참여하는 비정규직, 일용직, 외부 연구인력과 같이 1년 이상 근무하지 않는 참여 인력의 퇴직급여충당금 산정되지 않도록 주의 하여야 한다.

(2) 경비

"학술연구용역" 원가의 경비는 계약목적을 달성하기 위하여 필요한 다음 내용의 여비, 유인물비, 전산처리비, 시약 및 연구용 재료비, 회의비, 임차료, 교통통신비 및 감가상각비를 말한다.

"학술연구용역" 원가의 경비 8개의 비목으로 제조원가계산 및 공사원가계산 보다 제한적인데, 경비 기준은 단순하고, 기타 다른 경비의 항목 적용이 불가능하도록 되어 있다.

가) 경비 산정기준

경비 비목별 산정 기준은 다음과 같다.

① 여비

여비는 다음 각호의 기준에 따라 계상한다.

가. 여비는 「공무원여비규정」에 의한 국내여비와 국외여비로 구분하여 계상하되 이를 인정하지 아니하고는 계약목적을 달성하기 곤란한 경우에 한하며 관계공무원의 여비는 계상할 수 없다.

- 공무원 여비 규정 [별표 2]

국내 여비 지급표(제10조부터 제13조까지 및 제16조제1항 관련)

(단위: 원)

구분	철도운임	선박운임	항공운임	자동차 운임	일비 (1일당)	숙박비 (1박당)	식비 (1일당)
제1호	실비 (특실)	실비 (1등급)	실비	실비	25,000	실비	25,000
제2호	실비 (일반실)	실비 (2등급)	실비	실비	25,000	실비 (상한액: 서울특별시 100,000, 광역시 80,000, 그 밖의 지역은 70,000)	25,000

비고: 1. 위 표의 제1호란에도 불구하고 별표 1의 제1호가목 중 대통령과 국무총리의 일비와 식비는 실비로 한다.

　　　 1의2. 공적 항공마일리지를 사용하여 항공운임을 절약한 공무원에 대해서는 일비의 50퍼센트를 추가로 지급하되, 추가로 지급되는 일비 총액은 공적 항공마일리지 사용으로 절약된 항공운임의 범위에서 인사혁신처장이 정하는 바에 따른다.

　　　 2. 항공운임이 2개 이상의 등급으로 구분되어 있는 경우에는 별표 3 비고에 따라 기획재정부장관이 인사혁신처장과 협의하여 정하는 기준에 따른다.

　　　 3. 버스운임은 국토교통부장관 또는 특별시장·광역시장·특별자치시장·도지사·특별자치도지사가 정하는 기준 및 요율의 범위에서 정해진 버스요금을 기준으로 한다.

4. 자가용 승용차를 이용하여 공무로 여행하는 경우의 운임은 표의 제1호란 및 제2호란에 따른 철도운임 또는 버스운임으로 한다. 다만, 공무의 형편상 부득이한 사유로 자가용 승용차를 이용한 경우에는 연료비 및 통행료 등을 지급할 수 있고 구체적인 지급 기준은 인사혁신처장이 기획재정부장관과 협의하여 정한다.

5. 운임 및 숙박비의 할인이 가능한 경우에는 할인된 요금을 지급한다.

나. 국내여비는 시외여비만을 계상하되 연구상 필요불가피한 경우외 에는 월15일을 초과할 수 없으며, **책임연구원**은 「공무원여비규정」 제3조관련 별표1(여비지급구분표) 제1호등급, **연구원**, **연구보조원 및 보조원**은 동표 제2호등급을 기준으로 한다.

② **유인물비**

유인물비는 계약목적을 위하여 직접 소요되는 프린트, 인쇄, 문헌복사비(지대포함)를 말한다.

③ **전산처리비**

전산처리비는 해당 연구내용과 관련된 자료처리를 위한 컴퓨터사용료 및 그 부대비용을 말한다.

④ **시약 및 연구용 재료비**

시약 및 연구용 재료비는 실험실습에 필요한 비용을 말한다.

⑤ **회의비**

회의비는 해당 연구내용과 관련하여 자문회의, 토론회, 공청회 등을 위해 소요되는 경비를 말하며, 참석자의 수당은 해당 연도 예산안 작성 세부지침상 위원회 참석비를 기준으로 한다.

⑥ **임차료**

임차료는 연구내용에 따라 특수실험실습기구를 외부로부터 임차하거나 혹은 공청회 등을 위한 회의장 사용을 하지 아니하고는 계약목적을 달성할 수 없는 경우에 한하여 계상할 수 있다.

⑦ **교통통신비**

교통통신비는 해당 연구내용과 직접 관련된 시내교통비, 전신전화사용료, 우편료를 말한다.

⑧ **감가상각비**

감가상각비는 해당 연구내용과 직접 관련된 특수실험 실습기구·기계장치에 대하여 "예정가격 작성기준" 제11조제3항제3호의 규정을 준용하여 계산한다. 단, 임차료에 계상되는 것은 제외한다.

이처럼, 감가상각비의 계상은 제조원가계산의 감가상각비와 동일하게 적용하고, 임차료와의 중복 계상을 주의하여야 한다.

> [예정가격 작성기준] 제11조제3항제3호
>
> 3. 감가상각비는 제품생산에 직접 사용되는 건물, 기계장치 등 유형고정자산에 대하여 세법에서 정한 감가상각방식에 따라 계산한다. 다만, 세법에서 정한 내용년수의 적용이 불합리하다고 인정된 때에는 해당 계약목적물에 직접 사용되는 전용기기에 한하여 그 내용년수를 별도로 정하거나 특별상각할 수 있다.

나) 경비의 산정 방법

학술연구용역 원가계산 경비의 산정은 당해 학술연구용역에 소요(소비)량을 측정하거나 원가계산자료나 계약서, 영수증 등을 근거로 하여 예정하여야 한다.

> **경비 = 소요(소비)량 × 단위당 가격**

학술연구용역과 관련해서는 직접 투입되는 경비의 비목 및 소요량을 기준으로 직접산출법이 주로 적용된다.

(3) 일반관리비

■ 일반관리비 정의

일반관리비는 관리활동부문에서 발생하는 제비용으로 국가를 당사자로 하는 계약에 관한 법률 시행규칙 제8조에 규정된 일반관리비율을 초과하여 계상할 수 없다.

> [예정가격 작성기준]
> 제12조(일반관리비의 내용) 일반관리비는 기업의 유지를 위한 관리활동부문에서 발생하는 제비용으로서 제조원가에 속하지 아니하는 모든 영업비용중 판매비 등을 제외한 다음의 비용, 즉, 임원급료, 사무실직원의 급료, 제수당, 퇴직급여충당금, 복리후생비, 여비, 교통·통신비, 수도광열비, 세금과 공과, 지급임차료, 감가상각비, 운반비, 차량비, 경상시험연구개발비, 보험료 등을 말하며 기업손익계산서를 기준하여 산정한다.
> 제28조(일반관리비 등) ① 일반관리비는 시행규칙 제8조에 규정된 일반관리비율을 초과하여 계상할 수 없다.

제조원가계산에서와 같이 일반관리비에 판매비 등의 비용이 반영되지 않도록 하여야 한다.

■ 일반관리비의 산정 방법

일반관리비의 산정은 당해 학술연구용역 순원가에 각 용역 구분별 일반관리비율을 곱하여 산출한다.

> **일반관리비 = 순원가(인건비 + 경비) × 일반관리비율**

용역 업종별 일반관리비 적용요율은 다음과 같다.

> [국가를 당사자로 하는 계약에 관한 법률 시행규칙] 제8조 제1항
> 　　1. 공사: 100분의 6
> 　　2. 음·식료품의 제조·구매: 100분의 14

3. 섬유 · 의복 · 가죽제품의 제조 · 구매: 100분의 8

4. 나무 · 나무제품의 제조 · 구매: 100분의 9

5. 종이 · 종이제품 · 인쇄출판물의 제조 · 구매: 100분의 14

6. 화학 · 석유 · 석탄 · 고무 · 플라스틱 제품의 제조 · 구매: 100분의 8

7. 비금속광물제품의 제조 · 구매: 100분의 12

8. 제1차 금속제품의 제조 · 구매: 100분의 6

9. 조립금속제품 · 기계 · 장비의 제조 · 구매: 100분의 7

10. 수입물품의 구매: 100분의 8

11. 기타 물품의 제조 · 구매: 100분의 11

12. 폐기물 처리 · 재활용용역: 100분의 10

13. 시설물 관리 · 경비및 청소 용역: 100분의 9

14. 행사관리 및 그 밖의 사업지원 용역: 100분의 8

15. 여행, 숙박, 운송 및 보험 용역: 100분의 5

16. 장비 유지 · 보수용역: 100분의 10

17. 기타 용역: 100분의 6

➡ 학술연구용역은 기타 용역으로 100분의 6을 기준으로 산정한다.

[참고] 수의계약 학술연구용역 원가계산시 일반관리비 산정 주의 사항

[예정가격 작성기준]

제29조(회계직공무원의 주의의무)

② 각 중앙관서의 장은 **학술연구용역을 수의계약으로 체결하고자 할 경우**에는 해당 계약상대자의 최근년도 원가계산자료(급여명세서, 손익계산서등)를 활용하여 제26조의 상여금, 퇴직금 및 제28조제1항의 일반관리비 산정시 과다 계상되지 않도록 주의하여야 한다.

▶ 검토의견

학술연구용역 수의계약을 위한 원가를 산정할 경우 해당 계약상대자로 부터 최근년도 원가계산자료를 제출받아 일반관리비를 산정하여야 한다. 수의계약 업체의 원가계산자료를 기준으로한 일반관리비율과 업종별 일반관리비율을 비교하여 초과지급되지 않도록 주의하여야 한다.

(4) 이윤

■ 이윤의 정의 및 내용

이윤은 제조원가계산의 이윤과 같이 영업이익을 말하며, 인건비, 경비 및 일반관리비의 합계액에 시행규칙 제8조에서 정한 이윤율을 초과하여 계상할 수 없다.

> [예정가격 작성기준]
>
> 제14조(이윤) 이윤은 영업이익(비영리법인의 경우에는 목적사업이외의 수익사업에서 발생하는 이익을 말한다. 이하 같다.)을 말하며 제조원가중 노무비, 경비와 일반관리비의 합계액(이 경우에 기술료 및 외주가공비는 제외한다)의 25%를 초과하여 계상할 수 없다.
>
> 제28조(일반관리비 등)
>
> ② 이윤은 영업이익을 말하며, 인건비, 경비 및 일반관리비의 합계액에 시행규칙 제8조에서 정한 이윤율을 초과하여 계상할 수 없다.

■ 이윤의 산정

방법이윤의 산정은 당해 인건비, 경비 및 일반관리비의 합계액에 이윤율 곱하여 산출한다.

> **이윤 = (인건비 + 경비 + 일반관리비) × 이윤율**

원가계산 종류별 이윤율은 다음과 같다.

> [국가를 당사자로 하는 계약에 관한 법률 시행규칙] 제8조 제1항
>
> 1. 공사: 100분의 15
> 2. 제조 · 구매: 100분의 25
> 3. 수입물품의 구매: 100분의 10
> 4. 용역: **100분의 10**

➡ 학술연구용역은 이윤율은 100분의 10을 기준으로 산정한다.

다. 학술연구용역 원가계산 산정 실무

(1) 학술연구용역 원가계산 절차

■ 과업 내용 및 범위

분석학술연구용역은 당해 용역 과업내용서 혹은 과업지시서에 따라 그 용역의 범위를 정하고 있으므로 관련 과업 내용에 대한 분석이 필수적이다.

[참고] 과업 내용 분석 방법

1	계층적 과업분석(Hierarchical Task Analysis, HTA)

1) 작업 식별(Task Identification)

2) 작업 계층화(Task Decomposition)

3) 하위 작업의 순서화(Sequentialization of Subtasks)

4) 실행 조건 및 의존성 분석(Conditions and Dependencies)

5) 에러 분석(Error Analysis)

6) 작업 과정 수행 방안 도출(Establish an optimal task perormance plan)

2	시나리오 과업분석(Scenario Analysis)

1) 목표 설정(Define Objectives)

2) 주요 영향 요인 식별(Identify key influencing factors)

3) 시나리오 개발(Develop Scenarios)

4) 우선순위 설정(Prioritization)

5) 예상 결과 분석(Analysis of expected results)

6) 위험 및 기회 식별(Identify risks and opportunities)

3	유사사례 과업분석(Use Case Analysis)

1) 문제 정의(Problem Definition)

2) 유사사례 식별(Identifying Similar Cases)

3) 정보 수집 및 유사성 분석(Gather information and analyze similarities)

4) 적용점 및 요구 사항 도출(Derivation of application points and analyze similarities)

5) 적정 과업 수행 방안 수립(Establish an appropriate task perfomance plan)

■ 과업 추진 일정의 수립

당해 용역 과업의 내용의 추진 계획을 수립하고 일정표 작성하여 전체 기간 동안의 인력 투입 계획 및 각 공종별소요기간을 산정한다.

■ 인건비의 산정

공종별소요기간 및 인력 투입 계획을 기준으로 하여 등급별 인건비 단가를 적용하여 인건비를 산정한다.

■ 경비, 일반관리비 및 이윤의 산정

해당 용역의 수행과 관련하여 필수적으로 사용되는 비목별 경비 산정, 최근년도 원가계산자료(급여명세서, 손익계산서 등)을 활용하여 상여금, 퇴직금 및 일반관리비 산정시 과다 계상되지 않도록 주의하여야 한다.

(2) 학술용역원가계산 산정 사례

학술연구용역 원가계산서

품명: ○○○○ 용역

규격: 과업지시서 참조

(단위: 원)

비목 \ 구분		금액	구성비(%)	비고
인건비	책임연구원	48,401,754		인건비 집계표 참조
	연구원	71,218,432		인건비 집계표 참조
	연구보조원	70,404,889		인건비 집계표 참조
	소계	190,025,075	72.38	
경비	여비	9,040,600		여비 산출명세서 참조
	유인물비	753,510		유인물비 산출명세서 참조
	전산처리비	3,637,089		전산처리비 산출명세서 참조
	시약및연구용재료비			
	회의비	10,840,000		회의비 산출명세서 참조
	임차료			
	교통통신비	900,000		교통통신비 산출명세서 참조
	감가상각비			
	소계	25,171,199	9.59	
합계		215,196,274	81.97	인건비＋경비
일반관리비(6)%		12,911,776	4.92	인건비＋경비의 6%
이윤(10)%		34,431,403	13.11	인건비＋경비＋일반관리비의10%
총원가		262,539,453	100	
부가가치세(10%)		26,253,945		
계		288,793,398		

3 | 기타용역 원가계산

가. 기타용역 원가계산의 기준

(1) 계약예규 기준

엔지니어링사업, 측량용역, 소프트웨어 개발용역 등 다른 법령에서 그 대가기준(원가계산기준)을 규정하고 있는 경우에는 해당 법령이 정하는 기준에 따라 원가계산을 할 수 있다.(예정가격 작성기준 제30조 제1항)

원가계산기준이 정해지지 않은 기타의 용역에 대하여는 제1항 및 제23조 내지 제29조(제4절 학술연구용역 원가계산 규정)에 규정된 원가계산기준에 준하여 원가계산할 수 있다.

이 경우 시행규칙 제23조의3 각호의 용역계약에 대한 인건비의 기준단가는 다음 각호의 어느 하나에 따른 노임에 의하되, 「근로기준법」에서 정하고 있는 **제수당**, **상여금**(기준단가의 연 400%를 초과하여 계상할 수 없다), **퇴직급여충당금**의 합계액으로 한다.

> **인건비 기준단가 = 제조노임 + 제수당 + 상여금 × 퇴직급여충당금**

> [국가계약법 시행규칙]
> 제23조의3(단순한 노무에 의한 용역) 영 제18조제1항·제3항, 제64조제8항 및 제66조제2항에서 "기획재정부령으로 정하는 용역"이란 다음 각 호의 어느 하나에 해당하는 용역을 말한다.
> 1. 청소용역
> 2. 검침(檢針)용역
> 3. 경비시스템 등에 의하지 아니하는 단순경비 또는 관리용역
> 4. 행사보조 등 인력지원용역
> 5. 그 밖에 제1호부터 제4호까지와 유사한 용역으로서 기획재정부장관이 정하는 용역

① 시설물관리용역: 「통계법」 제17조의 규정에 따라 중소기업중앙회가 발표하는 '중소제조업 직종별 임금조사 보고서'(최저임금 상승 효과 등 적용시점의 임금상승 예측치를 반영한 통계가 있을 경우 동 통계를 적용한다. 이하 이 조에서 '임금조사 보고서'라한다)의 **단순노무종사원** 노임(다만, 임금조사 보고서상 **해당직종의 노임이 있는 종사원에 대하여는 해당직종의 노임**을 적용한다)

② 그 밖의 용역: 임금조사 보고서의 **단순노무종사원 노임**

■ **최저임금 검토**

이러한, 규정에도 불구하고 임금조사 보고서 따른 인건비 기준단가에 0.87995를 곱한 금액이 <u>최저임금</u>에 미치지 못하는 경우에는 최저임금에 0.87995를 나눈 금액을 인건비 기준단가로 한다.〈신설 2023. 6.30.〉

▷ 제조노임단가

〈2024년 중소제조업 직종별 임금조사 보고서〉
– 2024년 10월 적용

(단위: 원)

업종	직종코드 및 직종명	2024년 6월		2023년 8월	2023년 3월
		조사노임	변동계수	조사노임	조사노임
단순노무	127.단순노무종사원	90,085	12.6	86,008	86,303
안전	128.안전관리사	145,997	21.8	134,355	133,698
작업반장	129.작업반장	135,398	27.9	128,038	125,583

▷ 최저시급(2025년 적용)

연도별 최저임금 결정 현황

(단위: 원, %)

적용 연도	시간급	일급 (8시간 기준)	월급 (209시간 기준, 고시 기준)	인상률 (인상액)	심의 의결일	결정 고시일
'25.01.01 ~ '25.12.31	10,030	80,240	2,096,270	1.7(170)	24.07.12	24.08.05

· 최저임금위원회(https://www.minimumwage.go.kr/)

▷ 최저시급 반영 검토

구분		노무비 단가		비고
		시급	일급	
제조노임 단순노무종사원	기준금액	11,260	90,085	
	검토율		87.995%	
	검토율반영금액		79,270	
2025년 최저시급		10,030	80,240	
단순노무종사원 적용금액	검토율		87.995%	
	적용금액		91,186	

➡ **단순노무종사원 기본급 적용금액 91,186원/일(2025년 기준)**

■ 용역계약의 계약금액조정

▷ 물가변동으로 인한 계약금액의 조정(용역계약 일반조건 제15조)

물가변동으로 인한 계약금액의 조정은 국가계약법 시행령 제64조 및 시행규칙 제74조에서 정한 바에 따라 계약일로부터 90일이상 경과하고 3%이상의 계약금액 증감이 발생한 경우 계약금액을 조정한다. 일한 계약에 대한 계약금액의 조정시 **품목조정율** 및 지수조정율을 동시에 적용하여서는 아니되며, 계약을 체결할 때에 **계약상대자가 지수조정율 방법을 원하는 경우 외에는 품목조정**율 방법으로 계약금액을 조정하도록 계약서에 명시하여야 한다.

이 경우 계약이행중 계약서에 명시된 계약금액 조정방법을 임의로 변경하여서는 아니된다.

▷ 기준 노임단가 변동 등에 따른 계약금액 조정(용역계약 일반조건 제15조의2)

국가계약법 시행규칙 제23조의3 각호의 단순노무에 의한 용역계약에 있어 **기준 노임단가** 또는 **최저임금이 변동된 경우** 국가계약법 시행령 제64조제8항 및 제66조제2항에 따라 계약금액 조정을 한다. 이러한 계약금액을 증액하는 경우에는 **계약상대자의 청구에 의하여야** 한다.

· 계약상대자는 계약금액이 증액된 경우 계약금액 중 노무비 증액분에 대하여는 근로자의 임금으로 지급하여야 한다.

> [용역계약 일반조건]
> 제15조의2(기준 노임단가 변동 등에 따른 계약금액 조정) ①제15조제1항부터 제3항까지의 규정에도 불구하고 시행규칙 제23조의3 각호의 용역계약에 있어 기준 노임단가 또는 최저임금이 변동된 경우 시행령 제64조제8항 및 제66조제2항에 따라 계약금액 조정을 한다.
> ② 제1항에 따라 계약금액을 증액하는 경우에는 계약상대자의 청구에 의하여야 한다.
> ③ 계약상대자는 제1항에 따라 계약금액이 증액된 경우 계약금액 중 노무비 증액분에 대하여는 근로자의 임금으로 지급하여야 한다.
> ④ 제1항의 계약금액 조정의 경우 제15조 제4항부터 제6항까지의 규정을 준용한다.

▷ 기타 계약내용의 변경으로 인한 계약금액의 조정(용역계약 일반조건 제17조)

계약담당공무원은 용역계약에 있어서 **최저임금법에 따른 최저임금을 시간당 노무비단가로 정한 경우**에 최저임금이 변경으로 인하여 계약금액을 조정할 필요가 있는 경우에는 그 변경된 내용에 따라 실비를 초과하지 아니하는 범위 내에서 이를 조정한다.

제17조(기타 계약내용의 변경으로 인한 계약금액의 조정) ① 계약담당공무원은 용역계약에 있어서 제15조 및 제16조에 의한 경우 이외에 다음 각 호의 어느 하나의 사유로 인하여 계약금액을 조정할 필요가 있는 경우에는 그 변경된 내용에 따라 실비를 초과하지 아니하는 범위 내에서 이를 조정한다.

　　1. 최저임금법에 따른 최저임금을 시간당 노무비단가로 정한 경우에 최저임금이 변경된 경우

　　2. 기타 계약내용이 변경된 경우)

[참고 2] 국민건강보험료, 노인장기요양보험료, 국민연금보험료, 퇴직급여충당금 및 퇴직공제부금 사후정산 등(정부 입찰·계약 집행기준 제91조~제94조)

- 공사·용역 및 물품제조계약에 있어 국민건강보험료, 노인장기요양보험료, 국민연금보험료, 퇴직급여충당금 및 「건설근로자의 고용개선 등에 관한 법률」 제10조에 따른 퇴직공제부금(이하 국민건강보험료 등 이라 한다)의 계상, 입찰 및 대가지급과 관련하여서는
- 계약담당공무원은 예정가격 작성시 국민건강보험료 등을 관련법령에서 정하는 기준에 따라 각각 계상
- 단, 퇴직급여충당금의 경우 시행규칙 제23조의3 각호에 해당하는 용역계약에 한하여 적용하며 퇴직공제부금은 「건설근로자의 고용개선 등에 관한 법률」 제10조에서 규정한 건설공사에 한하여 적용한다).
- 계약담당공무원은 국민건강보험료 등의 사후정산과 관련하여 다음 각 호의 사항을 입찰공고 등에 명시하여 입찰에 참가하고자 하는 자가 미리 열람할 수 있도록 하여야 한다.
- 계약담당공무원은 계약대가의 지급청구를 받은 때에는 하도급계약을 포함하여 해당 계약 전체에 대한 보험료 납부여부를 최종 확인하여야 하며, 이를 확인 후 제93조제2호에 따라 입찰공고 등에 고지된 국민건강보험료 등의 범위 내에서 최종 정산하여야 한다.

제19장 국민건강보험료 및 국민연금보험료 사후정산 등

제91조(국민건강보험료, 노인장기요양보험료, 국민연금보험료, 퇴직급여충당금 및 퇴직공제부금 사후정산 등) 계약담당공무원은 공사·용역 및 물품제조계약에 있어 국민건강보험료, 노인장기요양보험료, 국민연금보험료, 퇴직급여충당금 및 「건설근로자의 고용개선 등에 관한 법률」 제10조에 따른 퇴직공제부금(이하 국민건강보험료 등 이라 한다)의 계상, 입찰 및 대가지급과 관련하여서는 이 장에 정한 바에 따라야한다(단, 퇴직급여충당금의 경우 시행규칙 제23조의3 각호에 해당하는 용역계약에 한하여 적용하며 퇴직공제부금은 「건설근로자의 고용개선 등에 관한 법률」제10조에서 규정한 건설공사에 한하여 적용한다).

제92조(국민건강보험료 등의 계상) 계약담당공무원은 예정가격 작성시 국민건강보험료 등을 관련법령에서 정하는 기준에 따라 각각 계상한다.

제93조(입찰공고시 안내 등) 계약담당공무원은 국민건강보험료 등의 사후정산과 관련하여 다음 각 호의 사항을 입찰공고 등에 명시하여 입찰에 참가하고자 하는 자가 미리 열람할 수 있도록 하여야 한다.

1. 국민건강보험료 등은 시행령 제73조에 따라 사후정산을 하게 된다는 사항

2. 예정가격 작성시 계상된 국민건강보험료 등

3. 입찰참가자가 입찰금액 산정시(내역입찰의 경우 산출내역서 포함) 국민건강보험료 등은 제2호에 따른 금액을 조정 없이 반영하여야 한다는 사항. 다만, 시행규칙 제23조의3 각호에 해당하는 용역계약의 경우에는 예정가격상의 보험료에 낙찰률을 곱한 금액을 반영하게 할 수 있다.

4. 기성대가 및 준공대가 지급시 이 장에 정한 바에 따라 정산을 하게 된다는 사항

제94조(대가지급시 정산절차 등) ① 계약담당공무원은 계약상대자의 기성부분에 대한 대가지급 청구시 국민건강보험료 등의 청구와 관련하여 다음 각 호의 서류를 첨부하게 하여야 한다. <개정 2016.12.30.>

1. 국민건강보험료 등의 납입확인서(하수급인의 보험료 납입확인서를 포함한다)

2. 전회분 기성대가에 포함하여 지급된 국민건강보험료 등의 지급액 중 해당부분을 하수급인에게 지급하였음을 증빙하는 서류

② 계약담당공무원은 계약대가의 지급청구를 받은 때에는 하도급계약을 포함하여 해당 계약 전체에 대한 보험료 납부여부를 최종 확인하여야 하며, 이를 확인 후 제93조제2호에 따라 입찰공고 등에 고지된 국민건강보험료 등의 범위 내에서 최종 정산하여야 한다. 다만, 최종보험료 납입확인서가 준공대가 신청 이후에 발급이 가능한 경우에는 해당보험료를 준공대가와 별도로 정산해야 한다.

③ 계약담당공무원은 제1항 내지 제2항 절차에 따라 사업자 부담분의 국민건강보험료 등에 대한 납입확인서의 금액을 정산하되, 다음 각호와 같이 정산한다.

1. 일용근로자는 해당 사업장단위로 기재된 납입확인서의 납입금액으로 정산한다.

2. 생산직 상용근로자(직접노무비 대상에 한함)는 소속회사에서 납부한 납입확인서에 의하여 정산하되 현장인 명부 등을 확인하여 해당 사업장 계약이행기간 대비 해당 사업장에 실제로 투입된 일자를 계산(현장명부 등 발주기관이나 감리가 확인한 서류에 의함)하여 보험료를 일할 정산한다. 다만, 해당 사업장단위로 보험료를 별도 분리하여 납부한 경우에는 제1호를 준용한다.

3. 퇴직급여충당금은 계약체결 후 발주기관이 승인한 산출내역서 금액과 계약상대자가 실제 지급한 금액을 비교하여 정산한다.

(2) 다른 법령에서 정하고 있는 대가 기준

■ 대가기준

· 엔지니어링사업 대가의 기준(산업통상자원부 고시)

· 소프트웨어사업 대가의 기준(한국SW산업협회)

· 측량용역 대가의 기준(국토교통부 고시)

· 건설공사 감리 대가기준(국토교통부 고시)

· 설계 · 감리 대가기준(국토교통부 고시)

· 건축사 용역의 범위와 대가기준(국토교통부 고시)

· 건설사업관리 대가기준(국토교통부 고시)

· 건설공사 안전점검 대가 산정기준(국토교통부 고시)

· 안전점검 및 정밀안전진단 대가기준(국토교통부 고시)

· 공공 발주사업에 대한 건축사의 업무범위와 대가기준(국토교통부 고시)

· 사회보험의 보험료 적용기준(국토교통부 고시)

· 측량대가의 기준(국토지리정보원 고시)

· 공무원 여비규정(대통령령-인사혁신처 소관)

· 생활폐기물 수집 · 운반 대행계약을 위한 원가계산 산정방법에 관한 규정(환경부 고시)

· 문화재수리 원가계산기준(문화재청 예규)

· 관련 노임단가 기준

> • 시중노임단가(대한건설협회 건설업 임금실태 조사보고서)
>
> • 제조업 노임단가(중소기업중앙회 중소제조업 직종별 임금조사보고서)
>
> • 엔지니어링기술자 노임단가(한국엔지니어링협회 엔지니어링업체 임금실태조사보고서)
>
> • 측량기술자 임금 공표(국토교통부, 대한측량협회)
>
> • 감리원 임금 공표(국토교통부, 한국건설감리협회)
>
> • S/W 기술자 노임단가(한국SW산업협회)

■ 대가기준의 특징

각 대가기준들은 법령이 관련된 분야의 특성을 반영하고 있으나 대부분의 대가기준은 "엔지니어링사업대가의 기준"을 기준으로 하여 규정되어 있다. "엔지니어링사업대가의 기준"은 요율에 의하여 산정하는 방식과 실비정액가산방식으로 나누어져 있는데, 요율에 의한 방식은 다른 공사 또는 업무와 관련된 기초금액을 기준으로 요율을 곱하여 산출하는 방식이고, 실비정액가산방식은 직접인건비, 직접경비, 제경비,

기술료의 항목으로 구성되어 그 원가를 산출하도록되어 있다.

나. 엔지니어링사업대가의 기준

(1) 대상 및 산정방법

■ 기본 용어 정의

① "실비정액가산방식"이란 직접인건비, 직접경비, 제경비, 기술료와 부가가치세를 합산하여 대가를 산출하는 방식을 말한다.

② "공사비요율에 의한 방식"이란 공사비에 일정요율을 곱하여 산출한 금액에 제17조에 따른 추가업무비용과 부가가치세를 합산하여 대가를 산출하는 방식을 말한다.

■ 대가산출의 기본원칙

대가의 산출은 실비정액가산방식을 적용함을 원칙으로 한다. 다만, 발주청이 엔지니어링사업의 특성을 고려하여 실비정액가산방식을 적용함이 적절하지 아니하다고 판단하는 경우 공사비요율에 의한 방식을 적용할 수 있다.

■ 다음 각호의 사유에 해당하는 경우 실비정액가산방식을 적용하여야 한다.

① 최근 3년간 발주청의 관할구역 및 인접 시·군·구에 당해 사업과 유사한 사업에 대하여 실비정액가산방식을 적용한 사업이 있는 경우

② 엔지니어링사업자가 실비정액가산방식 적용에 필요한 견적서 등을 발주청에 제공하여 거래 실례가격을 추산할 수 있는 경우

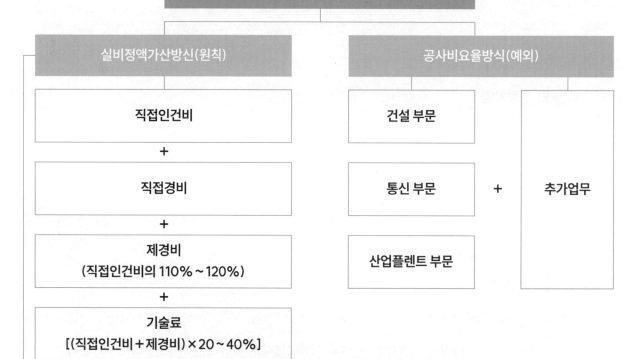

엔지니어링사업대가 체계

실비정액가산방신(원칙)

- 직접인건비
  +
- 직접경비
  +
- 제경비
  (직접인건비의 110% ~ 120%)
  +
- 기술료
  [(직접인건비 + 제경비) × 20 ~ 40%]

공사비요율방식(예외)

- 건설 부문
- 통신 부문
- 산업플렌트 부문

  +

- 추가업무

엔지니어링기술자 노임단가
(통계청 승인 임금실태조사보고서 적용)

사업 부문	기술자 등급	
원자력발전	기술자	고급 숙련기술자
산업공장	특급 기술자	중급 숙련기술자
건설 및 기타	고급 기술자	초급 숙련기술자
	중급 기술자	
	초급 기술자	

엔지니어링 표준품셈
실비정액가산정방식에 따른 대가 산정 시 각 분야의 사업별 투입인원의 산출을 돕기 위한 기준

(2) 실비정액 가산방식

엔지니어링사업의 대가기준 실비정액가산 방식의 내역서를 간략히 정리하면 다음과 같다.

비목	산정 기준
직접인건비	소요인력을 기준으로 직접 산출
직접경비	직접 소요되는 경비 직접 산출
제경비	직접 인건비의 110－120%
기술료	(직접인건비＋제경비)의 20－40%

■ 직접인건비

직접인건비란 해당 엔지니어링사업의 업무에 직접 종사하는 엔지니어링기술자의 인건비로서 투입된 인원수에 엔지니어링기술자의 기술등급별 노임단가를 곱하여 계산한다.

이 경우 엔지니어링기술자의 투입인원수 및 기술등급별 노임단가의 산출은 다음 각 호를 적용한다.

① 투입인원수를 산출하는 경우에는 산업통상자원부장관이 인가한 표준품셈을 우선 적용한다. 다만 인가된 표준품셈이 존재하지 않거나 업무의 특성상 필요한 경우에는 견적 등 적절한 산출방식을 적용할 수 있다.

② 노임단가를 산출하는 경우에는 기본급·퇴직급여충당금·회사가 부담하는 산업재해보상보험료, 국민연금, 건강보험료, 고용보험료, 퇴직연금급여 등이 포함된 한국엔지니어링협회가 「통계법」에 따라 조사·공표한 임금 실태조사보고서에 따른다. 다만, 건설상주감리의 경우에는 계약당사자가 협의하여 한국건설감리협회가 「통계법」에 따라 조사·공표한 노임단가를 적용할 수 있다.

[예시 1 – 물 재이용 관리계획 표준품셈]

총 소요인력(시·군에서 수립 시)

(기준인구: 150,000인, 기준면적: 100㎢)

구분	소요인력(인·일)					
	계	기술사	특급 기술자	고급 기술자	중급 기술자	초급 기술자
총계	**889.6**	**150.6**	**239.2**	**222.4**	**158.8**	**118.6**
제1장 총설	3.6	0.4	0.8	1.2	0.8	0.4
제2장 기초조사	180.2	24.3	45.9	53.3	33.1	23.6
제3장 물 재이용 현황 및 목표설정	267.1	51.0	78.1	68.8	41.7	27.5
제4장 물 재이용에 따른 하천 영향 분석	124.6	12.2	20.4	20.40	35.8	35.8
제5장 물 재이용사업 계획 수립	179.1	35.8	53.7	44.8	26.9	17.9
제6장 물 재이용 사업시행 및 재정계획	90.4	18.0	27.0	22.7	13.7	9.0
제7장 물 재이용 교육 및 홍보	18.2	3.6	5.4	4.6	2.8	1.8
제8장 물 재이용 관리계획 추진성과 평가	26.4	5.3	7.9	6.6	4.0	2.6

[예시 2 - 지반조사 표준품셈]

종별	규격	단위	수 량	인건비		총액
				단가	금액	
2.2 위성 및 항공사진 판독						
2.2.1 위성 및 항공사진 판독 (1/10,000)1km² 당						
기술사		인	0.2	369,831	73,966	73,966
고급기술자		인	0.6	235,682	141,409	141,409
중급기술자		인	0.2	219,451	43,890	43,890
계					259,266	259,266
제경비	인건비의		110%			285,192
기술료	인건비＋제경비의		20%			108,891
합계					259,266	394,083

■ 직접경비

직접경비란 당해 업무 수행과 관련이 있는 경비로서 여비(발주청 관계자 여비는 제외), 특수자료비(특허, 노하우 등의 사용료), 제출 도서의 인쇄 및 청사진비, 측량비, 토질 및 재료비 등의 시험비 또는 조사비, 모형제작비, 다른 전문기술자에 대한 자문비 또는 위탁비와 현장운영 경비(직접인건비에 포함되지 아니한 보조원의 급여와 현장사무실의 운영비를 말함) 등을 포함하며, 그 실제 소요비용을 말한다. 다만, 공사감리 또는 현장에 상주해야 하는 엔지니어링사업의 경우 주재비는 상주 직접인건비의 30%로 하고 국내 출장여비는 비상주 직접인건비의 10%로 한다.

■ 제경비

① 제경비란 직접비(직접인건비와 직접경비)에 포함되지 아니하고 엔지니어링사업자의 행정운영을 위한 기획, 경영, 총무 분야 등에서 발생하는 간접 경비로서 임원·서무·경리직원 등의 급여, 사무실비, 사무용 소모품비, 비품비, 기계기구의 수선 및 상각비, 통신운반비, 회의비, 공과금, 운영활동 비용 등을 포함하며 직접인건비의 110~120%로 계산한다. 다만, 관련법령에 따라 계약 상대자의 과실로 인하여 발생한 손해에 대한 손해배상보험료 또는 손해배상공제료는 별도로 계산한다.

② 제1항의 경비 중에서도 해당 엔지니어링사업의 수행을 위하여 직접적인 필요에 따라 발생한 비목에 관하여는 직접경비로 계산한다.

■ 기술료

기술료란 엔지니어링사업자가 개발·보유한 기술의 사용 및 기술축적을 위한 대가로서 조사연구비, 기술개발비, 기술훈련비 및 이윤 등을 포함하며 직접인건비에 제경비(단, 제9조제1항 단서에 따른 손해배상보험료 또는 손해배상공제료는 제외함)를 합한 금액의 20~40%로 계산한다.

■ 대가의 조정

다음 각 호의 어느 하나에 해당하는 경우에는 대가를 조정한다.

① 계약을 체결한 날부터 90일 이상 경과하고 물가의 변동으로 입찰일을 기준으로 한 당초의 대가에 비하여 100분의 3이상 증감되었다고 인정될 경우. 다만, 천재·지변 또는 원자재 가격 급등으로 당해 기간 내에 계약 금액을 조정하지 아니하고는 계약 이행이 곤란한 시 계약을 체결한 날 또는 직전 조정기준일로부터 90일 이내에도 계약금액을 조정할 수 있다.

② 발주청의 요구에 따른 업무 변경이 있는 경우

③ 엔지니어링사업 계약에 있어 사업기간, 사업규모 변경 등 계약의 내용이 변경된 경우

④ 계약당사자 간에 합의하여 특별히 정한 경우

제1항에서 규정된 사항에 대해서는 「국가를 당사자로 하는 계약에 관한 법률」, 「지방자치단체를 당사자로 하는 계약에 관한 법률」의 금액 조정에 관한 규정을 준용한다.

■ 엔지니어링기술자의 기술등급 및 자격기준

엔지니어링기술자의 기술등급 및 자격기준은 엔지니어링산업 진흥법 제2조제6호 및 시행령 제4조에 따른 별표 2와 같다.

① 기술계 엔지니어링기술자

구분 / 기술등급	국가기술자격자	학력자
기술사	해당 전문분야와 관련된 기술사자격을 가진 사람	
특급기술자	1) 해당 전문분야와 관련된 기사자격을 가진 사람으로서 해당 전문분야와 관련된 업무를 10년 이상 수행한 사람 2) 해당 전문분야와 관련된 산업기사자격을 가진 사람으로서 해당 전문분야와 관련된 업무를 13년 이상 수행한 사람	1) 해당 전문분야와 관련된 박사학위를 가진 사람으로서 해당 전문분야와 관련된 업무를 4년 이상 수행한 사람 2) 해당 전문분야와 관련된 석사학위를 가진 사람으로서 해당 전문분야와 관련된 업무를 9년 이상 수행한 사람 3) 해당 전문분야와 관련된 학사학위를 가진 사람으로서 해당 전문분야와 관련된 업무를 12년 이상 수행한 사람 4) 해당 전문분야와 관련된 전문대학을 졸업한 사람으로서 해당 전문분야와 관련된 업무를 15년 이상 수행한 사람

구분 / 기술등급	국가기술자격자	학력자
고급기술자	1) 해당 전문분야와 관련된 기사자격을 가진 사람으로서 해당 전문분야와 관련된 업무를 7년 이상 수행한 사람 2) 해당 전문분야와 관련된 산업기사자격을 가진 사람으로서 해당 전문분야와 관련된 업무를 10년 이상 수행한 사람	1) 해당 전문분야와 관련된 박사학위를 가진 사람으로서 해당 전문분야와 관련된 업무를 1년 이상 수행한 사람 2) 해당 전문분야와 관련된 석사학위를 가진 사람으로서 해당 전문분야와 관련된 업무를 6년 이상 수행한 사람 3) 해당 전문분야와 관련된 학사학위를 가진 사람으로서 해당 전문분야와 관련된 업무를 9년 이상 수행한 사람 4) 해당 전문분야와 관련된 전문대학을 졸업한 사람으로서 해당 전문분야와 관련된 업무를 12년 이상 수행한 사람
중급기술자	1) 해당 전문분야와 관련된 기사자격을 가진 사람으로서 해당 전문분야와 관련된 업무를 4년 이상 수행한 사람 2) 해당 전문분야와 관련된 산업기사자격을 가진 사람으로서 해당 전문분야와 관련된 업무를 7년 이상 수행한 사람	1) 해당 전문분야와 관련된 박사학위를 가진 사람 2) 해당 전문분야와 관련된 석사학위를 가진 사람으로서 해당 전문분야와 관련된 업무를 3년 이상 수행한 사람 3) 해당 전문분야와 관련된 학사학위를 가진 사람으로서 해당 전문분야와 관련된 업무를 6년 이상 수행한 사람 4) 해당 전문분야와 관련된 전문대학을 졸업한 사람으로서 해당 전문분야와 관련된 업무를 9년 이상 수행한 사람
초급기술자	1) 해당 전문분야와 관련된 기사자격을 가진 사람 2) 해당 전문분야와 관련된 산업기사자격을 가진 사람으로서 해당 전문분야와 관련된 업무를 2년 이상 수행한 사람	1) 해당 전문분야와 관련된 석사학위를 가진 사람 2) 해당 전문분야와 관련된 학사학위를 가진 사람 3) 해당 전문분야와 관련된 전문대학을 졸업한 사람으로서 해당 전문분야와 관련된 업무를 3년 이상 수행한 사람

② 숙련기술계 엔지니어링기술자

기술등급 \ 구분	국가기술자격자	학력자
고급숙련 기술자	1) 해당 전문분야와 관련된 기능장 자격을 가진 사람 2) 해당 전문분야와 관련된 산업기사 자격을 가진 사람으로서 해당 전문분야와 관련된 업무를 4년 이상 수행한 사람 3) 해당 전문분야와 관련된 기능사 자격을 가진 사람으로서 해당 전문분야와 관련된 업무를 7년 이상 수행한 사람 4) 해당 전문분야와 관련된 기능사보자격을 가진 사람으로서 해당 전문분야와 관련된 업무를 10년 이상 수행한 사람	1) 해당 전문분야와 관련된 기능대학 또는 전문대학을 졸업한 사람으로서 해당 전문분야와 관련된 업무를 5년 이상 수행한 사람 2) 고등학교를 졸업한 사람으로서 해당 전문분야와 관련된 업무를 8년 이상 수행한 사람 3) 직업훈련기관의 교육을 이수한 사람으로서 해당 전문분야와 관련된 업무를 8년 이상 수행한 사람
중급숙련 기술자	1) 해당 전문분야와 관련된 산업기사 자격을 가진 사람 2) 해당 전문분야와 관련된 기능사 자격을 가진 사람으로서 해당 전문분야와 관련된 업무를 3년 이상 수행한 사람 3) 해당 전문분야와 관련된 기능사보 자격을 가진 사람으로서 해당 전문분야와 관련된 업무를 5년 이상 수행한 사람	1) 해당 전문분야와 관련된 기능대학 또는 전문대학을 졸업한 사람으로서 해당 전문분야와 관련된 업무를 1년 이상 수행한 사람 2) 고등학교를 졸업한 사람으로서 해당 전문분야와 관련된 업무를 4년 이상 수행한 사람 3) 직업훈련기관의 교육을 이수한 사람으로서 해당 전문분야와 관련된 업무를 6년 이상 수행한 사람 4) 해당 전문분야와 관련된 업무를 10년 이상 수행한 사람
초급숙련 기술자	1) 해당 전문분야와 관련된 기능사 자격을 가진 사람 2) 해당 전문분야와 관련된 기능사보 자격을 가진 사람으로서 해당 전문분야와 관련된 업무를 2년 이상 수행한 사람	1) 고등학교를 졸업한 사람으로서 해당 전문분야와 관련된 업무를 1년 이상 수행한 사람 2) 직업훈련기관의 교육을 이수한 사람으로서 해당 전문분야와 관련된 업무를 1년 이상 수행한 사람 3) 해당 전문분야와 관련된 업무를 5년 이상 수행한 사람

■ 엔지니어링기술자 노임단가의 적용기준

① 엔지니어링기술자 노임단가의 적용기준은 1일 8시간으로 하며, 1개월의 일수는 「근로기준법」 및 「통계법」에 따라 한국엔지니어링협회가 조사·공표하는 임금실태 조사 보고서에 따른다. 다만, 토요 휴무제를 시행하는 경우와 1일 8시간을 초과하는 경우에는 「근로기준법」을 적용한다.

② 출장일수는 근무일수에 가산하며, 이 경우 수탁자의 사업소를 출발한 날로부터 귀사한 날까지를 계산한다.

③ 엔지니어링사업 수행기간 중 「민방위기본법」 또는 「향토예비군설치법」에 따른 훈련기간과 「국가기술 자격법」 등에 따른 교육기간은 해당 엔지니어링사업을 수행한 일수에 산입한다.

■ 엔지니어링 기술자부문별 기술자 평균임금(엔지니어링 노임단가)

(단위: 원, 1인 1일 기준)

기술등급	기계·설비	전기	정보통신	건설	환경	원자력	기타
기술사	452,862	441,283	434,967	446,055	437,681	548,952	418,418
특급기술자	385,299	340,456	322,529	346,855	334,840	450,681	340,360
고급기술자	319,838	289,628	290,679	293,799	303,255	361,873	290,356
중급기술자	276,064	278,902	263,793	272,915	257,066	341,730	239,233
초급기술자	235,927	232,198	226,926	213,496	223,960	279,477	211,513
고급숙련기술자	273,579	275,155	243,388	252,328	248,354	334,945	267,012
중급숙련기술자	211,582	220,203	210,987	238,259	213,962	319,831	212,228
초급숙련기술자	192,737	188,567	181,810	194,029	187,715	207,282	174,216

· 상기 제시된 임금은 1일 평균임금(만근한 기술자 월 인건비(원)÷1개월 평균 근무일수(일))
· '22년부터 엔지니어링 활동분류별 기술자 평균임금 미공표
* 엔지니어링 기술부문은 엔지니어링진흥법 시행령 엔지니어링기술(제3조관련) 별표1에 따름
** 기타: 엔지니어링기술부문 중 선박, 항공우주, 금속, 화학, 광업, 농림, 산업, 해양수산 해당(보고서 참조)
· 평균근무일수: 22일
· 적용일: 2024년 1월 1일부터

■ 엔지니어링 대가 산정 사례 – 건설분야 적용

구분	노임단가(원)	투입공수(M/M)	월 근로일수	금액(원)
기술사	446,055	5		49,066,050
특급기술자	346,855	10		76,308,100
고급기술자	293,799	10	22	64,635,780
중급기술자	272,915	15		90,061,950
초급기술자	213,496	10		46,969,120
직접인건비합계				327,041,000
직접경비				2,000,000
제경비[직접인건비의 110%]				359,745,100
기술료[(직접인건비＋제경비)의 20%]				137,357,220
합계				826,143,320

다. SW사업 대가산정 가이드

(1) 대가산정 가이드의 목적 및 배경

- 대가산정 가이드의 목적: SW사업 대가산정 가이드(한국소프트웨어산업협회) SW사업 대가산정 가이드는 국가·지방자치단체·국가 또는 지방자치단체가 투자하거나 출연한 법인 또는 기타 공공단체 등 (이하 "국가기관 등"이라 한다)에서 소프트웨어의 기획, 구현, 운영 등 수명주기 전체 단계에 대한 사업을 추진함에 있어 이에 대한 예산수립, 사업발주, 계약 시 적정대가를 산정하기 위한 기준을 제공하는 것을 목적으로 하고 있다.

- 대가산정 가이드의 배경

기존의 공공부문 SW사업 대가산정은 「소프트웨어사업 대가의 기준」과 「엔지니어링사업대가의 기준」을 활용하여 왔다. 그러나 2010년 2월 26일 고시된 「소프트웨어사업 대가의 기준」(지식경제부 고시 제2010-52호) 부칙 제4조(소프트웨어사업 대가의 기준 재검토)에 의거 하여 "정부는 소프트웨어사업에 적용되는 사업대가가 민간 자율로 결정되도록 유도하기 위하여 동 기준을 시행일로부터 2년이 되는 시점에 폐지한다."라고 고시됨에 따라 SW사업대가의 기준은 2012년 2월 26일 이후 더 이상 적용될 수 없게 되었다.이에, 한국소프트웨어산업협회에서 소프트웨어산업진흥법 26조에 의거하여, 국가기관 등에서 SW사업 대가산정 시 준용할 수 있도록 「SW사업 대가산정 가이드」를 대체방안으로 마련하였다.

(2) SW사업 대가산정 절차 및 범위

- 대가산정의 일반절차

SW사업 대가산정 가이드에는 다양한 대가산정 모형이 포함되어 있다. 이러한 대가산정 모형들은 대가산정의 대상이 되는 사업의 유형과 대가산정 시점에 따라 적절한 모형을 선택하여 적용 한다. 대가 산정 모형은 일반적으로 다음과 같은 절차에 따라 선정된다.

사업유형 식별	→	대가산정 시점 식별	→	대가산정 모형선정

- SW사업유형식별

기획 단계	→	구현 단계	→	운영 단계

정보전략계획 수립(ISP)
정보전략계획 및 업무재설계(ISP/BPR)
전사적아키텍처(EA/ITA)
정보시스템 마스터플랜(ISMP)
정보보안컨설팅

소프트웨어 개발

소프트웨어 유지관리
소프트웨어 운영
소프트웨어 재개발

- SW사업 대가산정 시점

① 예산확보 단계: SW사업의 예산을 확보하기 위해 사업비를 개괄적으로 산정하는 단계

② 사업발주 단계: SW사업을 발주하기 위해 제안요청서 등을 작성하고, 발주금액을 산정 하는 단계

③ 사후정산 단계: SW사업이 종료된 후에 사전 산정된 사업비와 집행된 사업비의 차이를 파악하여 필요 시 정산을 위한 대가를 산정하는 단계

(3) SW사업 대가산정 산정모형 및 프로세스

- 대가산정 모형별 적용시점

수명 주기	대상 사업유형	대가산정 모형	적용가능 시점		
			예산확보 단계	사업발주 단계	사후정산 단계
기획 단계	정보전략계획(ISP)	컨설팅업무량 방식 정보전략계획수립비	O	O	×
		투입공수방식 정보전략계획수립비	O	O	O
	정보전략계획 및 업무재설계(ISP/BPR)	컨설팅업무량 방식 ISP/BPR 수립비	O	O	×
		투입공수방식 ISP/BPR 수립비	O	O	O
	전사적아키텍처 (EA/ITA)	컨설팅업무량 방식 전사적아키텍처 수립비	O	O	×
		투입공수방식 전사적아키텍처 수립비	O	O	O
	정보시스템 마스터플랜 (ISMP)	정보시스템 마스터플랜 수립비	O	O	O
	정보보안컨설팅	정보보안컨설팅 수립비	O	O	O

구현 단계	소프트웨어 개발	기능점수방식 소프트웨어 개발비(정통법)	○	○	○
		기능점수방식 소프트웨어 개발비(간이법)	○	○	○
운영 단계	소프트웨어 유지관리	요율제 유지관리비	○	○	×
	상용소프트웨어 유지관리	상용소프트웨어 유지관리비	○	○	×
	공개소프트웨어 유지관리	공개소프트웨어 유지관리비	○	○	×
	보안성 지속 서비스	보안성 지속 서비스 운영비	○	○	×
	소프트웨어 운영	투입공수방식 운영비	○	○	○
	보안관제 서비스	보안관제 서비스 운영비	○	○	○
	소프트웨어 유지관리 및 운영	고정비/변동비방식 유지관리 및 운영비	○	○	○
		SLA기반 유지관리 및 운영비 정산법			
	소프트웨어 재개발	재개발비	○	○	○

1) SLA기반 유지관리 및 운영비 정산법은 예산확보 단계 및 사업발주 단계에 사업비를 산정하기 위해 직접 적용되지는 않으나, SLA 기반의 정산법을 사용하는 경우 사전에 사후 정산의 가능성을 고려해야 한다.

■ SW 수명주기 단계별 대가산정 방법

SW사업 수명주기	대가산정 유형	대가산정 방법
SW사업 기획단계	정보화전략계획(ISP) 수립	컨설팅업무량에 의한 방식
		투입공수에 의한 방식
	ISP/BPR 수립	컨설팅업무량에 의한 방식
		투입공수에 의한 방식
	EA/ITA 수립	컨설팅업무량에 의한 방식
		투입공수에 의한 방식
	ISMP 수립	투입공수에 의한 방식
	정보보안 컨설팅	투입공수에 의한 방식
SW사업 구현단계	소프트웨어 개발	기능점수 방식에 의한 방법
SW사업 운영단계	SW 유지관리 사업	요율제 방식에 의한 유지관리비
		상용 소프트웨어 유지관리비
		공개 소프트웨어 유지관리비
		요율제 방식 보안성 지속 서비스비
	SW 운영 사업	투입공수 방식 SW운영비
		투입공수 방식 보안관제 서비스비
	SW 유지관리 및 운영 혼합 사업	고정비/변동비 방식에 의한 유지관리비 및 운영비
		SLA기반 유지관리비 및 운영비 정산법
	소프트웨어 재개발 사업	재개발 기능점수 방식에 의한 방법

■ 대가산정 방법별 주요 내용 요약

구분	대가산정 핵심요소	비용 구성
정보전략계획(ISP) 수립비 /	컨설팅 업무량	① 컨설팅대가 = 컨설팅업무량×단가 ② 직접경비
정보전략계획 및 업무재설계(ISP/BPR) 수립비 / 전사적아키텍처(EA/ITA) 수립비	투입공수	① 직접인건비 ② 제경비 = 직접인건비의 144%~154% ③ 기술료 = (직접인건비＋제경비)의 20%~40% ④ 직접경비
정보시스템마스터 플랜 (ISMP) 수립비 정보보안컨설팅 수립비	투입공수	① 직접인건비 ② 제경비 = 직접인건비의 144%~154% ③ 기술료 = (직접인건비＋제경비)의 20%~40% ④ 직접경비
소프트웨어 개발비	기능점수	① 개발원가 ② 이윤 = 개발원가×25% 이내 ③ 직접경비: 시스템사용료, 개발도구 사용료 등
요율제 유지관리비	유지관리 총점수	① 소프트웨어 개발비 재산정가×유지관리 난이도(%) ② 직접경비
상용소프트웨어 유지관리비	등급별 요율	① 최초 Licence 구매 계약 금액×등급별 유지관리요율 ② 직접경비
공개소프트웨어 유지관리비	정액제	① 대상 공개SW 유지관리 유사거래 실례가격, 견적가 순으로 우선 적용 및 산정 ② 직접경비
보안성 지속 서비스비	서비스 항목, 요율	① 최초 제품 구매 계약 금액×서비스 요율(%) ② 직접경비
투입공수방식 운영비	투입공수	① 직접인건비 ② 제경비 = 직접인건비의 144%~154% ③ 기술료 = (직접인건비＋제경비)의 20%-40% ④ 직접경비
보안관제 서비스비	투입공수	① 직접인건비 ② 제경비 = 직접인건비의 144%~154% ③ 기술료 = (직접인건비＋제경비)의 20%~40% ④ 직접경비
고정비/변동비 방식의 유지관리 및 운영비	기능점수, 투입공수	① 변동비 산정(재개발대가) ② 고정비 산정(투입공수방식 운영비) ③ 직접경비
SLA기반 유지관리 및 운영비 정산법	서비스 항목, 보상/ 제재 비율	① 서비스 측정 ② 서비스 평가 ③ 보상/제재 비율에 따른 사후정산
소프트웨어 재개발비	재개발 기능점수	① 재개발원가 ② 이윤 = 재개발원가×25% 이내 ③ 직접경비: 시스템사용료, 개발도구 사용료 등

(4) 개발비 구성 및 산정 방법

■ SW개발비의 구성

소프트웨어 개발비 산정 (소프트웨어 개발원가 + 직접경비 + 이윤)			

소프트웨어 개발원가			직접 경비
소프트웨어 개발규모 산정 (개발규모)	개발규모	기능점수	
↓			이윤 (개발원가 25% 이내)
보정전 개발원가 산정	개발규모× 단가	기능점수× 기능점수 단가	
↓			
소프트웨어 개발원가 산출	개발규모× 단가× 보정계수	기능점수× 기능점수 단가× 보정계수	

※ 기능점수(FP) 방식에 의한 SW개발비 산정 시 기능점수 '제경비' 및 '기술료'에 상응하는 항목이 반영되어있어 별도로 산정하지 않는다.

■ SW 개발비 산정방법별 비교

소프트웨어 개발비 산정방법	특징	산정 방법
기능점수(FP) 방식	소프트웨어 개발 규모와 기능점수당 단가를 곱하여 소프트웨어개발비를 산정함	(기능점수×기능점수단가 ×보정계수) + 직접경비 + 이윤
투입공수에 의한 방식	과거의 유사 소프트웨어 개발 사업의 투입인력 정도를 기초로 한 경험적 판단에 의해 사업대가를 산정하는 방식으로, 기능점수방식의 적용이 곤란한 특정 사업 유형에 한하여 적용 가능	(투입인력수×투입기간 ×기술자등급별단가) +제경비+기술료+직접경비

■ 기능점수 개요

기능점수(FP; Function Point)란 사용자 관점에서 측정된 소프트웨어 기능의 양으로서, 사용자에게 제공되는 소프트웨어 기능의 규모를 측정하는 단위이다.

소프트웨어 기능은 사용자 관점에서 갖는 논리적 의미에 따라 크게 데이터 측면의 기능과 트랜잭션 측면의 기능으로 구분된다.이들을 다시 세분하면 데이터 기능에는 내부논리파일(ILF)과 외부연계파일(EIF)의 2가지 유형이 있으며, 트랜잭션 기능에는 세부적으로 외부입력(EI), 외부출력(EO), 외부조회(EQ)의 3가지 유형이 있다.

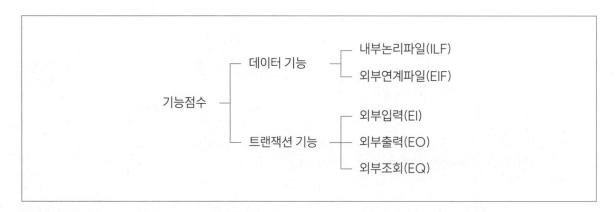

■ 기능점수 방식의 종류

기능점수 방식으로 소프트웨어의 개발규모를 산정하는 방법은 일반적인 기능점수 산정방법(정통법)과 평균 복잡도를 적용하는 방법(간이법)의 두가지로 구분할 수 있다.

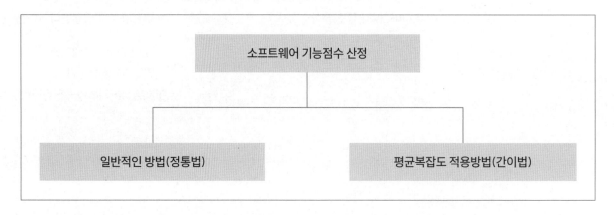

· 정통법: 소프트웨어의 기능을 도출하고, 각 기능의 유형별 복잡도를 고려하여 정확한 기능점수 산정을 필요로 할 경우 사용되는 일반적인 방법이다. 통상적으로 소프트웨어 개발 공정 상 설계공정 후 사용된다.

· 간이법: 기능의 복잡도를 판단하기 어려운 경우 적용하는 방법으로 계산 절차는 정통법과 동일하나 기능점수 산정 시 기능 유형별 평균 복잡도를 적용하여 기능점수를 산출한다. 통상적으로 기획 및 발주단계에서의 기능점수 측정에 사용된다.

· 정통법과 간이법의 장단점 비교 및 적용시점

구분	정통법	간이법
장점	■ 규모측정 정확도가 간이법 대비 상대적으로 높음	■ 기능점수 측정 소요시간이 정통법 대비 상대적으로 짧음 ■ 기능점수 측정 지식 습득시간이 정통법 대비 상대적으로 짧음
단점	■ 기능점수 측정 소요시간이 간이법 대비 상대적으로 긺 ■ 기능점수 측정 지식 습득시간이 간이법 대비 상대적으로 긺	■ 규모측정 정확도가 정통법 대비 상대적으로 낮음
적용시점	■ 개발요건 및 요건별 상세설계정보가 제공되는 시점. 즉, 설계공정 이후부터 폐기까지	■ 개발요건만 정의되면 예산수립, 사업발주, 개발, 운영 및 유지보수, 폐기까지 모든 단계에서 적용가능

(5) 기능점수 개발비 산정

■ 기능점수 산정 단위 프로세스 식별 권고 사례

용어	적합	부적합	해설
데이터적재	EI	EO, EQ	데이터적재는 EI로 산정하는 것이 타당함
업로드	EI	EO, EQ	파일 업로드 기능은 EI로 산정하는 것이 타당함
설정	EI	EO, EQ	설정은 ILF를 변경시키므로 EI로 산정하는 것이 타당함
발송	EQ	EO	단순 발송은 EQ로 산정하는 것이 타당함
전송	EQ, EO	EI	전송 기능은 EQ 또는 EO로 산정하는 것이 타당함
그래프	EO	EQ	그래프는 일반적으로 EO로 산정하는 것이 타당함
다운로드	EQ	EI, EO	다운로드는 EQ로 산정하는 것이 타당함
로그인	EQ	EI, EO	암호검증 후 로그인은 EQ로 산정하는 것이 타당함
로그아웃	−	EQ	단순 Log-out은 기능에서 제외하는 것이 타당함
사용자인증	EQ	EI, EO	사용자인은 EQ로 산정하는 것이 타당함
통계	EO	EQ	통계기능은 EO로 산정하는 것이 타당함
코드	−	ILF	코드데이터는 기능에서 제외하는 것이 타당함
임시	−	ILF	임시파일은 기능에서 제외하는 것이 타당함
이력	−	ILF	이력정보는 기능에서 제외하는 것이 타당함
첨부	−	ILF	첨부는 단위프로세스를 완료하지 못하므로 제외하는 것이 타당함
로그	−	ILF	로그 데이터는 산정에서 제외
변환	−	산정됨	단순 파일의 형태변환(HWP → PDF)은 산정에서 제외

★ 단위기능산정 시 공통적으로 발생하는 오류를 정리하여 위와 같이 정리함. 해당 용어는 단위 프로세스 명칭에 기반하여 만들어졌으며, 절대적인 기준이 아니라 가이드로서 의미가 있음

■ 단계별 기능점수 산정

① 1단계: 사전준비 – 개발대상 업무와 요구사항을 명확히 정의하고, 개발 규모(기능점수) 산정방법(정통법 또는 간이법)을 결정한다.

② 2단계: 개발대상 SW 기능점수 산정(FP 정통법)

데이터/트랜잭션 기능	기능타입	복잡도	FP값(미조정값)
고객데이터	ILF	보통	10
제품데이터	ILF	낮음	7
공급데이터	EIF	낮음	5
고객데이터의 추가	EI	높음	6
고객데이터의 수정	EI	보통	4
고객데이터의 삭제	EI	낮음	3
고객데이터의 조회	EQ	낮음	3
고객레포트1	EO	낮음	4
고객레포트2	EO	보통	5
고객레포트3	EO	낮음	4
고객레포트4	EO	높음	7
제품데이터의 추가	EI	보통	4
제품데이터의 수정	EI	낮음	3
제품데이터의 삭제	EI	낮음	3
제품데이터의 조회	EQ	보통	4
제품관련 레포트	EO	보통	5
공급자번호 조회	EQ	낮음	3
공급자 관련 리포트	EO	보통	5
FP 계산 값			**85FP**

③ 3단계: 보정전개발원가 산정

산정된 기능점수에 기능점수당 단가를 산정된 기능점수에 곱하여 산정한다.

총 기능점수	기능점수 단가	보정전개발원가
85	605,784	51,491,640

소프트웨어 개발규모/애플리케이션 복잡도에 대한 각각의 보정계수 결정

구분	적용기준	보정계수
개발규모	$0.4057 \times (\log_e(\text{기능점수}) - 7.1978)^2 + 0.8878$	1.28
연계복잡성	1개의 타기관 연계	0.94
성능 요구수준	피크타임에 중요함	1.00
운영환경 호환성	요구사항 없음	0.94
보안성	암호화, 개인정보보호	1.00

※ 규모보정계수는 500FP 미만시 보정계수 1.28 적용함
※ 애플리케이션 복잡도별 보정계수는 "적용기준" 값을 난이도 기준으로 하여 적용함

④ 4단계: 보정 후 개발원가 산정

보정 후 개발원가 = 보정 전 개발원가 × 보정계수

총 기능 점수	기능 점수당 단가	보정계수					금액(원)
		규모	연계 복잡성	성능	운영환경 호환성	보안성	
85	605,784	1.28	0.94	1.00	0.94	1.00	58,237,457

⑤ 5단계: 직접경비 및 이윤 산정 – 보정 후 개발원가의 25% 이내에서 산정 가능

산정기준	개발원가	적용률	금액(원)
개발원가의 25%이내	58,237,457	25%	14,559,364

· 직접경비의 범위에 따라 기관별 자체 단가를 활용하여 산정

· 보고서인쇄비와 출장여비를 가정하여 산정한 예

구분	산출내역	금액(원)
보고서인쇄비	상세요구분석서 등 4종 × 4부 (50원 × 1,000매 × 4부 × 4종 = 800,000원)	51,491,640
출장여비	3인 × 2회(2박3일 기준) (200,000원 × 3인 × 2회 = 1,200,000원)	1,200,000
합계		2,000,000

⑥ 6단계: 소프트웨어 개발비 산정

· 개발원가, 직접경비, 이윤의 합으로 산정

소프트웨어 개발비 = 개발원가 + 이윤 + 직접경비

= 58,237,457원 + 14,559,364원 + 2,000,000원

= 74,796,821원

· 산정내역 정리

총 기능 점수	기능 점수당 단가	보정계수					금액(원)
		규모	연계 복잡성	성능	운영환경 호환성	보안성	
85	605,784	1.28	0.94	1.00	0.94	1.00	58,237,457
이윤(25)%							14,559,364
직접경비							2,000,000
소프트웨어 개발비(부가세 별도)							74,796,821
소프트웨어 개발비(부가세 포함)							82,276,503

(6) SW사업 대가 산정 기타사항

■ 소프트웨어 개발시 투입공수방식적용대상

기능점수 방법은 위와 같은 장점이 있어 소프트웨어의 규모를 산정하기 위한 방법으로 널리 사용되고 있다. 단, 기능점수 방식 적용이 불합리한 다음과 같은 사업유형에 한하여 예외적으로 투입공수방식이 적용될 수 있다

① 홈페이지 디자인, 웹 접근성 개선, 동영상 등 콘텐츠 관련 정보화사업

② R&D 성격의 소프트웨어개발 사업

③ 사용자에게 식별되는 기능규모에 비해 내부처리 복잡도가 현저히 높아 기능점수 방식의 대가체계 적용이 불합리하다고 인정되는 소프트웨어개발 사업

④ 데이터 튜닝 및 최적화, 테스트 등 기능점수로 산정이 불가능한 경우

⑤ 소프트웨어개발 관련 예산이 5천만원 미만인 사업

■ 직접경비

소프트웨어사업에 소요되는 직접적인 비용을 의미하며, 엔지니어링사업 대가기준기준에서 정한 직접경비 항목 이외에 SW사업의 특성을 반영하여 아래의 12개 항목이 추가적으로 해당될 수 있다.

1. 당해 소프트웨어사업에 특별히 필요로 하는 컴퓨터시스템 사용료
2. 당해 소프트웨어사업에 특별히 필요로 하는 소프트웨어 도구 사용료
3. 선투자후정산사업으로 추진되는 사업의 경우 지급이자
4. 발주자의 요구에 의한 특정기술 도입과 관련된 전문가 비용
5. 당해 소프트웨어사업에 직접 필요한 여비
6. 특수자료비
7. 제출문서의 인쇄, 청사진비
8. 자료조사비
9. 기자재 시험비
10. 위탁비와 현장운영비(직접인건비에 포함되지 아니한 보조요원의 급여와 현장사무실 임차료 및 운영비를 말한다)
11. 모형제작비
12. 그 밖에 당해 소프트웨어사업에 특별히 소요되는 직접비용

■ 2024년 적용 SW기술자 평균 임금(2023. 12. 19 한국소프트웨어산업협 공표)

(단위: 원)

구분	월평균임금 (M/M)	일평균임금 (M/D)	시간평균임금 (M/H)	포함직무
① IT기획자	10,056,941	481,654	60,206	
② IT컨설턴트	9,947,332	476,404	59,550	정보보호컨설턴트
③ 업무분석가	11,128,125	532,956	66,619	
④ 데이터분석가	7,938,379	380,190	47,523	
⑤ IT PM	9,525,983	456,225	57,028	
⑥ IT아키텍트	11,152,750	534,135	66,766	SW아키텍트, 데이터아키텍트, Infrastructure아키텍트, 데이터베이스아키텍트
⑦ UI/UX기획/개발자	6,595,965	315,898	39,487	UI/UX기획자, UI/UX개발자
⑧ UI/UX디자이너	4,680,254	224,150	28,018	
⑨ 응용SW개발자	7,128,530	341,404	42,675	빅데이터개발자, 인공지능개발자
⑩ 시스템SW개발자	5,821,743	278,819	34,852	임베디드SW개발자
⑪ 정보시스템운용자	9,095,496	435,608	54,451	데이터베이스운용자, NW엔지니어, IT시스템운용자
⑫ IT지원기술자	4,493,456	215,203	26,900	
⑬ IT마케터	10,098,552	483,647	60,455	SW제품기획자, IT서비스기획자, IT기술영업
⑭ IT품질관리자	9,246,226	442,826	55,353	
⑮ IT테스터	3,949,377	189,146	23,643	
⑯ IT감리	10,139,841	485,624	60,703	
⑰ 정보보안전문가	9,482,372	454,136	56,767	정보보호관리자, 침해사고대응전문가

<본 평균임금을 SW사업대가 활용시 유의사항>

※ 본 조사결과는 SW사업에서 SW기술자 인건비 평균 값임을 고려하여 활용 가능하며, 수 · 발주자간 자율적 협의에 의해서도 유연하게 적용할 수 있음

* SW기술자 평균임금은 소프트웨어진흥법 제46조(적정 대가 지급 등) 4항 '소프트웨어기술자의 인건비 기준'을 지칭함

* SW기술자 평균임금은 기본급, 제수당, 상여금, 퇴직급여충당금, 법인부담금(4대보험)을 모두 포함한 결과임

* 일평균임금은 월평균임금÷'23년평균근무일수(20.88일, 소수점 절삭), 시간평균임금은 일평균임금÷8시간(소수점 절삭)으로 각각 산정함

* 월평균 근무일수는 휴일, 법정공휴일 등을 제외한 업체가 응답한 근무일의 평균이며, 이는 개인의 휴가 사용여부와는 무관함

* **SW기술자 평균임금은 전년 대비 8.25% 증가함**

* 25/75 백분위수는 조사된 직무별 임금의 구간, 분포에 대한 참고 값임(백분위수: 백분위수는 크기가 있는 값들로 이뤄진 자료를 순서대로 나열했을 때 백분율로 나타낸 특정 위치의 값을 이르는 용어이다. 일반적으로 크기가 작은 것부터 나열하여 가장 작은 것을 0, 가장 큰 것을 100으로 한다.)

* 시간과 근무일수를 활용하여 월평균임금으로 역산 시 오차가 없도록 모두 정수형으로 재산출함

4 | 수입물자 원가계산

가. 수입물자 원가계산 범위

수입물자란 간단히 말해 해외에서 들여오는 모든 물건을 의미하는데, 수입물자는 외국에서 생산하거나 가공된 원재료, 부분품 및 완제품을 국내로 도입하는 물자로서 원가계산의 범위는 다음과 같다.

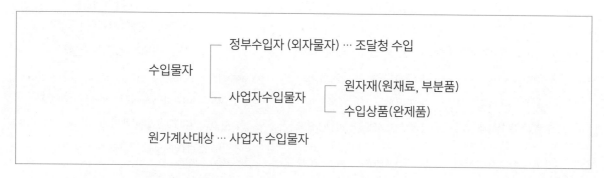

나. 수입물자 원가비목

수입물품의 구매인 경우에 원가계산에 의한 가격에 의하여 예정가격을 결정함에 있어서 그 예정가격에는 다음 각호의 비목이 포함되어야 한다.

① 법적근거

국가계약법시행규칙 제6조 제2항, 지방계약법시행규칙 제6조 제2항

② 원가항목

- 수입물품의 외화표시원가
- 통관료
- 보세창고료
- 하역료
- 국내운반비
- 신용장개설수수료
- 일반관리비
- 이윤(수입물품의 구매: 100분의 10)
- 관세: 별도 인정과목

③ 원가항목별 산정기준

　·일반물자의 제조원가계산 방법을 적용

　·관세법규, 무역거래법규 등을 활용

　　㉠ 관세법규 시행규칙

　　㉡ 수입물품 과세가격 결정에 관한 고시 등

④ 원가계산 분류기준

　·제조, 가공 필요여부에 따른 원가구분

　　㉠ 수입재료 원가계산

　　㉡ 수입완제품 원가계산

　·계산시점 기준에 따른 원가구분

　　㉠ 사전원가계산

　　㉡ 사후원가계산

무역 실무 용어	
FOB(Free On Board)	본선인도조건
CFR(Cost and Freight)	운임포함 인도조건
CIF(Cost, Insurance and Freight)	운임, 보험료포함 인도조건
L/G(Letter Of Guarantee)	수입화물 선취보증장
·Mail Credit	신용장 우편개설
·Cable Credit	신용장 전신개설
I/L(Import License)	수입승인서
B/L(Bill Of Loading)	선하증권

다. 수입 및 통관절차

(1) 수입절차의 단계

수입화물의 운송 과정은 일반적으로 수출화물과 반대라고 보면 된다. 선박(또는 항공기)이 국내 항구(또는 공항)에 들어오면 하역과정을 거쳐 컨테이너 야드에 화물을 적치한다. 이어 통관 과정을 거쳐 물품을 반출한 후 내륙운송을 거쳐 최종 목적지로 가게 된다.

선박이 컨테이너 전용부두나 일반부두에 입항하면 하역작업이 이뤄진다. 이후 컨테이너 야드에 적치된 화물은 사전 수입신고와 직통관이 이뤄진 경우 자가장치장을 거쳐 최종목적지로 내륙운송된다. 직통관이 아닌 경우 컨테이너 야드에서 반출되어 자가장치장이나 타소장치장에 적치된 다음 통관과정을 거쳐 최종목적지로 내륙 운송된다. 컨테이너 야드에서 부두에서 떨어진 오프도크 컨테이너 야드(ODCY)로 옮겼다가 통관하기도 한다.

일반적으로 수입화물의 운송과 인도는 다음과 같은 절차를 거쳐 이루어진다.

① 수출지의 선적항에서 선적이 완료되면 본선은 출항하며 이 때 부두수취증(Dock Receipt)[4]의 사본(copy)이나 컨테이너 내 적치표(積置表, CLP: Container Load Plan) 사본 등 적하 관계 서류를 선사로 송부

② 적하목록(cargo manifest), 도착예정통지서(arrival notice), 화물인도지시서(D/O: Delivery Order), 운임청구서(freight bill) 등의 서류를 관계 기관에 송부

③ 선사지점 또는 대리점은 도착예정통지서, 운임청구서를 수하인 혹은 도착 통지처(notify party)에 송부

④ 수하인은 은행 등에서 선하증권을 찾아 선사에 제시하고 운임 및 비용을 지불하며 선사의 지점이나 대리점은 화물인도지시서를 발행하여 수하인에게 교부

⑤ 본선이 입항하면 컨테이너는 CY에 반입되고, LCL 화물은 CFS로 이송되어 컨테이너에서 적출(devanning), 수하인별로 화물을 분류하여 인도

⑥ 수하인은 화물인도지시서를 제출하고 FCL 화물은 CY에서, LCL화물은 CFS에서 인수

---

4) D/R이라고 약칭한다. 거래선의 본선수취증(Mate's Receipt: M/R)에 해당하는 서류로서 컨테이너 운항선사가 화물의 수령증으로 발행하는 서류를 말한다. 하수한 화물에 과부족, 손상 등이 있는 경우에는 Dock Receipt의 적요란에 그 취지가 기입된다.

수입화물(컨테이너)의 유통경로

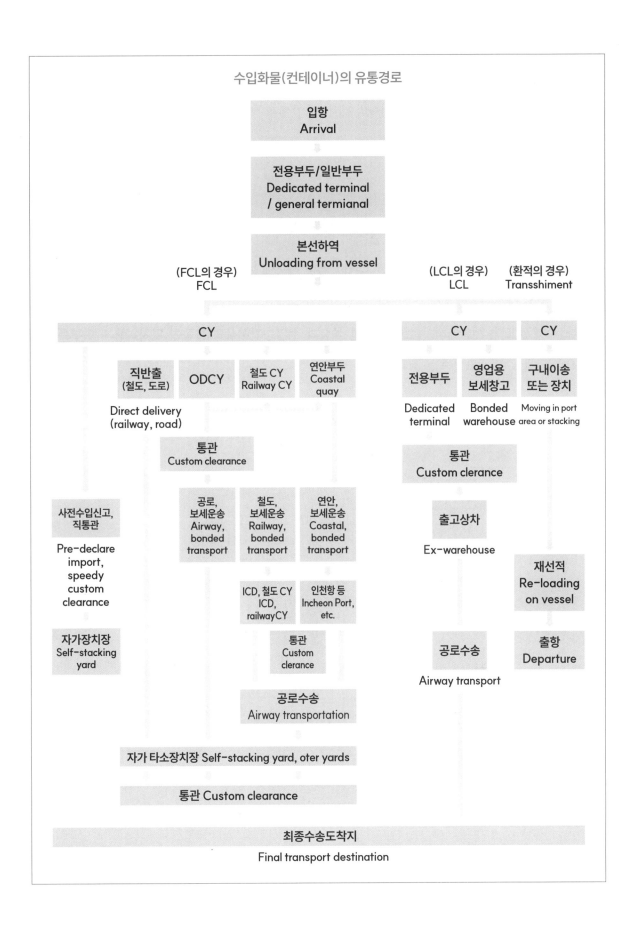

FCL(Full .Container Load: 하나의 컨테이너 전체를 단독으로 사용하는 운송 방식)과 LCL(Less than Container Load: 여러 화주들의 화물을 하나의 컨테이너에 함께 적재하는 운송 방식)은 국제 해상 운송에서 자주 사용되는 용어로, 화물의 크기와 운송 방식에 따라 구분된다.

(2) 수입통관 절차 및 과정

수입통관을 하기 위해서는 원칙적으로 물품이 도착한 후 시정된 보세구역에 물품이 장치되었다는 것을 확인 받은(장치확인) 후 세관에 수입신고를 해야 한다.

그러나 예외적으로 신속한 통관을 위해 수입물품이 한국에 도착하기 전에 신고를 할 수도 있으며, 부두 직통관 화물은 사전수입신고가 가능하다. 수입신고란 외국으로부터 반입한 물품을 수입하겠다는 의사표시이다. 수입신고 후 세관에서는 수입신고 한 물품과 수입승인서상의 물품이 일치하는지 여부를 심사한 후 수입자에게 '수입신고필증'을 교부한다.

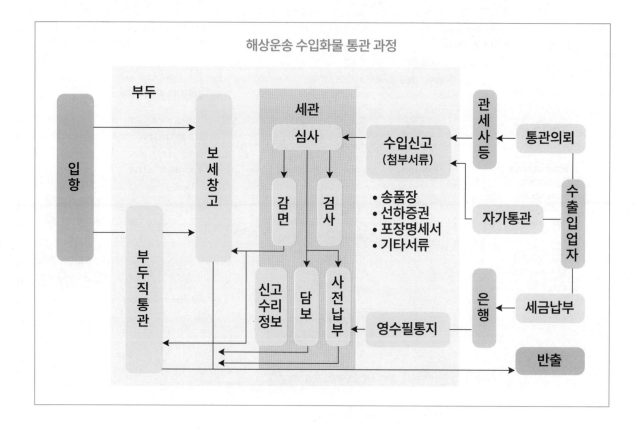

수입항공화물의 운송절차

Carrier	Customer	Trucker	Consignee
· 항공기도착 · 항공기에서 ULD 하기 · ULD를 주기에서 화물터미널로 이동 · 적하목록 세관 신고 · 화물 분류작업 (Breakdown), Warehouse 보관 및 재고관리, 화물 반출입 세관신고, 운송업자에게 화물인	· 도착지 세관 통관 서류(수입신고서) 작성, 관세 납부 · House Waybill 단위의 수입신고 내역 정보 작성	· 물품을 항공사로 부터 물류창고 또는 수하인에게 전달	· 물품수령 · Air waybill과 물품 코드 인식라벨을 통한 접수 확인

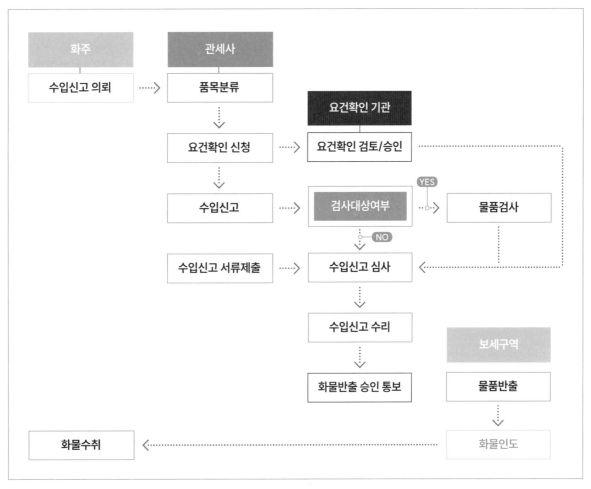

※ 관세청 수입통과 절차 – https://www.customs.go.kr/

(3) 수입절차의 단계

수입절차라 함은 수입대상품목의 거래선을 선정하여 수입계약을 체결하고, 수입승인을 받아 수입신용 장을 개설한 후에 운송서류가 도래하면 수입대금을 결제하게 된다.

일반적 수입절차를 단계별 업무를 정리하면 다음과 같다.

① **1단계: 수입 계약 체결**

- **계약 상대방 선정**: 신뢰할 수 있는 해외 공급업체를 선정하기 위해 샘플 품질 검사, 생산 시설 방문, 기존 거래처의 추천 등을 활용한다.

- **계약 조건 협상**:

  ▷ **품목**: 품질, 규격, 성능 등을 상세히 명시하고, 샘플을 교환하여 품질 확인

  ▷ **수량**: 최소 주문 수량, 배송 일정, 추가 주문 가능 여부 등을 결정

  ▷ **단가**: FOB, CIF 등 국제 무역 관례에 따른 가격 조건을 설정하고, 환율 변동에 따른 위험 분담 방식 결정

  ▷ **결제 조건**: 신용장(L/C), T/T(전신환), D/P(화환어음 인도 후 지급), D/A(화환어음 인수 후 지급) 등 다양한 결제 방식 중 적합한 방법 선택.

  ▷ **운송 조건**: FOB(선적항에서 인도), CIF(목적항까지 운임 및 보험료 포함), CFR(목적항까지 운임 포함) 등 국제 무역 관례에 따른 운송 조건 설정

  ▷ **인도 조건**: EXW, FCA, CPT, CIP 등 국제 무역 관례에 따른 인도 조건 설정.

  ▷ **지적재산권**: 특허, 상표, 디자인 등 지적재산권 관련 사항을 명시하고, 침해 시 책임 소재를 규정

    · **계약서 작성**: 협상된 내용을 바탕으로 계약서를 작성하고, 법률 검토

① **2단계: 수입 신용장 개설(L/C)**

- **은행에 신청**: 수입업체는 거래 은행에 신용장 개설을 신청하고, 계약서 사본, 상업송장, 포장명세서 등 필요한 서류를 제출

- **신용장 검토**: 은행은 신청 내용을 검토하고, 수입업체의 신용도를 평가하여 신용장 발행 여부를 결정

- **신용장 발행**: 신용장이 발행되면 은행은 해외 공급업체에 신용장 사본 송부

③ **3단계: 선적 및 선하증권 발행**

- **생산 및 포장**: 해외 공급업체는 신용장 조건에 맞춰 제품을 생산하고, 포장

- **선적**: 생산된 제품을 선박 또는 항공기에 선적하고, 선적 서류 작성

- **선하증권 발행**: 운송 회사는 선적을 증명하는 선하증권(B/L)을 발행하고, 원본은 수입업체 또는 지정된 은행에 송부

④ **4단계: 수입 신고**

- 서류 준비: 상업송장, 포장명세서, 선하증권, 신용장, 원산지 증명서 등 필요한 서류 준비

- 신고서 제출: 수입업체 또는 관세사를 통해 세관에 수입신고서 제출

- 세관 심사: 세관은 신고 내용을 검토하고, 필요한 경우 현품 검사

  ▷ 서류 심사: 신고 내용의 정확성, 품목 분류의 적정성, 관세율 적용 등 검토

  ▷ 현품 검사: 실제 수입 물품을 검사하여 신고 내용과 일치 확인

⑤ **5단계: 관세 및 세금 납부**

- **관세 및 세금 산정**: 세관 심사 결과를 바탕으로 관세, 부가가치세 등 해당되는 세금 산정

- **납부**: 산정된 세금을 은행 납부, 전자결제 등 다양한 방법으로 납부

⑥ **6단계: 물품 인도 및 통관 완료**

- **물품 인도**: 세금 납부가 완료되면 세관은 수입업체에 물품 인도 승인

- **통관 완료**: 수입업체는 세관에서 발급된 수입신고필증을 가지고 물품을 인수하여 국내 유통망으로 인계

라. 수입제세 산출방법

(1) 각종제세 산출기준

■ 관세

① 종가세 적용물품

· 실제거래가격(CIF) × 과세환율 = 감정가격

· 감정 가격 × 관세율 = 관세

② 종량세 적용물품

· 수입물품의 수량 × 관세율표상의 일정량 = 관세

※ 과세환율은 관세청장이 확정고시

(관세청 전자통관시스템(UNI-PASS)-https://unipass.customs.go.kr/)

구분	종가세	종량세
과세 기준	물품의 가격	물품의 양(개수, 무게, 부피 등)
특징	가격이 높을수록 관세액이 많아짐	물건의 양이 많을수록 관세액이 많아짐
장점	공평성, 세수 확보 용이	관리가 간편
단점	가격 신고의 어려움, 인플레이션 시 세수 과다 증가	저가품 유입 방지, 물가 상승에 둔감
예시	대부분의 수입품(의류, 전자제품 등)	석유, 곡물 등

■ 특별소비세: (감정가격 + 관세) × 세율 = 세액

■ 교육세: 특별소비세 × 30% = 특별소비세 교육세

■ 부가가치세: (감정가격 + 관세 + 특별소비세) × 부가가치세율(10%) = 부가가치세

다만, 관세가 경감되는 경우는

(감정가격 + 경감전관세 + 특별소비) × (1 - 관세경감률) × 세율(10%) = 부가가치가세

(2) 정상운임 및 보험료 산출

물품의 수입 및 관련 관세를 적용하기 위한 기준 운임 및 보험료는 관세청장에게 위임된 사항과 수입물품 과세가격 결정 제도의 운영을 위하여 필요한 세부지침을 정하고 있는 "관세평가 운영에 관한고시"(관세청고시 제2024-37호(2024. 9. 5))의 기준에 따라 산정한다.

- 운임 및 보험료는 제24조(운임 및 운송관련비용), 제26조(보험료)에 따라 수입물품의 과세가격을 결정함에 있어서는 수입항까지의 운임, 보험료, 기타 운송관련 비용을 가산하여야 한다.

- "수입항까지" 또는 "수입항 도착"이란 수입물품이 수입항에 도착하여 본선하역준비가 완료된 시점과 장소를 말한다.

- 기타 운송관련 비용이라 함은 다음 각호에 해당하는 비용을 말한다.

  ① 수출국내의 내국운송 비용

  ② 수출국에서의 선적 전 일시보관료

  ③ 수출국에서의 통관비용

  ④ 수출국에서의 선적비용

- 운임, 보험료 및 기타 운송관련비용을 과세가격에 가산할 때에는 실제지급금액의 기초가 되는 외화가격을 수입신고일의 과세환율로 환산하여 계산한다. 다만, 수입물자 원가계산시 가격조사시점의 최근 수입신고필증이 없는 경우에는 종전 수입신고필증의 물품대, 운임 및 보험료를 기준하여 I.F 환산계수를 산출하여 준용할 수도 있다.

(2) 환율 적용기준

- 수입원가 계산시의 환율은 외국환거래법에 의한 기준환율 또는 재정환율을 적용하여 환산한다.

  ① 기획재정부 계약예규 "예정가격 작성기준"

  ② 지방계약예규 "입찰 및 계약집행기준"

- 수입거래 실례가격을 기준하는 경우에는 수입신고필증의 환율을 적용한다.

마. 수입부대경비 산출방법

(1) 신용장 개설수수료

■ 신용장 개설 수수료는 은행마다 다르며, 신용등급에 따라 차이가 있을 수 있다.

■ 신용장 개설 수수료 사례(우리은행)

우리은행 수출입수수료(2024.12 기준)

구분			수수료
수출	수출추심수수료	–	매입 금액의 0.1%(최저 20,000 ~ 최고 30,000원)
	수출환어음매입수수료	건당	20,000원
	L/C 통지수수료	건당	20,000원(단, EDI는 건당 15,000원)
	L/C 양도수수료	양도, 증액	건당	30,000원
		기타 변경	건당	15,000원
	수출입실적 증명서	부수당	1,000원
	분실통지 수수료	건당	30,000원
수입	L/C 개설수수료	신용등급별 적용	연 0.7% ~ 1.5%
	L/C 조건변경수수료	건당	10,000원(단, EDI는 건당 4,000원)
	수입추심수수료	–	매입 금액의 0.1%(최저 20,000 ~ 최고 30,000원)
	L/G 발급수수료	건당	10,000원
	인수 수수료	신용등급별 적용	연 1.2% ~ 2.4%(최저 8,000원)
	전신료	SIGHT	20,000원
		USANCE	30,000원
		특수신용장	35,000원
		EDI	10,000원 ~ 15,000원
	수입만기연장 취급 수수료	–	50,000원
내국 신용장	개설수수료	신용등급별 적용	연 0.4% ~ 0.8%
	매입 이자	1개월 미만 단기대출 기준금리 + 신용가산금리(최저 5,000원)	
	추심 수수료	–	0.10%(최저 10,000원 ~ 최고 50,000원)
공통	전신료	기타전문	10,000원

■ 기타

SC제일은행 수출입수수료(2024.12 기준)

업무명		수수료	비고
수입어음 (Import Bills for Collection)	수입어음결제수수료	0.20%	최저 10,000원 원화 표시의 경우에 해당함
	추심취급수수료	USD120	D/P, D/A, LC Remittance basis
수입화물선취보증 (Letter of Shipping Guarantee)	수입화물선취보증서 (L/G) 발급수수료	10,000(건)	
	수입화물선취보증료	3%(연)	
기타(Others)	조회전문 전신료	10,000(건)	

(2) 통관료

통관료 관련 비용은 다음과 같다.

· 출처: (사)한국관세물류협회, 설문조사, 2024, 7- https://www.kcla.kr/)

■ 컨테이너화물 해상운송 수입 부대비용

항목		금액	비고
화물운송주선업자 (포워더) 수수료		B/L 건당 30~80 달러 ※ 업체마다 수수료 다름	1. 화물도착 통보 2. 적재화물목록 제출(EDI 전송) 3. 내륙운송 부킹(배차) 4. 수입통관 대행 등
서류 발급비		B/L 건당: FCL 40,000원, LCL 50,000원 ※ 선사마다 수수료 다름	A/N, D/O 발급 등
Container Cleaning Fee	FCL	20ft: 35,000원(Dry), 45,000원(Reefer)	컨테이너당
		40ft: 50,000원(Dry), 60,000원(Reefer)	
	LCL	3,500원	R/T 당
THC	FCL	20ft: 130,000원(Dry), 160,000원(O/T, F/R) 230,000원(Reefer)	컨테이너당
		40ft: 180,000원(Dry), 220,000원(O/T, F/R) 345,000원(Reefer)	
	LCL	북미: 7,500원, 유럽: 7,500원, 일본: 7,500원, 동남아·중국: 7,500원, 호주: 6,500원	R/T 당
CFS Charge		북미: 11,165원, 유럽: 6,500원, 일본 6,500원, 동남아·중국: 6,500원, 호주: 6,500원	R/T 당

Drayage Charge	부산	8,800원		R/T 당, VAT 별도
	인천	* Drayage Charge		VAT 별도, 업체마다 다소 요율 다름
		3CBM 미만	56,000원	
		5CBM 미만	68,000원	
		7CBM 미만	77,000원	
		10CBM 미만	93,000원	
		13CBM 미만	110,000원	
		16CBM 미만	117,000원	
		16CBM 이상	8,800원/CBM	
통관수수료		CIF VALUE X 2/1000, 최소 3만원, VAT 별도		관세사 비용 통관사 영업정책에 따라 다름

■ 항공화물 수입운송 부대비용

항목	금액	비고
화물운송주선업자 (포워더) 수수료	AWB 건당 2~5만원	1. 적재화물목록, AWB분류, 창고배정 2. 도착통지, D/O 전송 3. 인보이스 작성 및 청구 4. D/O 전송 5. 내륙운송 부킹(배차) 등
착지불수수료	(운임＋종가요금)×2~5%	타국 통화로 운임징수에 따른 환차손 보전
보안할증료	미국: Kg당 0.1 USD 중국: Kg당 1.2 CNY(MIN 40) 일본: MAWB 건당 500JPY	항공화물 보안 검색 등(X-ray) ※ 일본은 항공사에 따라 요금이 다름
유류할증료	미국: kg당 1.2USD 중국: kg당 2.8CNY 일본: kg당 55JPY	항공유가 인상에 따른 제사항 ※ 항송사에 따라 요금이 다름
THC	기본료 3,000원 or 2,700원 ＋Kg당 55원 추가	항공유가 인상에 따른 제사항 ※ 항송사에 따라 요금이 다름
통관수수료	CIF VALUE×2/1000, 최소 3만원, VAT 별도	관세사 비용 ※ 통관사 영업정책에 따라 다름

(3) 보세창고료

영업용 보세창고 보관료, 입출고 및 상하차료를 조사하여 반영한다.

■ 적용기준

① 보관료는 장치물품의 반입일을 기준하여 실보관 일수에 따라 계산하는 일수제로 한다.

② 보관료는 보관일수에 따른 종가율과 종량율로 산출, 합산하여 10만원 미만은 사사오입한다.

③ 톤수는 중량과 용적 중 많은 것을 적용한다.

④ 보관료 계산시 적용요율은 해당 화물의 보관일수에 해당되는 요율을 전 기간에 대하여 적용한다.

(4) 하역료

일반하역 요금은 다음과 같다.(항만하역요금표(해양수산부 2024. 4. 1))

해당 항만하역요금표는 「항만운송사업법」 제10조에 따라 항만관리청(지방해수청장, 시·도지사)이 항만별로 인가한 항만하역요금을 한국항만물류협회가 별도 정리한 참고자료이다.

① 기본요금(부가세 별도) – 선내: 부선양적, 육상요금

(단위: 원, 톤)

품목별			선내	부선양적	육상
규격화물	팔레트화물	합판	3,046	5,795	3,751
		기타품목		7,024	4,530
	프레스링, 백컨테이너		3,168	6,814	4,215
	컨테이너(20´형, 개당)		52,190	43,869	
	라쉬(찬 것)		672		
일반포장품	포대물		6,184	9,976	5,967
	상자물		5,215	9,487	5,507
	베일물		3,584	7,523	5,967
	다발화물		2,947	6,277	4,839
	냉동품		8,542	13,622	8,255
	냉동품(적출작업이 필요한 통조림용 다랑어 등)		9,371	14,945	9,058
	냉장품, 선어, 생피(生皮), 생동물		8,193	13,064	7,916
	잡화류(고무, 펄프, 종이류, 케이블, 타이어, 드럼류, 판유리, 비철금속 등)		3,150	7,220	4,549
유태화물	차량, 오토바이		3,524	7,906	5,309
	중장비, 주정(舟艇)		2,989	6,455	4,365
	석, 석재		3,754	8,786	5,707
	기계류 및 동 부속품, 금속·전자·전기제품, 사진·의료기구		4,003	8,057	5,163
	철제품	코일, 철관(외직경 12인치 이상)	2,891	6,335	4,042
		기타 철제품	3,275	7,154	4,530
	미송(북양재)		2,835	5,854	4,301
	나왕(남양재)		3,180	6,304	4,054
	제재, 전주, 침목, 갱목, 티크목, 묘목류		3,819	7,052	5,035
	고철		5,406	10,560	6,743
산화물	광석류, 비료, 코우크스		4,339	5,302	3,337
	석탄류		3,608	5,219	3,268
	소금		3,778	5,349	3,499
	양곡류(밀, 옥수수, 쌀, 수수, 보리, 콩)		2,583	5,416	3,437
	사료 부원료(박류, 분류, 파쇄 옥수수), 원당		4,346	5,794	3,718
	기타 산화물		3,792	6,059	4,049

(이하생략)

② 할증요금

종별		내용			할증률	적용대상요금
품목 할증	1) 중량 및 활대품 할증	구분	일반화물(kg)	목재(B/F)		◎ 기본요금 (컨테이너, 백컨테이너 (양회), 라쉬, 원목 및 예부선운송 제외) ◎ 기타요금
		인력	80~200까지	48~120까지	30%	
			200초과~400까지	120초과~240까지	50%	
		기력	400초과~700까지		20%	
			700초과~5,000까지		30%	
			5,000초과~15,000까지	240초과~600까지	50%	
			15,000초과~30,000까지	600초과~1,200까지	70%	
			30,000초과	1,200초과	별도협정료	
	2) 장척물 할증	9m~16m까지 16m초과~20m까지 20m초과			20% 30% 별도협정료	◎ 기본요금 (컨테이너, 라쉬, 원목 및 예부선운송 제외) ◎ 기타요금
	3) 변질등 화물 할증	화물의 변질, 용해(점착포함), 동결, 발열 침수, 응고, 먼지 및 악취가 심한 화물			100% 이내 (단, 냉동어물은 140% 이내, 냉동산 어물은 150% 이내)	◎ 기본요금 ◎ 기타요금
	4) 위험품 할증	(1) 갑류: 　방사성 물질, 화약류 (등급 및 격리 구분 1.4s 화약류 제외), 독성 또는 인화성이 있는 가스류			100%	◎ 기본요금 ◎ 기타요금
		(2) 을류: 　용기등급 Ⅰ 또는 Ⅱ에 속하는 화물, 독성 또는 인화성이 없는 가스류, 화약류 　(등급 및 격리 구분 1.4s)			60%	
		(3) 병류: 용기등급 Ⅲ에 속하는 화물			40%	

(이하생략)

③ 기타요금 – 정액요금

종별	내용	요금
1) 외항선 선측도화물 선내하역요금	외항선에 의한 선측도(BERTH TERM)화물에 대하여는 선내요금에 50%를 가산한 것을 선내하역 기본요금으로 한다. 단, 컨테이너, 라쉬는 적용제외	선내요금의 150%
2) 이선작업요금	갑본선과 을본선간의 이선작업(기계력에 의하는 경우)을 하였을 경우에 적용	선내요금의 200%
3) 이적작업요금	(1) 동일창내 이적작업 (2) 타창간 이적작업(기계력에 의하는 경우) (3) 육상에서의 이적, 선별, 화물정리작업	선내요금의 100% 선내요금의 200% 육상요금의 90%
4) 부선내 화물 적재요금	해상 본선선측에서 선측도(BERTH TERM)화물의 부선내 화물 적재작업에 대하여 적용	선내요금의 40%
5) 직상(하)차요금	본선에서 화차 또는 자동차에 직상차하거나 화차 또는 자동차에서 본선에 직선적할 경우에 적용	육상요금의 50% (단, 포대물, 상자물, 냉동품 및 냉장품은 70%)
6) 선창 덮개 비임 개폐요금	(1) 선창 덮개 비임 개폐요금 　(가) 1선창 1개폐시 마다 적용 　(나) 스틸해치 장비선(자동 개폐식에 한함)은 　　중갑판 개폐작업을 하였을 경우에만 적용 (2) 데리크 시운전 및 트리밍 요금 　(1선창 1데리크마다 적용) (3) 이상의 작업을 본선 승무원이 하였을 경우에는 　본 요금을 청구하지 못함	52,086원 52,086원
7) 컨테이너 부선양적의 기력사용료	하역장비를 투입하여 컨테이너의 부선양적작업을 하였을 경우에 적용	개당 32,104원
8) 컨테이너 적입(인출) 요금	컨테이너에 내장화물을 적입 또는 인출하였을 경우에 적용	톤당 1,735원
9) 파렛팅작업요금	선적작업을 위한 파렛팅 적합(積合) 작업	선내요금의 70%

(이하생략)

· 세부내용 및 적용기준은 항만하역요금표(해양수산부 2024. 4. 1) 참조.

(5) 전국 화물자동차 운임표

■ 화물자동차운임은 자율요금제이므로 지역별 운송요금을 기준으로 적용한다.(운임표는 참고사항으로 공식적인 최근 공표 단가는 없음.)

■ 화물차 적재함

(단위: cm)

차량안내	차종	가로 (폭)	세로 (길이)	함높이 (바닥)	적재 (높이)	최대 적재량
용달화물	1톤	160	280	80	170	
	1톤 장축	160	300	80	170	
	1톤 리베로	170	260	90	170	
개별화물	1,4톤	170	310	80	190	
	2,5톤 타이탄	180	430	100	210	
	3,5톤 장축(현대)	200	490	106	220	
일반화물	5톤 장축	220	620	110	240	적재: 10톤
	5톤 축차(현대)	220	700	110	240	적재: 15톤
	5톤 축차(대우)	230	730	110	240	적재: 15톤
	8톤	230	730	140	250	적재: 10톤
	11톤 십발이	230	910	140	250	적재: 16톤
	11톤 축차(현대)	230	910	140	250	적재: 20톤
	18톤 압사발이	230	1000	140	250	적재: 20톤
	25톤 압사발이	230	1000	140	250	적재: 25톤
	25톤 압사발이 3축	230	1000	140	250	적재: 29톤
트레일러	추레라	240	1200	160	250	
고속도로(출입제한) 높이: 420cm 폭: 300cm (추레라) 폭: 360cm						

바. 수입물자 원가계산 실무

(1) 수입물자 원가계산 방법

수입물자 원가 비목별 산정 방법을 간략히 정리하면 다음과 같다.

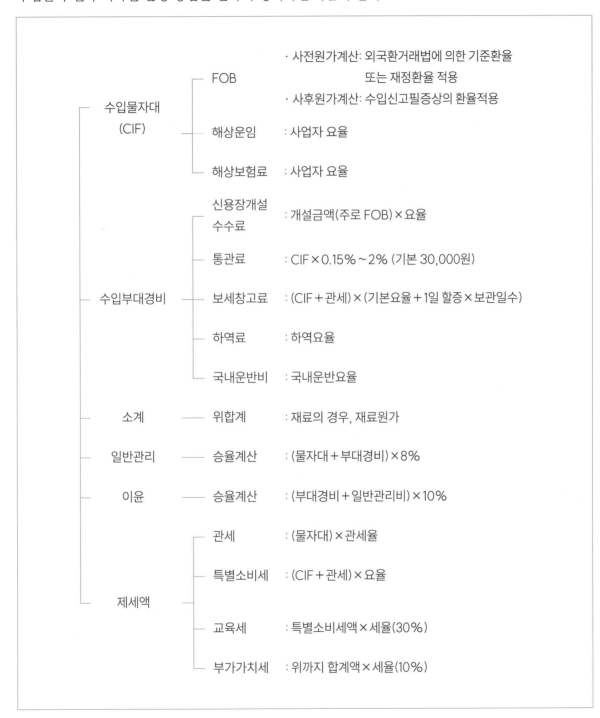

수입물자대
(CIF)
- FOB
  - · 사전원가계산: 외국환거래법에 의한 기준환율
    또는 재정환율 적용
  - · 사후원가계산: 수입신고필증상의 환율적용
- 해상운임 : 사업자 요율
- 해상보험료 : 사업자 요율

수입부대경비
- 신용장개설 수수료 : 개설금액(주로 FOB) × 요율
- 통관료 : CIF × 0.15% ~ 2% (기본 30,000원)
- 보세창고료 : (CIF + 관세) × (기본요율 + 1일 할증 × 보관일수)
- 하역료 : 하역요율
- 국내운반비 : 국내운반요율

소계 ── 위합계 : 재료의 경우, 재료원가

일반관리 ── 승율계산 : (물자대 + 부대경비) × 8%

이윤 ── 승율계산 : (부대경비 + 일반관리비) × 10%

제세액
- 관세 : (물자대) × 관세율
- 특별소비세 : (CIF + 관세) × 요율
- 교육세 : 특별소비세액 × 세율(30%)
- 부가가치세 : 위까지 합계액 × 세율(10%)

(2) 수입물자 관련법규

가) 국세 및 지방세의 종류

우리나라의 조세제도는 국가 또는 지방자치단체가 재정수입을 조달할 목적으로 법률에 규정된 과세요건을 충족한 모든 자에게 직접적인 반대급부 없이 국민에게 부과·징수하는 금전급부인 조세를 규율하는 규범의 총체로,현행 조세체계는 국세(14개) 및 지방세(11개)로 분류되어 있다.

* 출처:「2018 조세개요」, 기획재정부, 2018. 06

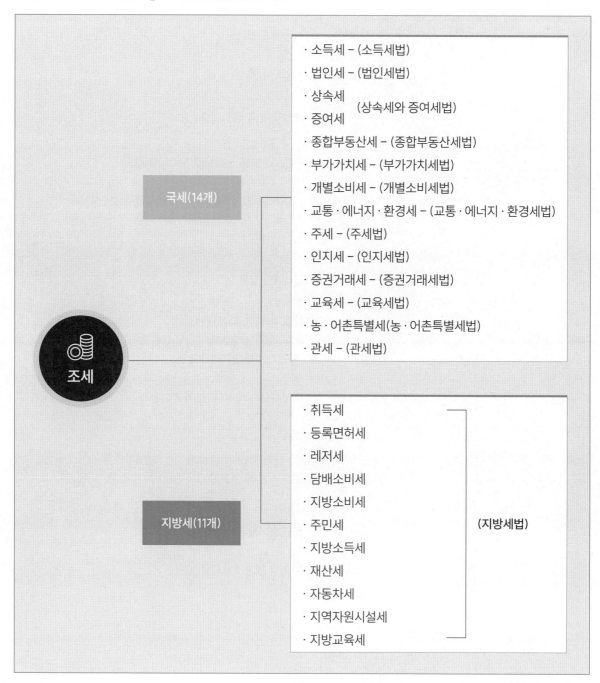

조세

국세(14개)
· 소득세 – (소득세법)
· 법인세 – (법인세법)
· 상속세
· 증여세　(상속세와 증여세법)
· 종합부동산세 – (종합부동산세법)
· 부가가치세 – (부가가치세법)
· 개별소비세 – (개별소비세법)
· 교통·에너지·환경세 – (교통·에너지·환경세법)
· 주세 – (주세법)
· 인지세 – (인지세법)
· 증권거래세 – (증권거래세법)
· 교육세 – (교육세법)
· 농·어촌특별세(농·어촌특별세법)
· 관세 – (관세법)

지방세(11개)
· 취득세
· 등록면허세
· 레저세
· 담배소비세
· 지방소비세
· 주민세
· 지방소득세
· 재산세
· 자동차세
· 지역자원시설세
· 지방교육세
(지방세법)

나) 관세법

- 목적: 관세는 국가가 국경을 넘어 들어오는 물품에 부과하는 세금으로 수입물품에 부과하는 세금이다. 관세법은 관세의 부과징수 및 수출입물품의 통관을 적정하게 하고 관세수입을 확보함으로써 국민경제의 발전에 이바지함을 목적으로 하고 있다.

- 환경오염방지물품 등에 대한 감면세 참고사항.

관세법 제95조(환경오염방지물품 등에 대한 감면)에 따라 다음 각 호의 어느 하나에 해당하는 물품으로서 국내에서 제작하기 곤란한 물품이 수입될 때에는 그 관세를 감면할 수 있도록 하고 있다.

① 오염물질(소음 및 진동을 포함한다)의 배출 방지 또는 처리를 위하여 사용하는 기계·기구·시설·장비로서 기획재정부령으로 정하는 것

② 폐기물 처리(재활용을 포함한다)를 위하여 사용하는 기계·기구로서 기획재정부령으로 정하는 것

③ 기계·전자기술 또는 정보처리기술을 응용한 공장 자동화 기계·기구·설비(그 구성기기를 포함한다) 및 그 핵심부분품으로서 기획재정부령으로 정하는 것

관련하여 관세법 시행규칙 제46조 제2항 및 별표2의4 에 따른 물품에 대하여, 제4항의 요율을 적용하도록 하고 있다.

다) 농어촌 특별세

- 목적: 농어업의 경쟁력 강화와 농어촌 산업기반 시설의 확충 및 농어촌 지역개발 사업을 위하여 필요한 재원을 확보함을 목적으로 한다.

- 납세의무자
  - 「농어촌 특별세법」 제2조 제1항 각 호외의 규정된 법률에 따라 소득세, 법인세, 관세, 취득세 또는 등록세의 감면을 받은 자
  - 「개별 소비세법」 제1조 제2항의 물품중 제1호 가목1)2), 제1호 다목, 제2호 나목1)2)의 물품 또는 동조 제3항 제4호의 입장행위에 대한 개별소비세 납세의무자
  - 「증권 거래세법」 제3조 제1호에 규정된 증권거래세 납세의무자
  - 「지방세법」에 제3조 제1호에 규정된 증권거래세 납세의무자
  - 「지방세법」에 따른 취득세 또는 레저세의 납세의무자
  - 「종합부동산」세법에 따른 종합부동산세의 납세의무자

- 과제대상구분
  - 과세대상: 조세감면액, 증권거래금액, 취득세액 등에 추가하여 부과
  - 비과세 대상: 창업중소기업 및 창업벤처 중소기업에 대한 세액 감면 및 중소기업 등에 대한 특별세액 감

면, 농·어민 또는 연금저축, 장기주택마련 저축 등에 대한 감면 등

■ 과세표준 및 세율(농어촌특별세법 제5조)

과세표준	세율	비고
■ 조세감면액 · 내국세감면 · 관세감면 · 지방세감면	20%	· 조특법, 관세법, 지방세법에 의한 소득세, 법인세, 관세, 취득세, 등록세 감면액에 부과(농어민, 기술개발 등을 위한 감면은 제외)
■ 저축감면	10%	· 세금우대종합저축만 과세
■ 개별소비세액	10%(골프장입장 30%)	고급가구, 모피, 오락기 등 사치성물품
■ 증권거래금액	0.15%	· 상장주식만 과세
■ 취득세액	10%	· 부동산등의 취득자 (서민, 농가주택, 농지, 차량취득 등 제외)
■ 레저세액	20%	
■ 종합부동산 세액	20%	

(3) 사전 원재료 수입원가계산

HS CODE : 84-85	FOB : EUR23	적출국 : 독일	
품명 : **연료펌프**	CIF : -	입항지 : 인천공항	
규격 : 24V(모델: 8180-A)	환율 : 1,538.95	조사일자 : 20. 2. 1	
수량및단위 : **504개**(164kg)	관세율 : 8%	조사자 : 홍길동	

비목	금액	산출근거	비고
1. 수입물자대	**18,497,786**	FOB×1.0369	
가. 물자가격	17,839,508	EUR23×1,538.95×504개	
나. 운임및보험료	658,278		■ **IF환산계수**:
2. 수입제세	**1,479,823**	CIF×8%	1.0369
가. 관세	1,479,823	(CIF+관세)×30%	■ **신용등급**
나. 특별소비세	-		· 외한은행(3~5$^+$)
다. 교육세	-		· 요율: 0.25%
3. 수입부대경비	**125,989**	FOB×0.25%	■ **포장형태**
가. 신용장개설수수료	44,599	CIF×0.2%	· CT(상자물)
나. 통관료	36,996	보관+입출고	■ **보관일수**: -
다. 보세창고료	24,394	– 보관: 19,978원	· 반입일자:
라. 하역비	-	(CIF+관세)×(1/1,000)	· 반출일자:
마. 국내운반비	20,000	– 입출고: 4,416원	■ **운반거리**: 74km
바. 기타	-	(총중량-100kg)×24원	· 20,000원
		+2,880원〈100kg 초과 요율〉	(인천공항/수원)
4. 소계	**20,103,598**		■ **전국화물자동차 운임**
5. 일반관리비		(1+3)×0.08	**(부가세별도)**
6. 이윤		(3+5)×0.10	· 서울/수원:
7. 합계			70,000원(1T이하)
8. 부가가치세		완성품: 7×0.1	· 서울/인천공항:
9. 총계	**20,103,598**		90,000원(1T이하)
10. 단가	**39,888원/개**	9÷단위수량	

참고:
- **IF 환산계수 산출**
  - · IF 계수 = CIF/FOB
  - · **IF 계수** = CIF(18,540,209)/[CIF(18,540,209)-IF(12,000+647,086)]
    - = **1.0369**

(4) 사후 완제품 수입원가계산

HS CODE	: 39-40	FOB	: USD620	적출국 : 덴마크
품명	: 세라믹 휠타	CIF	: -	입항지 : 부산항
규격	: 45L(9×12")	환율	: 1,395.12	조사일자 : 20. 2. 1
수량및단위	: 500개(5,600kg)	관세율	: 8%	조사자 : 홍길동

비목	금액	산출근거	비고
1. 수입물자대	436,009,157	CIF = FOB+IF	
가. 물자가격	432,487,200		■ **관세감면율**:
나. 운임및보험료	3,521,957		· 환경오염방지 물품
2. 수입제세	26,509,356	CIF×5.6%(8×70%)	(30%)
가. 관세	24,416,513	감면액×20%	* 관세법시행규칙
나. 특별소비세	2,092,843	(10,464,219)〈CIF×2.4%〉	제4조1호
다. 교육세	-		■ **농어촌특별세율**
3. 수입부대경비	2,942,086	FOB×0.25%	· 관세 등 감면액(20%)
가. 신용장개설수수료	1,081,218	CIF×0.2%	* 농어촌특별세법
나. 통관료	872,018	(CIF+관세)×(0.6/1000	제5조1항
다. 보세창고료	386,758	+0.12/1,000×2일)	■ **신용등급**
라. 하역비	116,702		· 외한은행(3~5+)
마. 국내운반비	485,390	290,000원(5T)+180,000원(1T)	· 요율: 0.25%
바. 기타	-	+2,665원/T(출고상차)×5.775T	■ **포장형태**
4. 소계	465,460,599		· GT(다발화물)
5. 일반관리비	35,116,099	(1+3)×0.08	■ **보관일수**: 2일
6. 이윤	3,805,819	(3+5)×0.10	· 반입일자:
7. 합계	504,382,517		· 반출일자:
8. 부가가치세	50,438,252	완성품: 7×0.1	■ **운반거리**
9. 총계	554,820,769		· 407km
10. 단가	99,075원/Kg	9÷단위수량(5,600kg)	(부산/수원)

참고:
- **하역비 산출**(총중량: **5.775Ton**)
  - · 선내 : 5,215 원/T×5.775T = 30,117
  - · 부선양적 : 9,486 원/T×5.775T = 54,782
  - · 육상 : 5,507 원/T×5.775T = 31,803
  - 계 : 116,702

(5) 원가계산서 양식

수입물품 원가계산서

HS CODE :   FOB   :   적출국   :

품명   :   CIF   :   입항지   :

규격   :   환율   :   조사일자 :

수량및단위 :   관세율 :   조사자   :

비목	금액	산출근거	비고
1. 수입물자대 　가. 물자가격 　나. 운임및보험료			
2. 수입제세 　가. 관세 　나. 특별소비세 　다. 교육세			
3. 수입부대경비 　가. 신용장개설수수료 　나. 통관료 　다. 보세창고료 　라. 하역비 　마. 국내운반비 　바. 기타			
4. 소계			
5. 일반관리비		(1+3)×0.08	
6. 이윤		(3+5)×0.10	
7. 합계			
8. 부가가치세		완성품: 7×0.1	
9. 총계			
10. 단가		9÷단위수량	

참고:

연습문제

 객관식

01 학술연구용역의 이행방식에 따른 연구용역의 구분이 <u>아닌</u> 것은?

① 자문형 용역

② 검토형 용역

③ 위탁형 용역

④ 공동연구형 용역

해설

02 학술연구용역의 인건비 적용기준과 관련하여 <u>틀린</u> 것은?

① "책임연구원"이라 함은 당해 용역수행을 지휘·감독하며 결론을 도출하는 역할을 수행하는 자를 말하며, 대학 부교수 수준의 기능을 보유하고 있어야 한다. 이 경우 책임연구원은 1인이 원칙은 아니고, 당해 용역의 성격에 따라 선임하도록 한다.

② "연구원"이라 함은 책임연구원을 보조하는 자로서 대학 조교수 수준의 기능을 보유하고 있어야 한다.

③ "연구보조원"이라 함은 통계처리·번역 등의 역할을 수행하는 자로서 당해 연구분야에 대해 조교 정도의 전문지식을 가진 자를 말한다.

④ "보조원"이라 함은 타자, 계산, 원고정리 등 단순한 업무처리를 수행하는 자를 말한다.

해설

정답 01. ② 02. ①

03 학술연구용역 원가계산의 경비와 관련하여 경비 비목에 대한 설명 중 <u>잘못된</u> 것은?

① 시약 및 연구용 재료비 – 시약 및 연구용 재료비는 실험실습에 필요한 당해 비용을 말한다.

② 전산처리비 – 전산처리비는 당해 연구내용과 관련된 자료처리를 위한 컴퓨터사용료 및 그 부대 비용을 말한다.

③ 유인물비 – 유인물비는 계약목적을 위하여 직접 소요되는 프린트, 인쇄, 문헌복사비(지대포함)를 말한다.

④ 감가상각비 – 감가상각비는 당해 연구내용과 직접 관련된 특수실험 실습기구·기계장치에 감가 상각비로서 임차료를 포함한다.

───────────────────────────

해설

04 학술연구용역의 원가계산과 관련하여 정의된 경비 비목이 <u>아닌</u> 것은?

① 여비

② 유인물비

③ 소모품비

④ 감가상각비

───────────────────────────

해설

05 "엔지니어링사업대가의 기준"에서 사용되는 용어들의 정의이다. 그 의미가 <u>잘못</u> 정의된 것은?

① "실비정액가산방식"이란 직접인건비, 직접경비, 제경비, 기술료와 부가가치세를 합산하여 대가를 산출하는 방식을 말한다.

② "공사비"란 발주청의 공사비 총 예정금액(자재대 포함) 중 용지비, 보상비, 법률 수속비 및 부가가치세를 제외한 일체의 금액을 말한다.

③ "공사비요율에 의한 방식"이란 공사비에 일정요율을 곱하여 산출한 금액에 제17조에 따른 추가업무비용과 직접경비를 합산하여 대가를 산출하는 방식을 말한다.

④ "시공상세도작성비"란 관련법령에 따라 당해 목적물의 시공을 위하여 도면, 시방서 및 작업계획 등에 따른 시공상세도를 작성하는데 소요되는 비용을 말한다.

해설 2. "공사비요율에 의한 방식"이란 공사비에 일정요율을 곱하여 산출한 금액에 제17조에 따른 추가업무비용과 부가가치세를 합산하여 대가를 산출하는 방식을 말한다.

06 "엔지니어링사업대가의 기준"의 "실비정액가산방식"에서 정하고 있는 산출 항목이 <u>아닌</u> 것은?

① 직접인건비

② 직접관리비

③ 제경비

④ 기술료

해설

07 소프트웨어 개발의 기능점수방식에서 적용되는 데이터기능 혹은 트랜젝션기능이 <u>아닌</u> 것은?

① 내부논리파일

② 외부연계파일

③ 내부입력

④ 외부입력

해설 데이터 기능(내부논리파일, 외부연계파일), 트렌잭션기능(외부입력, 외부출력, 외부조회)

08 소프트웨어 개발 시 투입공수방식 적용하도록 예외로 한 경우가 <u>아닌</u> 것은?

① 홈페이지 디자인, 웹 접근성 개선, 동영상 등 콘텐츠 관련 정보화사업

② R&D 성격의 소프트웨어개발 사업

③ 사용자에게 식별되는 기능규모에 비해 내부처리 복잡도가 현저히 높아 기능점수 방식의 대가체계 적용이 불합리하다고 인정되는 소프트웨어개발 사업

④ 소프트웨어개발 관련 예산이 5천만원 이상인 사업

해설

09 수입물자대 계산 시 적용하는 무역조건으로 적절한 것은?

① FOB가격

② C&F가격

③ CIF가격

④ EXW가격

해설 정상도착가격(CIF가격 = FOB + 운임 + 보험료)

10 수입원가계산시 계상 항목으로 적정하지 <u>않은</u> 것은?

① 수입물품의 외화표시원가

② 국외운반비

③ 통관료

④ 하역료

해설 국가계약법 제6조 제2항 수입물품 예정가격의 비목

1. 수입물품의 외화표시원가, 2. 통관료, 3. 보세창고료, 4. 하역료, 5. 국내운반비, 6. 신용장개설수수료,

7. 일반관리비, 8. 이윤

정답 09. ③   10. ②

11 외화물품가격이 목적항에 도착할 때까지 운임, 보험료를 수출자가 부담하는 조건으로 결정하였다. 이와 같은 조건의 가격을 무엇이라고 하나?

① FOB

② CFR

③ CIF

④ C&F

[해설] "목적항에 도착할 때까지 운임, 보험료를 수출자 부담"으로 하는 조건에서의 가격은 CIF가격임

12 외화물품가격이 목적항에 도착할 때까지 운임을 수출자가 부담하는 조건으로 결정하였다. 이와 같은 조건의 가격을 무엇이라고 하나?

① FOB

② CFR

③ CIF

④ C&F

[해설] "목적항에 도착할 때까지 운임을 수출자 부담"으로 하는 조건에서의 가격은 CFR가격임

[정답] 11. ③ 12. ②

01 다음 설명에서 괄호 안의 빈 칸에 들어갈 단어를 적으시오.

학술연구용역의 원가계산 비목은 인건비, 경비,   , 이윤으로 구분하여 산정한다.

해설

---

02 다음의 무역상 거래조건 중   안에 들어갈 알맞은 용어는?(영어로 쓰시오)

◆ FOB ------------------- 본선인도조건

◆   ---------- 운임포함 인도조건

◆ CIF ------------------- 운임, 보험료 포함 인도조건

해설

---

03 엔지니어링사업의 대가기준 실비정액가산 방식의 내역서를 간략히 정리하면 다음과 같다. 제경비와 기술료의 산정기준을 서술하시오.

비목	산정기준
직접인건비	소요인력을 기준으로 직접 산출
직접경비	직접 소요되는 경비 직접 산출
제경비	( )
기술료	( )

해설

14 다음 중 정부가 수입물품을 구매하는 경우에 원가계산에 의한 예정가격 결정 시 포함되어야 하는 비목을 모두 포함한 것은?

가. 통관료	나. 보세창고료	다. 하역료	라. 이윤

① 가, 나, 다   ② 가, 다, 라   ③ 나, 다, 라   ④ 가, 나, 다, 라

해설 · 국가계약법 시행규칙 제6조 제2호의 수입물품 예정가격 비목
  1. 수입물품의 외화표시원가 2. 통관료 3. 보세창고료 4. 하역료 5. 국내운반비 6. 신용장개설수수료
  7. 일반관리비 8. 이윤

30 수입물자의 일반하역요금 계산 시 "DR"이라 함은 무엇의 약칭인가?

해설

기출문제

13 학술연구용역의 원가계산에 관한 설명으로 올바르지 <u>않은</u> 것은?

① 학술연구용역이라 함은 학문분야의 기초과학과 응용과학에 관한 연구용역 및 이에 준하는 용역을 말하며, 위탁형, 공동연구형, 자문형 용역으로 구분할 수 있다.

② 원가계산은 노무비, 경비, 일반관리비 등으로 구분하여 작성하며, 공동연구형 용역 및 자문형 용역의 경우에는 일반관리비 항목 중 최소한의 필요항목만 계상한다.

③ 인건비는 해당 계약목적에 직접 종사하는 연구요원의 급료를 말하며, 상여금은 기준단가의 연 400%를 초과하여 계상할 수 없다.

④ 감가상각비는 해당 연구내용과 직접 관련된 특수실험 실습기구·기계장치에 대하여 계산하되 임차료에 계상되는 것은 제외한다.

해설 **"예정가격 작성기준" 제24조(원가계산비목)** 원가계산은 노무비(이하 "인건비"라 한다), 경비, 일반관리비 등으로 구분하여 작성한다. 다만, 제23조제1호나목 및 다목에 의한 공동연구형 용역 및 자문형 용역의 경우에는 경비항목 중 최소한의 필요항목만 계상하고 일반관리비는 계상하지 아니한다.

정답 13. ②

15 엔지니어링 사업대가를 실비정액가산 방식으로 산정할 때 적절하지 않은 것은?

① 직접인건비는 투입된 인원수에 엔지니어링기술자의 기술등급별 노임단가를 곱하여 계산한다.

② 직접경비는 공사감리 또는 현장에 상주해야 하는 엔지니어링사업의 경우 주재비는 상주 직접인건비의 30%로 하고 국내 출장여비는 비상주 직접인건비의 10%로 한다.

③ 제경비는 엔지니어링사업자의 행정운영을 위한 간접경비로서 직접인건비의 110~120%로 계산한다.

④ 기술료는 직접인건비에 손해배상보험료 또는 손해배상공제료를 포함한 제경비를 합한 금액의 20~40%로 계산한다.

해설 기술료란 엔지니어링사업자가 개발·보유한 기술의 사용 및 기술축적을 위한 대가로서 조사연구비, 기술개발비, 기술훈련비 및 이윤 등을 포함하며 직접인건비에 제경비(단, 제9조제1항 단서에 따른 손해배상보험료 또는 손해배상공제료는 제외함)를 합한 금액의 20~40%로 계산한다.

24 기초과학과 응용과학에 관한 연구용역 및 이에 준하는 용역을 실시할 경우 적용하여야 할 원가계산 용역은?

① 제조원가계산

② 소프트웨어개발용역

③ 엔지니어링사업용역

④ 학술연구용역

해설 "예정가격 작성기준"에서는 "학술연구용역"을 "학문분야의 기초과학과 응용과학에 관한 연구용역 및 이에 준하는 용역"(제23조의 제1호)이라고 정의하고 있다.

정답 15. ④   24. ④

25 수입원가계산에 대한 내용이다. 옳게 설명한 것은?

① FOB가격의 사후원가계산에 있어 환율은 기준환율 또는 재정환율을 적용한다.

② 보세창고료의 계산은 CIF가격에 기본요율과 할증요율을 포함하여 보관일수 만큼 계산한다.

③ 이윤의 계산은 (물자대 + 부대경비 + 일반관리비) × 10%를 계산한다.

④ 제세액은 수입물자의 내용에 따라 관세(물자대 × 관세율), 특별소비세(CIF + 관세) × 요율, 교육세 [(특별소비세액 × 세율(30%)], 부가가치세(제세액까지 포함한 금액) × 10% 등을 포함할 수 있다.

해설 수입물자 원가계산 방법 참조
· FOB가격의 사후원가계산에 있어 환율은 수입신고필증상의 환율 적용
· 보세창고 산정 기준액은 CIF + 관세
· 이윤의 계산은 (부대경비 + 일반관리비) × 10%

28 다음의 무역상 거래조건 중   안에 들어갈 알맞은 용어는?(영어로 쓰시오)

◇ FOB ─────────── 본선인도조건

◇   ─────────── 운임포함 인도조건

◇ CIF ─────────── 운임, 보험료 포함 인도조건

해설 **CFR**(Cost and Freight) 운임포함 인도조건

30 다음 설명에서 괄호 안의 빈 칸에 들어갈 단어를 적으시오.

학술연구용역의 원가계산 비목은 인건비, 경비,   , 이윤으로 구분하여 산정한다.

해설 **학술연구용역 원가계산 관련 기준 참조**

정답 **30. 일반관리비**

기출문제

16 정보통신용역이 <u>아닌</u> 것은?

① 소프트웨어 개발

② 데이터베이스 구축

③ 시설물 경비

④ 시스템운용환경 구축

해설 정보화사업용역: 정보시스템을 기획 · 구축 · 운영 · 유지보수하거나 정보시스템감리, 전자정부사업관리의 위탁 등을 하기 위한 사업을 말한다.

29 쓰레기, 연소재, 오니 등 사람의 생활이나 산업 활동에 필요하지 <u>아니하는</u> 폐기물을 수집, 처리장소로 운반하여 소각, 파쇄, 고형화, 매립 등의 방법에 의하여 처리되는 것을   용역이라 한다.

(다섯 글자로 쓰시오)

해설

정답 16. ③   29. 폐기물처리

방산물자 원가계산

1 | 방산물자 원가계산 기준 및 제도

가. 방산물자 원가계산 제도의 의의

방산물자에 대한 원가계산은 「방위사업법」에 따른 방위사업계약에 따른 원가계산의 기준을 따른다. 방위사업계약 역시 국가·정부기관의 계약사무로 기본적으로는 국가계약법에 따른 예정가격 산정을 하는 것이 원칙이나, 국방획득 원가계산은 신규개발품, 특수규격품 등 계약의 특수성으로 인하여 적정한 거래실례가격이 없는 경우에 원가계산을 하고 있다.방산물자는 물자의 수요, 공급 특성상 대부분 예정가격 기초금액은 원가계산에 의하는 경우가 많다.

[방위사업법]
제46조(계약의 특례 등) ① 정부는 단기계약·장기계약·확정계약 또는 개산계약 등의 방법으로 방위사업계약을 체결할 수 있다. 이 경우 제46조 및 제46조의2부터 제46조의5까지는 다른 법률에 우선하여 적용하고, 방위사업계약의 종류·내용·방법 및 그 밖에 필요한 사항은 대통령령으로 정한다.
② 제1항에 따른 방위사업계약에 대하여 이 법에 규정되지 아니한 사항에 대하여는 「국가를 당사자로 하는 계약에 관한 법률」에 따른다.
③ 방위사업계약의 체결을 위한 경쟁입찰에서는 계약의 특수성·성질·규모 등을 고려하여 대통령령으로 정한 기준에 따라 낙찰자를 결정할 수 있다.
제4조(다른 법률과의 관계) 방위사업에 관하여 다른 법률에 특별한 규정이 있는 경우를 제외하고는 이 법이 정하는 바에 의한다.

방산물자의 공급과 관련하여 "방위사업에 관하여 다른 법률에 특별한 규정이 있는 경우를 제외하고는 이 법이 정하는 바에 의한다"고 한바와 같이 관련된 기본적인 규정은 「방위사업법」에서 정하고 있는 사항에 따라 결정하게 된다.

「방위사업법」 관련 법령 체계(원가계산 중심)는 다음과 같다.

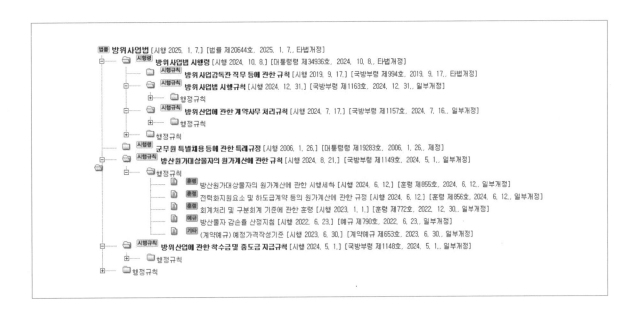

일반적으로 정부의 계약집행에 관하여는 「국가계약법」 및 관계법령(동 시행령 및 동시행규칙)에 의거 처리하고, 특히 계약업무 중 정부 또는 정부투자기관에서 계약하는 물자의 원가계산은 기획재정부의 계약예규인 「예정가격작성기준」을 적용하도록 하고 있다.

국방계약물자의 계약행위에 관하여도 정부기관 등과 마찬가지로 「국가계약법」 및 관계법령에 근거하여 처리하고 있으며, 다만 "방산원가대상물자"를 계약하는 경우에 한하여 「국가계약법」 및 관계법령의 규정에도 불구하고 「방위사업법」 및 관계법령에서 별도로 규정하고 있는 계약상의 특례규정을 적용하도록 하고 있다.

특히, 방위사업청에서는 협력업체 조달품에 대해서 방위사업청 훈령인 「하도급업체 원가계산에 관한 지침」을 적용하여 원가검증을 수행하고 있다.

나. 방산물자 원가계산 대상 및 목적

■ 방산물자 원가계산 대상

방산물자 원가계산 대상은 「방위사업법」제 34조 및 「방위사업법 시행령」제39조에 따라 지정한 물자를 대상으로 한다.

[방위사업법]

제34조(방산물자의 지정) ① 방위사업청장은 산업통상자원부장관과 협의하여 무기체계로 분류된 물자 중에서 안정적인 조달원 확보 및 엄격한 품질보증 등을 위하여 필요한 물자를 방산물자로 지정할 수 있다. 다만, 무기체계로 분류되지 아니한 물자로서 대통령령이 정하는 물자에 대하여는 이를 방산물자로 지정할 수 있다.<개정 2008. 2. 29., 2013. 3. 23.>

② 방산물자는 주요방산물자와 일반방산물자로 구분하여 지정한다.

③ 제2항의 규정에 의한 주요방산물자와 일반방산물자의 구분 그 밖에 방산물자의 지정에 관하여 필요한 사항은 대통령령으로 정한다.

[방위사업법 시행령]

제39조(방산물자의 지정) ① 법 제34조제1항 단서의 규정에 의하여 무기체계로 분류되지 아니한 물자로서 방산물자로 지정할 수 있는 물자는 다음 각 호와 같다.

1. 군용으로 연구개발 중인 물자로서 연구개발이 완료된 후 무기체계로 채택될 것이 예상되는 물자

2. 그 밖에 국방부령이 정하는 기준에 해당되는 물자

② 법 제34조제2항의 규정에 의한 주요방산물자는 법 제35조제2항 각 호에 해당하는 물자로 하고, 일반방산물자는 그 외의 방산물자로 한다.

③ 군수품을 생산하고 있거나 생산하고자 하는 자는 국방부령이 정하는 바에 따라 당해 물자를 방산물자로 지정하여 줄 것을 방위사업청장에게 요청할 수 있다. 이 경우 방위사업청장은 3월 이내에 그 물자를 방산물자로 지정함이 적합한지 여부를 결정하여 이를 요청인에게 통보하여야 한다.

④ 방위사업청장은 제3항 또는 법 제34조제1항의 규정에 의하여 방산물자를 지정한 경우에는 이를 산업통상자원부장관에게 통보하여야 한다.

■ 방산물자 원가계산의 비교, 구분

방위사업청에서 조달하는 물자에 대한 원가계산은 일반물자 원가계산과 방산물자 원가계산으로 구분할 수 있다.

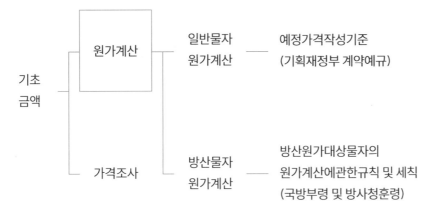

■ 원가계산의 목적

일반물자 원가계산	방산물자 원가계산
▷ 예정가격 결정 기초자료 제공 ▷ 정부예산 편성 및 집행의 효율성 도모 ▷ 공공성, 공익성 및 행정 능률성 추구	▷ 양질의 방산물자를 적기에 획득하고 ▷ 효율적인 계약집행을 도모하며 ▷ 방산물자의 기술개발 촉진 및 원가절감 유인

다. 방산원가계산의 구성 및 체계

(1) 방산원가의 구성

방산원가는 예정가격 작성 기준에 의한 원가와 비슷하지만 약간의 차이를 갖고 있다. 방산원가의 구성을 정리하면 다음과 같다.

			기타	계산가격
		일반관리비	이윤	
	간접 재료비		총원가	
	간접 노무비			
	간접 경비	제조원가		
직접 재료비				
직접 노무비	직접원가			
직접 경비				

※ 방위사업청에서 매년 업체별 제비율을 산정, 전파
- 간접노무비: 직접노무비 × 간접노무비율
- 간접경비: (직접노무비 + 간접노무비) × 간접경비율
- 일반관리비: 제조원가(관급재료비포함) × 일반관리비율
- 이윤 = 기본보상액 + 노력보상액
- 기타: 세금, 사장품

(2) 일반물자 및 방산물자 원가계산기준 비교

국방계약 물자에 대한 원가계산은 일반물자 원가계산과 방산물자 원가계산으로 구분된다.

① 일반물자는 방산물자를 제외한 조달물자로서 국가계약법을 근간으로 하는 기획재정부 계약예규인 「예정가격 작성기준」을 적용하여 원가계산을 실시한다. 일반물자의 원가는 직접 및 간접재료비, 직접 및 간접노무비, 경비의 합계인 제조원가와 일반관리비, 이윤으로 구성되며 일반관리비와 이윤은 규정되어 있는 일반관리비율과 이윤율을 각각 적용하여 계산하고 있다.

② 방산원가 대상물자는 「방위사업법 제34조」에 따라 지정된 물자와 「방위사업법 제18조제4항」에 따라 연구 또는 시제품생산을 하는 물자로서 방위사업법의 계약의 특례 법규인 「방산원가대상물자의 원가계산에 관한 규칙 및 시행세칙」(이하 "방산원가규칙" 및 "방산원가세칙")을 적용하여 원가계산을 실시한다. 방산원가대상물자의 원가는 직접재료비, 직접노무비, 직접경비의 합계인 직접원가와 간접재료비, 간접노무비, 간접경비, 일반관리비 및 이윤으로 구성되며, 특히 방산제비율 제도를 도입하여 간접노무비, 간접경비, 일반관리비, 이윤은 각각 "제비율"을 매년 업체별(공장별)로 일괄하여 산정하여 적용하고 있다.

[방산원가규칙]

제2조(정의) 이 규칙에서 사용하는 용어의 뜻은 다음과 같다.

  1. "방산원가대상물자"란 방위사업계약의 대상으로서 다음 각 목의 어느 하나에 해당하는 물자 또는 물품 등을 말한다.

  가. 「방위사업법」(이하 "법" 이라 한다) 제3조제15호가목의 「국방과학기술혁신 촉진법」 제2조제5호에 따른 국방연구개발에 따라 연구 또는 생산하는 물자

  나. 법 제3조제15호나목에 따른 무기체계의 양산 및 운용에 필수적인 전력화지원요소(부대시설, 군사교리, 부대편성을 위한 조직·장비, 교육훈련 및 주파수는 제외한다. 이하 "필수전력화지원요소"라 한다)

  다. 법 제3조제15호나목에 따른 무기체계의 양산 및 운용에 필수적인 정비(이하 "필수정비"라 한다) 관련 장비

  라. 방위산업물자

  마. 법 제3조제15호라목 또는 마목에 해당하는 물품

■ 일반물자 원가계산과 방산물자 원가계산 기준을 비교 정리하면 다음과 같다.

일반물자와 방산물자 원가계산기준 비교

구분			일반물자	방산물자
적용법규			예정가격 작성기준 (기획재정부 계약예규)	방산원가계산규칙/세칙 (국방부령/방사청훈령)
재료비	직접	계산방법	재료소요량×재료단가	재료소요량×재료단가
		재료요량	▶ 손실량＋불량량 ＊시료량: 특수조건명시시인정	▶ 감손율(손실량＋불량량＋시료량) ＊감손율: 매년 일괄산정 적용
		재료단가	▶ 생산자 가격 적용 ▶ 관세 부과 및 부가세 부과	▶ 유통단계별 가격 적용 ▶ 관세부과 및 부가세 영세율적용
	간접	계산방법	배부계산(적정배부기준)	배부계산(적정배부기준)
		배부기준	▶ 재료비법, 노무비법, 노무공수법 등	▶ 직접재료비법, 직접노무비법, 직접노무공수법 등 ▶ 최근 2개년 6:4로 가중치 산정
노무비	직접	계산방법	노무량(공수)×노무단가(임율)	노무량(공수)×노무단가(임율)
		노무량	근로기준법의 근로시간 준수	작업시간(직접/간접), 무작업시간
		노무단가	▶ 기본급: 시중노임단가 ▶ 제수당: 근로기준법수당 인정 ▶ 상여금: 400% 상한 적용 ▶ 퇴직급여: 1/12 　＊임금예상분 반영 불가	▶ 기본급: 업체 실지급 ▶ 제수당: 업체 실지급 ▶ 상여금: 업체 실지급 ▶ 퇴직급여: 상한1/8＋1/8(연금) 　＊임금예상분 반영 가능 　＊하한 1/12 폐지

구분			일반물자	방산물자
간접		계산방법	직접노무비×간접노무비율	직접노무비×간접노무비율
		배부기준	▶ 직접노무비 100% 상한 적용 · 단, 사무/공장자동화등객관적 증빙자료 (상한초과 계상가능)	▶ 매년 업체별 "율" 일괄산정 · 최근 2개년 6:4 가중치 "율" 산정
경비		직접경비	▶ 비목별로 직접계산 (전용감가상각비, 기술료, 개발비, 특허권사용료, 시험검사비, 운반비, 외주가공비/외주용역비)	▶ 직접경비 비목 : 12개 비목 ▶ 비목별로 직접계산 (전용감가상각비/지급임차료, 기술료, 개발비, 특허권사용료, 설계비, 공사비, 시험검사비, 외주가공비, 보관비, 공식 행사비, 설치시운전비)
		간접경비	▶ 배부기준에의한 배부계산 · 보험료, 복리후생비: 노무비법 · 기타 배부 경비: 원가법 (여건에 따라 적용)	▶ 간접경비 비목: 23개 ▶ 직접, 간접노무비×간접경비율 · 매년 업체별/공장별 일괄산정 · 최근 2개년 6:4 가중치 "율"산정
일반관리비		계산방법	제조원가×일반관리비율	제조원가×일반관리비율
		일반관리비율	▶ 율: 일반관리비÷매출원가 · 매년 업체별 산정 ※ 국가계약법 "율"상한 적용	▶ 율: 일반관리비÷제조원가 · 매년 업체별 일괄산정 · 최근 2개년 6:4가중치 "율"산정 ※ 방위사업법 "율" 상한 적용 (중소/중견기업 상한율+2% 가산)
이윤		제조	▶ (총원가−재료비−외주가공비−기술료) × 이윤율 25%	▶ **기본보상액**(방산경영안정보상액, 위험보상액, 투하자본보상액) + **노력보상액**(수출확대보상액, 연구 개발비보상액, 중소기업육성보상액, 방산원가관리체계인증보상액)

■ 방산원가의 구분 및 구분 기준(방산원가계산세칙 제4조, 제5조)

㉠ 원가계산기준의 구분 적용

계약목적물의 완성을 위하여 생산(제조, 가공, 조립, 정비, 재생, 개량 또는 개조하는 것을 말한다. 이하 같다)
활동과 용역활동을 함께 필요로 하는 경우에는 생산활동에 대하여는 제조에 관한 원가계산기준을, 용역활
동에 대하여는 용역원가계산기준을 적용하되 계약의 주목적이 설계용역 또는 연구용역의 수행인 경우에
는 용역원가계산기준을 적용한다.

ⓒ 원가구성요소

방산원가계산규칙 제6조제2항의 제조직접비와 제조간접비는 다음 각 호의 기준에 의거 구분한다

1. 제품의 실체구성 여부

2. 원가의 직접추적 가능여부

3. 생산과정에의 직접 기여여부

(3) 하도급업체 원가계산 관련 법규

「방산원가규칙」 제4조의2에 따라 필수전력화지원요소 등 특례에 해당하는 물자 또는 용역과 제20조 제3항제1호나목, 제22조 및 제31조에 따라 방산원가대상물자의 직접재료비 및 직접경비의 원가계산에 필요한 세부사항을 훈령인 「전력화지원요소 및 하도급계약 등의 원가계산에 관한 규정」에서 규정하고 있는데, "원가계산 수행방법 및 절차, 원가산정기준"을 근거로 하여 원가계산을 수행하고 있다.

하도급업체 원가계산과 관련한 원가계산대상별 적용 및 산정기준과 그에 대한 용어의 정의는 다음과 같다.

■ 하도급업체 원가계산 관련법규

대상업체	대상 물자	원가산정 적용규정
방산 하도급 업체	방산물자	방산원가계산규칙 및 세칙
	일반 군수물자	방산원가계산규칙 및 세칙 예외) 1. 투하자본보상비: 계상하지 않음 2. 이윤: 총원가에 이윤율 9% 적용 계상
일반 하도급 업체	일반 군수물자	전력화지원요소 및 하도급계약 등의 원가계산에 관한 규정 (방사청 훈령)

■ 하도급업체 원가계산에 관한 용어의 정의

① "하도급업체"란 계약상대자와 주계약에 관한 하도급계약을 체결하였거나 체결하려는 자(이하 "1차 하도급업체"라 한다) 또는 1차 하도급업체와 재하도급계약을 체결하였거나 체결하려는 자(이하 "2차 하도급업체"라 한다)를 말한다.

② "방산하도급업체"란 방산업체인 하도급업체를 말한다.

③ "일반하도급업체"란 방산업체가 아닌 하도급업체를 말한다.

(4) 양산과 연구개발 단계의 원가관리

연구개발 단계의 원가관리는 연구개발단계에서 수명주기의 90% 이상의 원가가 결정되므로 매우 중요함에도 불구하고 연구개발을 관장하는 기관은 연구개발 활동에 전념하고 발생 비용의 관리에는 관심이 저조한 실정이다.

연구개발단계에는 규격 등이 확정되어 있지 않고, 반복적인 시행착오의 생산과정을 거치게 되는 등 양산단계 보다 많은 비용이 발생한다는 특성이 있다.

따라서, 양산단계에서 연구개발단계의 원가자료를 그대로 적용할 수 없으나, 연구개발단계에서 획득한 원가자료를 양산단계에서도 원가자료로 활용할 수 있도록 원가정보 획득 및 활용의 연계체계 구축이 필요하다.

이러한 특성을 반영한 양산단계와 연구개발단계의 원가관리를 비교하면 다음과 같다.

양산단계와 연구개발단계의 원가관리 비교

구분	양산 단계	연구개발 단계
도면, 규격/사양 확정여부	확정된 후 조달단계	확정을 위한 준비단계
투입재료 종류/소요량	확정상태	수시변경
소요재료 획득	대량구매, 획득용이, 저가구매	소량으로 획득곤란 고가구매
생산라인/생산설비 유지	생산설비 고정화 안정적 생산 정상공수 추적 가능	생산설비 미 고정 제작과정 반복 (시행착오) 정상공수 추적 곤란
투입인력	생산 인원 배치 저 임금	고급 연구원 참여 고 임금
원가관리	회계학 전문지식 중심	공학적 전문지식 중심
업무 분야	생산, 구매 활동 밀착업무	연구 개발 활동 밀착업무

(5) 방산원가기준

① 비원가 항목의 규정

원가와 비용은 거의 동의어로 사용되고 있지만 회계학적으로 구분하면 원가는 제품에 대한 경제적 가치의 소비를 의미하며, 비용은 손익을 계산하기 위한 용어로서 수익과 대응되는 개념이다.

이렇게 발생하는 비용을 간접비로 구분할 수 있으며, 기업에서 발생하는 비용은 목적에 기여하는가의 여부에 따라 원가에 반영 여부를 결정할 수 있다.

비용 ⇒	중성비용 (비원가항목)	**목적비용** (비용 원가항목)	
원가 ⇒		**기초원가** (직접원가항목)	**부가원가** (비용이 아닌 원가항목)

방산원가에서는 이러한 비용의 목적성에 기반하여 업체에서 발생한 비용 중 원가에 반영 가능한 항목과 원가에 포함되지 않는 비원가 항목을 규정하고 있다.

> [방산원가규칙]
> 제3조(비원가 항목) 다음 각 호의 항목은 원가에 포함하지 아니한다.
>   1. 해당 계약목적물의 완성과 관련이 없는 자산, 투자자산, 미가동 고정자산(방위산업 전용시설은 제외한다)에 대한 감가상각비·관리비·세금과 공과금 등의 비용
>   2. 비정상적인 원인으로 발생하는 다음 각 목의 비용
>   가. 천재지변·화재·도난·쟁의 등의 우발사고로 인한 손실
>   나. 예기치 못한 진부화(陳腐化) 등으로 인하여 고정자산에 현저한 감가(減價)가 발생하는 경우의 특별손실 또는 평가차손(評價差損)
>   다. 지체상금(遲滯償金), 위약금, 벌과금 및 손해배상금
>   라. 우발채무에 의한 손실
>   마. 소송비
>   바. 대손상각(貸損償却)
>   3. 기부금 등 계약목적물의 완성과 관련 없는 지출
>   4. 삭제 〈2019. 12. 30.〉
>   5. 가격변동에 따른 평가손 및 처분손으로서 다음 각 목의 비용
>   가. 고정자산 처분손
>   나. 유가증권의 평가손 및 매각손
>   6. 재고자산의 평가손실과 감모손실(減耗損失)
>   7. 세법상 규정된 손금불산입(損金不算入) 항목
>   8. 「근로기준법」 제4장 및 「산업안전보건법」 제46조에 따른 근로시간 상한을 위반한 작업시간에 대한 비용
>   9. 그 밖에 정상이 아니라고 인정되는 비용 및 방산원가대상물자의 생산·조달과 관련 없는 비용

이러한, 원가 불인정 항목은 "예정가격 작성기준"에는 정의되어 있지 않으나, 정부회계 원가계산에 관련 비용을 산정할 수 있는 비목을 규정하지 않으므로 정부회계 원가계산에 의한 예정가격 작성시에도 반영되지 않는 것으로 볼 수 있다.

또한, "예정가격 작성기준"에 의한 원가계산은 개별 발주 건에 대해 산정하는 개별원가계산으로 방산원

가규칙에서 규정하고 있는 대부분의 비원가 항목은 산입할 수 있는 비목이 없다.

다만, 방산물자 원가계산에서는 방산원가의 특성상 비용의 반영이 가능할 수 있어 관련 항목을 반영하지 않도록 규정을 통해 정의하고 비용의 계상을 방지하고 있다.

② 부가원가 관련 원가계산기준 규정화

방산물자 원가계산에서 부가원가에 해당하는 원가로서 방산원가세칙 설비투자노력보상액(방산원가세칙 제32조)을 이윤에 포함하여 계상하도록 규정하고 있다.

> 이윤 = 기본보상액(방산경영안정보상액 + 위험보상액 + 투하자본보상액)
> + 노력보상액(수출확대보상액 + 연구개발비보상액 + 중소기업육성보상액
> + 방산원가관리체계인증보상액)

2 | 방산원가계산 계약 기준

가. 방산 계약특례의 설정

(1) 계약의 특례설정 배경

방산계약과 관련하여 계약 및 조달 내용의 특수성이 반영되어 방산계약의 특례가 설정되었다. 관련 사항은 「방위사업법」에 정한 바에 따른다.

① 일반 제조업과 산업환경 상이한 방위산업의 특성에 적합한 계약 관련 제도가 필요하다.

　방위산업은 정부가 유일한 수요자로서 생산물량도 한정되어 있고, 투자 규모가 방대하며, 고도정밀 고가화 무기체계를 생산하는 등의 일반제조업의 산업환경과는 크게 다르다.

② 일반물자 계약환경과 방위산업의 계약 환경의 차이로 「국가계약법」 관련 법규 적용이 적절하지 못하다.

　국가계약법」을 적용하는 일반물자와 「방위사업법」을 적용하는 방산물자의 계약 환경의 차이는 다음과 같다.

일반물자와 방산물자의 계약환경

국가계약법(일반물자)	방위사업법(방산물자)
경쟁계약	수의계약 / 경쟁계약
확정계약	개산계약 / 확정계약
단기 계약	장기계약 / 단기계약

③ 국가 안보차원에서 방위산업의 보호 육성 지원이 필요하다.

　국가 안보 차원에서 방위산업을 보호, 육성하고 방산 기반을 유지할 수 있는 일반 제조업과는 차별화된 제도적 장치가 있어야 한다는 정책적 차원의 고려가 필요하다.

(2) 계약의 특례 설정 내용

「방위사업법」(제46조)에서는 "정부는 단기계약·장기계약·확정계약 또는 개산계약 등의 방법으로 방위사업계약을 체결"할 수 있다. 방위사업법 제46조 및 제46조의2부터 제46조의5까지의 사항에 관하여 다른 법률에 우선하여 적용하고, 방위사업계약의 종류·내용·방법 및 그 밖에 필요한 사항을 대통령령으로 정할 수 있도록 하고 있다.

① 계약의 특례 설정 대상

　㉠ 방위사업법 제34조의 방산지정물자

　㉡ 방위사업법 제40조 제2항의 무기체계 운용에 필수적인 수리 부속품을 조달

　㉢ 방위사업법 제18조 제4항 연구 또는 시제품 생산을 하게 하는 경우

② 계약의 특례 설정 내용

　㉠ 계약의 종류, 내용 및 방법 등(방위사업법 제46조)

　　· 경쟁입찰에서는 계약의 특수성·성질·규모 등을 고려하여 대통령령으로 정한 기준에 따라 낙찰자를 결정

　　· 예정가격을 정할 필요가 있는 경우 예정가격의 결정

　　· 개산계약으로 체결하는 경우 정산에 따른 계약금액은 실제 발생된 원가에 기초하여 정한다.

　　· 국내에서 생산한 원자재, 소재, 부품, 제품 등을 우선 획득할 수 있다.

　　· 품질·성능 등이 같거나 비슷한 물품을 공급하는 둘 이상을 계약상대자로 하는 단가계약을 체결할 수 있다.

　　· 시범사업을 실시하기 위하여 필요한 경우 둘 이상을 계약상대자로 하는 계약을 체결할 수 있다.

　㉡ 착수금 및 중도금(방위사업법 제46조의2)

　　· 착수금 및 중도금을 지급할 필요가 있다고 인정되는 경우에는 해당 연도의 예산에 계상된 범위에서 착수금 및 중도금을 지급할 수 있다.

　　· 장기계약을 체결한 경우 지급되는 착수금 및 중도금에 대하여는 계약 물품을 최종납품할 때까지 정산을 유예할 수 있다.

　　· 입찰참가자격 제한을 받은 경우에도, 입찰참가자격 제한을 받기 전에 체결한 다른 방위사업계약에 대하여는 계약의 원활한 이행을 위하여 대통령령으로 정하는 바에 따라 착수금 및 중도금을 지급할 수 있다.

　㉢ 지체상금의 부과 및 감면(제46조의4)

　　다음 각 호의 어느 하나에 해당하는 사유로 인하여 이행이 지체된 경우에는 지체상금의 전부 또는 일

부를 감면할 수 있다.

· 방위사업계약상대자의 책임이 없는 사유로서 대통령령으로 정한 경우

· 고도의 기술수준이 요구되는 제3조제15호가목의 국방연구개발계약으로서 방위사업계약상대자가 계약을 성실하게 이행 완료한 것으로 인정되는 경우

· 다음 각 목의 어느 하나에 해당하는 사유로 이행의 지체에 따른 지체상금 전부를 방위사업계약상대자에게 부과하는 것이 적절하지 아니하다고 인정되는 경우

　가. 지체의 원인이 방위사업계약상대자와 정부 또는 하도급자에게 함께 있는 경우

　나. 지체의 원인이 하도급자에게만 있는 경우

　다. 지체의 원인이 가혹한 시험조건인 경우

· 지체상금의 부과 및 감면에 관한 기준, 방법 및 절차 등에 필요한 사항은 대통령령으로 정한다.

ㄹ 계약의 변경(제46조의5)

　계약당사자 간에 대등한 입장에서 합의하고 신의성실의 원칙에 따라 이행할 것을 전제로 성립된 당초의 방위사업계약은 원칙적으로 변경할 수 없다. 다만, 다음 각 호의 어느 하나에 해당하는 경우에는 대통령령으로 정하는 바에 따라 계약의 기간, 금액 또는 조건 등을 변경할 수 있다.

· 「국가계약법」 및 관계 법령에서 계약의 변경을 허용하고 있는 경우

· 고도의 기술수준이 요구되는 제3조제15호가목의 국방연구개발계약으로서 방위사업계약상대자가 계약을 성실하게 이행하여도 계약의 목적을 달성하기 어렵다고 인정되는 경우

· 그 밖에 물가 변동으로 인하여 계약금액을 조정하지 아니하고는 당초 계약된 금액으로 계약의 목적을 달성할 수 없다고 인정되는 경우

(3) 부당이득금의 환수

① 부당이득금의 환수 대상 및 방법

    ㉠ 대상: 방산업체, 방산과 관련 없는 일반업체, 전문연구기관/일반 연구기관

    ㉡ 내용: 허위 그 밖에 부정한 내용의 원가계산자료를 정부에 제출하여 부당이득을 얻은 때

    ㉢ 환수금액: 대통령령이 정하는 바에 따라 부당이득금과 부당이득금의 2배 이내에 해당하는 가산금을 환수.(방위사업법 제58조)

② 부당이득금 환수 세부 기준

    ㉠ 부당이득금 및 가산금(이하 "부당이득금등"이라 한다)을 환수하고자 하는 때에는 부당이득사실, 부당이득금 등의 금액, 납부기한 및 이의 신청방법·기간 등을 명시하여 이를 납부할 것을 서면으로 통지하여야 한다.

    ㉡ 통지를 받은 자는 통지가 있는 날부터 30일 이내에 부당이득금등을 방위사업청장이 정하는 기관에 납부하여야 한다.(방위사업법 시행령 제69조)

    ㉢ 가산금의 산정 기준 및 방법은 다음과 같다.

가산금 산정 기준	부과기준

1. 기본금액의 산정
   가. 부당이득금 5억원 이상, 부당이득금 비율 20%이상
   나. 부당이득금 1억원 이상~5억원 미만, 부당이득금비율 10% 이상 20% 미만
   다. 그 밖의 경우
	부당이득금의
	2배
	1.5배
	1배

2. 가산금의 가중
   가. 하도급자와 공모한 경우
   나. 최근 5년 이내에 적발횟수가 3회 이상인 경우
   다. 최근 5년 이내에 적발횟수가 2회인 경우
* 시행일 이전의부당이득행위는 횟수산정에 미포함
	기본금액의
	50% 가중
	50% 가중
	30% 가중

3. 가산금의 감경
   가. 부당이득행위가 적발되기 전에 자진하여 신고한 경우
   나. 부당이득행위가 적발된 후 다른 부정행위를 자진하여 신고한 경우
* 이 경우 적발된 부당이득행위 자진하여 신고한 부당이득행위 모두 적용
	가중 후
	50% 감경
	30% 감경

(4) 방산계약의 종류

「방위사업법」(제46조)에서는 대통령령으로 정하도록한 방위사업계약의 종류는 다음과 같다.(방위사업법 시행령 제61조)

① 일반확정계약: 계약을 체결하는 때에 계약금액을 확정하고 합의된 계약조건을 이행하면 계약상대자에게 확정된 계약금액을 지급하고자 하는 경우

② 물가조정단가계약: 최근 3년 이내에 원가계산방법에 의하여 예정가격을 결정한 후 계약을 체결한 실적이 있는 품목으로서 새로이 원가계산을 하지 아니하고 최근 계약실적단가에 「한국은행법」 제86조에 따라 한국은행이 수집·작성하는 물가지수 등 국방부령으로 정하는 지수의 등락률 만큼 조정하여 방위사업청장이 정하는 계약금액의 범위 안에서 계약하고자 하는 경우

③ 원가절감보상계약: 계약을 체결한 후 계약이행기간 중에 새로운 기술 또는 공법의 개발이나 경영합리화 등으로 원가절감이 있는 경우에는 계약금액에서 그 원가절감액을 공제하고 그 원가절감액의 범위 안에서 그에 대한 보상을 하고자 하는 경우

④ 원가절감유인계약: 계약의 성질상 원가절감을 기대할 수 있거나 수입품의 국산화 대체 등을 위하여 원가절감을 유인할 필요가 있는 경우로서 계약상대자가 원가수준을 통제할 수 있는 비목 또는 그 구성요소에 대해서는 계약을 체결할 때에 이에 대한 목표원가와 목표이익을 정하여 계약을 체결하고, 계약을 이행한 후에 실제발생원가, 목표이익 및 목표원가를 절감한 성과에 대한 유인이익을 합하여 계약대금을 지급하려는 경우

⑤ 한도액계약: 계약을 체결하는 때에 무기체계의 운용을 위한 주요장비의 수리부속품 및 정비를 효율적으로 확보하기 위하여 한도액을 설정하고 그 한도액내에서 수리부속품 및 정비를 일정기간 계약업체에 요구하고자 하는 경우

⑥ 중도확정계약: 계약의 성질상 계약을 체결하는 때에 계약금액의 확정이 곤란하여 계약을 체결한 후 계약이행기간 중에 계약금액을 확정하고자 하는 경우

⑦ 특정비목불확정계약: 계약을 체결하는 때에 계약금액을 구성하는 일부 비목의 원가를 확정하기 곤란하여, 원가확정이 가능한 비목만 확정하고 원가확정이 곤란한 일부 비목은 계약을 이행한 후에 확정하고자 하는 경우

⑧ 일반개산계약: 계약을 체결하는 때에 계약금액을 확정할 수 있는 원가자료가 없어 계약금액을 계약이행 후에 확정하고자 하는 경우

⑨ 성과기반계약: 계약을 체결하는 때에 특정한 성과의 달성을 요구하고 계약 이행 후 그 성과에 따라 대가를 차등 지급하려는 경우

⑩ 장기옵션계약: 계약을 체결할 때에 5년을 넘지 아니하는 범위에서 계약기간을 정하고, 예측 소요물량에 대한 가격, 기간 및 계약해지 등에 대한 변경조건을 설정하되, 변경조건을 행사하여 구입하는 물량에 대한 계약은 따로 체결하는 경우

⑪ 한도액성과계약: 무기체계 수리부속품에 대한 납품계약을 체결할 때에 5년을 넘지 아니하는 범위에서 계약기간을 정하고 한도액을 설정한 후 그 한도액 내에서 필요에 따라 수리부속품의 납품을 요구하여 그 납품성과에 따라 대가를 차등 지급하려는 경우

(5) 대금지급 방식에 따른 방산계약의 특징

가) 확정계약

■ 계약체결 시에 계약가격을 확정하고 계약서상의 수정 사항에 상당하는 변동요인이 발생하지 않는 한 계약가격이 변동하지 않는 계약방식이다.

① 계약체결 시 계약금액을 확정하고 계약이행기간 중 계약내용의 변동이 없는 한 계약체결 시 결정한 계약금액을 그대로 지급하는 계약형태

② 장점 및 단점

· 계약금액 범위 내에서 원가 절감에 비례하여 이윤이 증대함으로 계약상대자(업체)가 스스로 원가절감 노력을 유인할 수 있다는 장점이 있다.

· 원가를 잘못 계산할 경우 손실 발생 가능성이 있다.

계약금액이 고가로 결정될 때는 정부 국고 손실 발생

계약금액이 저가로 결정될 때는 업체 손실이 발생

따라서, 확정계약의 기본원리는 계약이행의 위험이 업체가 보다 많이 부담하는 계약이라고 한다.

■ 확정계약(3종): 일반확정계약, 물가조정단가계약, 장기옵션계약

계약형태	기준 및 내용
일반 확정계약	■ 계약체결 시 계약금액을 확정 ■ 계약조건 이행 후 확정된 금액을 계약금액으로 지급
물가조정 단가계약	■ 최근 3년 이내 계약실적 품목 (추정가격 20억 원 이하) * 새로운 원가계산 불필요 ■ 한국은행이 발표하는 생산자물가지수 및 국방부령이 정하는 지수등락율 만큼 조정하여 계약금액 결정
장기옵션계약	■ 계약을 체결하는 때에 5년 범위 내에서 계약기간을 정하고 ■ 예측 소요물량의 가격, 기간 및 계약해지 등 변경조건설정

나) 개산계약

- 계약체결 시에 계약가격을 확정하기 곤란하여 개산원가에 의하여 개산가격을 결정하고, 계약의 이행기간 중 또는 이행이 완료된 후에 정산 원가를 산정하여 최종적으로 계약가격을 확정하는 계약방식이다.

① 계약체결 시 개산가격으로 계약을 체결하고, 계약이행 기간 중이나 계약이행이 완료된 후에 실발생 비용을 기준으로 정산원가를 계산하여 지급 계약금액을 확정하는 계약형태

② 장점 및 단점

· 계약상대자가 계약목적물을 생산하는데 소비된 실발생 원가자료에 준거하여 비교적 적정하고 객관적인 원가를 계산할 수 있다는 장점이 있다.

· 계약목적물을 생산하는데 발생한 원가에 비례하여 이윤이 증대하므로 계약상대자 스스로 원가절감 노력을 기대할 수 없다는 단점이 있다.

따라서, 개산계약의 기본원리는 계약이행의 위험이 정부가 보다 많이 부담하는 계약이라고 한다.

- 개산계약(8종): 원가절감보상계약, 원가절감유인계약, 한도액계약, 중도확정계약, 특정비목불확정계약, 일반개산계약, 성과기반계약, 한도액성과계약

계약형태	기준 및 내용
원가절감 보상계약	■ 계약체결 시 원가절감계획 제안 원가절감 성과여부에 따라 보상액을 지급 보장하는 계약 ■ 5년 이내 재계약시 원가절감액 보상(절감액 100% 인정)
원가절감 유인계약	■ 유인이익에 의한 원가절감 기대 가능한 사업에 대해 * 계약체결 시 목표원가, 목표이익율 설정 ■ 계약대금 = 실제발생원가 + 목표이익 + 유인이익 * 유인이익 = 목표원가−실제발생원가
한도액 계약	■ 주요장비의 수리부속품 및 정비를 효율적으로 확보 ■ 한도액을 설정하고 그 한도액 내에서 수리부속품 및 정비를 일정기간 계약업체에 요구하고자 하는 경우
중도 확정 계약	■ 계약체결 시 예정가격 결정이 곤란 ■ 계약이행 중도에 실발생 비용을 기초로 계약금액 확정
특정 비목 불확정계약	■ 원가확정이 가능한 비목만 확정 ■ 원가확정이 곤란 비목은 계약이행 후 정산하여 확정
일반 개산 계약	■ 연구개발, 시제로 원가계산자료 확보가 곤란한 경우 ■ 계약이행 후 정산하여 계약금액을 확정
성과기반계약	■ 계약체결 시 특정한 성과의 달성을 요구하고 ■ 계약이행 후 그 성과에 따라 대가를 차등 지급하려는 경우
한도액성과계약	■ 계약체결 시 특정한 성과의 달성을 요구하고 ■ 계약이행 후 그 성과에 따라 대가를 차등 지급하려는 경우

다) 확정계약 및 개산계약 비교

대금 지급을 기준으로 한 방산계약의 계약 형태의 특징을 정리하면 다음과 같다.

확정계약 및 개산계약 비교

구분	확정계약	개산계약
개념	■ 계약체결 시 계약금액을 확정 ■ 계약이행 기간 중 계약내용의 변동이 없는 한 → 계약체결 시 결정한 계약금액 지급	■ 계약체결 시 개산가격으로 계약, ■ 계약이행 기간 중/계약이행 완료 후 실발생비용을 기준으로, → 정산원가계산, 계약금액을 확정 지급
장점	■ 계약상대자(업체) 스스로 원가절감노력을 유인	■ 실발생 객관적인 원가자료를 기준 적정한 원가계산가능
단점	● 원가를 잘못 계산 시 ■ 계약금액이 고가로 결정될 때 → 정부 국고손실 발생 ■ 계약금액이 저가로 결정될 때 → 업체 손실 발생	■ 비용에 비례하여 이윤이 증대 → 계약상대자가 스스로 원가절감노력 기대 곤란
위험부담	· 정부보다 업체가 위험부담 과중	· 업체보다 정부가 위험부담 과중

(6) 계약 상대자 수에 따른 방산계약의 특징

방산계약의 특례에서 "품질·성능 등이 같거나 비슷한 물품을 공급"하는 경우와 "시범사업을 실시하기 위하여 필요한 경우" 둘 이상을 계약상대자로 하는 계약을 체결할 수 있도록 하고 있다.

이러한 경우 일괄계약과 분리계약으로 볼 수 있는데, 계약 방식의 특성을 고려하여 계약 방식을 결정할 수 있다.

가) 일괄계약과 분리계약의 특징 및 장단점

① 일괄계약과 분리계약의 개념 및 기준

　㉠ 일괄계약

　　체계종합업체와 방산 주장비 계약을 체결함에있어 협력업체 생산품목에 대해서는 주장비에 포함하여 계약을 체결하는 계약

　㉡ 분리계약

　　체계종합업체의 방산 주장비와 협력업체 생산품목을 분리하여 정부가 직접 각각의 계약을 체결하여 협력업체 생산품목을 체계종합업체의 방산 주장비 생산에 관급으로 제공하는 계약

② 일괄계약과 분리계약 기준

　체계종합업체와 방산 주장비 계약을 체결함에 있어 협력업체 생산품목에 대해서는 주장비에 포함하여 계약을 체결하되, 다음과 같은 경우에는 분리하여 계약을 체결할 수 있도록 하고 있다.

⊙ 탄약, 포탄 등과 같이 체계업체에서 직구매가 곤란한 경우

⊙ 주장비와 분리되어 독립적인 기능을 발휘할 수 있는 탑재 또는 부수 장비

⊙ 생산공정 관리에 효율적이고 하자책임 구분이 명확하며 무기체계 운용상의 문제점이 없는 경우

나) 일괄계약과 분리계약의 장단점

① 일괄계약과 분리계약의 장점 및 단점

구분	일괄계약	분리계약
장점	■ 성능보장 ■ 책임한계 명확 ■ 사후관리 용이 ■ 계약행정 상대적 간편	■ 협력업체 보호 육성 가능 ■ 일괄계약보다 원가의 상대적 과소 계상
단점	■ 주장비 생산업체에 협력업체 종속 ■ 분리계약보다 원가의 상대적 과다 계상	■ 성능하자 발생시 책임한계모호 ■ 사후관리 곤란 ■ 계약행정 상대적 복잡

② 일괄계약과 분리계약 체결시 원가계산 차이

(7) 예정가격 결정 절차

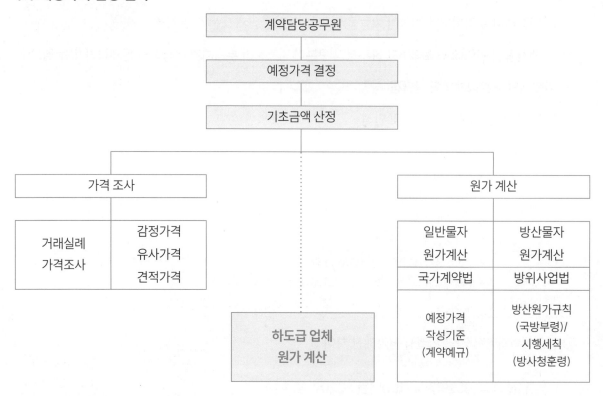

■ 예정가격의 결정시 고려사항

예정가격은 계약가격을 확정하는 기준이 되는 가격으로서 가격조사 또는 원가계산 등 기초금액조사를 먼저 실시하고, 그 조사된 가격의 범위 내에서 계약의 수량, 이행의 전망, 수급상황, 계약조건 및 기타 여건을 고려하여 결정하고 있다.

※ 예정가격 결정의 판단기준을 설정하는데 어려움이 있다.

① 고려되는 주요변수가 원가에 미치는 영향을 정확하게 측정하기 곤란하며,

② 주요 고려 요인이 독립적이 아니라 상호 연계성 및 복합적으로 작용하고,

③ 판단기준 설정 시 과다한 시간과 노력이 소요되며,

④ 설정된 기준의 이론적 한계성으로 인한 대외 신뢰성 저하가 우려되고,

⑤ 상황 변화에 탄력적으로 대응하기 곤란하다는 등의 난점이 있다.

→ 현실적으로 예정 가격 결정시에는 전문지식과 경험을 토대로 적시에 적정한 가격정보를 획득하여 주관적으로 판단할 수밖에 없는 한계가 있는 실정이다.

3 | 제조에 관한 계산항목의 비목별 계산

가. 직접 및 간접재료비의 산정

(1) 재료비 기초 개념

가) 재료비의 의의

재료비는 제품의 제조를 위하여 소요되는 재료의 가치로서 계약목적물의 실체를 형성하는 직접재료비와 계약목적물의 실체를 형성하지는 않으나 보조적으로 투입되는 간접재료비를 말한다.

일반물품 원가계산과 방산원가계산의 재료비의 개념 및 기본적인 정의는 유사하지만, 세부 정의 및 적용기준에 있어서는 차이가 있으므로 원가계산 대상 및 방식에 따라 규정을 확인하여 산정하여야 한다.

나) 재료비의 분류(방산)

다) 재료비의 분류

① 직접재료비

　㉠ 주요재료비

　　주요재료비는 제품의 제조에 직접 소비되고, 제품의 실체를 형성하는 주요한 구성 부분이 되는 재료의 소비액을 말한다.

　㉡ 구입부분품비

　　구입부분품비는 제품의 제조에 직접 소비되고, 제품에 원형대로 부착되어 제품의 일부를 형성하는 재료의 소비액을 말한다.

　　※ 구입부분품비는 구입처에 따라 국내 구입부분품비와 수입부분품비로 구분된다.

ⓒ 포장재료비

포장재료비는 제품포장에 소비되는 재료의 소비액을 말한다.

※ 군용물자는 운반, 저장 등의 군 작전상 필요에 의하여 군 특수규격에 의한 포장을 요구함으로서 포장재료비의 비중이 일반시중제품에 비하여 크다.

② 간접재료비

㉠ 보조재료비

보조재료비는 제품의 실체를 형성하지 않고 제조에 보조적으로 소비되는 재료의 소비액을 말한다.

ⓒ 소모공구 · 기구 · 비품비

소모공구 · 기구 · 비품비는 내용년수가 1년 미만이거나 취득금액이 법인세법에 의한 상당가액 미만과 시험기기, 공구 등 법인세법시행령에 정하는 고정자산으로서 감가상각 대상에서 제외되는 것의 소비액을 말한다.

라) 재료 구입 부대비용

재료의 구입에 소요되는 부대비용이란 원재료가 이용 가능한 상태에 있도록 하는데 발생되는 비용을 말하며, 외부 부대비용은 재료비로 계산하며 내부 부대비용은 경비로 계산한다. 다만, 국내에서 물품을 구입하는 경우에 구입자가 부담하는 운반비는 경비로 계산할 수 있다.

■ 외부부대비용이란 재료의 구입보관 등에 대하여 외부에 지급되는 비용으로서 구입수수료, 운임, 하역비, 보험료, 제세, 지급창고료 등을 말한다.

■ 내부부대비용이란 외부에 지급되지 아니하는 부대비용으로서 재료보관비, 장내운반비 등을 말한다.

(2) 직접재료비 계산

직접재료비는 재료의 종류 및 규격별로 소요량에 단위당 가격을 곱하여 계산한다.

$$직접재료비 = \sum (재료 \ 소요량 \times 단위당 \ 가격)$$

가) 재료의 소요량 산정

재료의 소요량이라 함은 일정한 단위의 제품을 생산하는데 소요되는 물량을 말하며, 재료의 소요량 계산은 일정 단위당 제품의 제조에 소요되는 재료의 양을 산출하는 것이다. 일반적으로 실무에서 이용하고 있는 재료소요량의 산정방법은 다음과 같다.

㉠ 제품의 규격 및 사양에 의한 물리적, 화학적 분석과 검증에 의하는 방법

ⓒ 제품의 규격, 사양 및 제조공정을 고려하여 실제로 측정하는 방법

ⓒ 제품의 생산실적자료를 수집, 검토하여 판단하는 방법

재료의 소요량은 정상적인 작업조건 하에서 일반적으로 발생한다고 인정되는 정미량에 감손량(손실량, 불량량 및 시료량)을 포함한다.

> **소요량 = 정미량×(1+손실률)×(1+불량률 및 시료율)**

- 손실량: 투입 원재료 중량−완성제품의 중량의 차이
- 불량량: 조립, 가공 과정에서 발생하는 불량품
- 시료량: 원재료, 완성제품의 성능검사를 위하여 사용되는 양

재료 소요량의 산식은 소재로부터 조립·가공에 이르는 공정을 거쳐 완제품을 생산하는 경우에 적용하게 되며 부분품을 단순히 조립 가공하여 완제품을 생산하는 경우에는 손실률을 포함하지 않게 된다.

① **재료 소요량 산정**

방산물자 원가계산시에는 정상적인 작업조건하에서 발생하는 손실량, 불량량과 시료량을 가산할 수 있도록 하고 있다.(규칙 제11조 제2항)

[방산원가규칙]

제11조(제품 단위당 재료의 소요량) ① 제품 단위당 재료의 소요량은 제품의 규격서 및 설계설명서에 따라 물리적 또는 화학적 분석과 검증으로 산출된 소요량을 기준으로 한다. 다만, 물리적 또는 화학적 분석과 검증으로 소요량을 산출할 수 없는 경우에는 제품의 규격서·설계설명서 및 가공 공정을 고려한 단위소요량, 실측(實測)에 따라 산출된 양 또는 재료의 사용량을 기록한 회계장부에 의하여 산출된 양을 기준으로 할 수 있다.

② 제품 단위당 재료의 소요량을 산출할 때에는 정상적인 작업조건에서 일반적으로 발생한다고 인정되는 손실량·시료량(試料量) 및 불량량(이하 "감손량"이라 한다)을 포함시킬 수 있다.

③ 감손량 중 다음 각 호의 것(이하 "원재료 잔여물"이라 한다)은 적절한 금액으로 평가한 후 그 평가액을 제12조제1항 각 호의 구분에 따라 재료비, 총원가 또는 수입가격에서 차감하여야 한다.

1. 작업설(생산 공정에 투입되어 제품을 만들고 남은 부분을 말한다)

2. 불량제품

3. 그 밖의 부산물

④ 직접재료가 일정한 단위로 생산되거나 판매되어 제1항에 따른 재료의 소요량보다 다량으로 구입할 필요가 있다고 인정될 때에는 재료의 소요량과 구입량과의 차이에 해당하는 금액에서 그 차이에 해당하는 양에 대한 매각가치 또는 이용가치의 평가액을 뺀 금액(일반관리비 및 이윤은 제외한다)을 계산가격에 계상할 수 있다.

⑤ 제1항부터 제4항까지에서 규정한 사항 외에 제품 단위당 재료의 소요량 및 감손량의 산출 등에 필요한 사항은 국방부장관 또는 방위사업청장이 정한다.

② 감손율 적용기준

■ 감손율 적용 근거 규정

방산원가규칙 제11조, 방산원가세칙 제7조, 방위사업청 감손율 산정 및 적용지침에 의한다.

[방산원가세칙]

제7조(감손량 적용) ① 규칙 제11조제2항의 규정에 의한 감손량을 산정함에 있어 계약목적물이 양산품목인 경우에는 다음 각 호와 같이 산정된 손실률, 불량률 및 시료율(이하 "감손율"이라 한다)을 적용하여 계산하고, 계약목적물이 연구개발 또는 시제인 경우에는 다음 각 호에서 감손율을 산정하기 전 산출된 감손량을 기준으로 해당사업 연구개발담당자가 확인한 후 적용한다.

1. 손실률은 제품단위당 투입 원재료의 중량에서 실제 생산된 제품단위당 원재료 중량의 차감량을 실제 생산된 제품단위당 원재료 중량으로 나눈 비율

2. 불량률은 총생산량에 대한 생산 또는 검사 과정에서 발생하는 불량품수량의 비율

3. 시료율은 총생산량에 대한 원재료와 제품의 품질 및 성능시험을 위하여 사용되는 시료량의 비율

② 제1항의 규정에 의하여 감손량의 산정을 위하여 감손율을 적용하는 때에는 다음 각 호에 의한다.

1. 재료의 소요량을 산출하는 때에는 손실률, 불량률 및 시료율을 적용함을 원칙으로 한다. 다만, 손실률은 상한으로 설정하여 적용한다.

2. 규칙 제11조제1항의 단서규정에 의하여 부득이 관련 회계장부로부터 역산하여 제품단위당 재료의 소요량을 계산할 경우에는 감손율 적용을 배제한다.

3. 복수지정업체의 경우에는 업체별 감손율을 적용한다.

4. 감손율 산정 대상이 아닌 품목 중 생산실적이 있는 품목은 국방기술품질원장(또는 각군 참모총장)의 확인을 거친 후 실발생 감손율을 적용하며, 생산실적이 없거나 소량생산, 시제생산 등 실발생 감손율을 적용하기 불합리한 품목은 유사한 품목의 감손율을 상한으로 적용할 수 있다.

5. 감손율 산정 대상과 세부 방법은 「방산물자 감손율 산정 지침」을 따른다.

■ 감손율 적용기준(방산원가세칙 제7조)

감손율을 산정함에 있어 계약목적물이 양산품목인 경우에는 다음과 같이 산정된 감손율을 적용하고, 계약목적물이 연구개발 또는 시제인 경우에는 감손율이 산정되기 전 산출된 감손량을 기준으로 연구개발 담당자가 확인후 적용한다.

㉠ 재료 소요량을 산출하는 때에는 손실율, 불량률, 시료율을 적용함을 원칙으로한다. 다만, 손실율은 상한으로 설정하여야 한다.

㉡ 규칙 제11조 제1항의 단서 규정에 의하여 부득이 관련회계 장부로부터 역산하여 제품 단위당재료의 소요

량을 계산할 경우에는 감손율 적용을 배제한다.

ⓒ 복수지정업체의 경우에는 업체별 감손율을 적용한다.

ⓔ 감손율 산정대상이 아니한 품목중

· 생산실적이 있는 품목은 국방 기술품질원장(또는 각군 참모총장)의 확인을 거친 후, 실발생 감손율을 적용하며,

· 생산실적이 없거나 소량생산, 시제생산 등 실발생 감손율을 적용하기 곤란한 품목은 유사한 품목의 감손율을 상한으로 적용할 수 있다.

ⓜ 감손율 산정대상과 세부방법은 「방산물자 감손율 산정지침」을 따른다.

③ 잔여물의 평가

원재료 잔여물은 금액으로 평가한 후 그 금액을 다음 각 호의 구분에 따라 재료비, 총원가 또는 수입가격에서 차감하여야 한다.

· 구입재료 및 구입부품에서 발생하는 원재료 잔여물의 평가액: 재료비에서 차감

· 관급품에서 발생하는 원재료 잔여물의 평가액: 총원가에서 차감

· 수입품에서 발생하는 원재료 잔여물의 평가액: 수입가격에서 차감

잔여물 차감액 평가를 할 때 단위당 가격은 「국가계약법 시행규칙」 제7조에 따른 단위당 가격으로 한다.

다만, 「국가계약법 시행규칙」 제7조에 따른 단위당 가격으로 하는 것이 불합리한 수입분에 대해서는 수입가격을 조사하여 이를 단위당 가격으로 한다.

나) 재료의 단위당 가격

■ 단위당 가격 적용원칙

방산원가계산은 예정가격작성을 목적으로 사전원가계산을 실시하게 되므로 국내 구입재료는 원가계산 시점에서 물가조사를 통하여 조사된 가격을 기준으로 재료의 단위당 가격을 결정하고 있으며, 수입재료의 단위당 가격은 수입원가계산 방식에 의하여 산정하게 된다.

단위당 가격은 원가계산 시점의 계약상대자 재료의 통상적인 구매 가격 또는 구입 가능한 가격을 적용하되 공장도가격 적용을 원칙으로 하고, 소량 소액의 제조구입, 유통구조의 특성 등으로 인하여 공장도가격의 적용이 곤란한 경우에는 도매가격 또는 소비자가격을 적용하도록 하고 있다.

직접재료가 일정한 단위로 생산되거나 판매되어 직접 재료의 소요량보다 다량으로 구입할 필요가 있다고 인정될 때는 재료의 소요량과 구입량과의 차이에 해당하는 금액에서 그 차이에 해당하는 양에 대한 매각가치 또는 이용가치의 평가액을 뺀 금액(일반관리비 및 이윤은 제외한다)을 계산가격에 계상할 수 있다.

이때, 재료의 단위당 가격은 부가가치세, 특별소비세, 교육세, 관세 등 제세를 차감한 공급가액으로 한

다. 영수증을 교부하는 업체에서 재료를 구입하는 때에는 공급대가의 110분의 100을 재료비로 계상한다.

① 계약 형태별 적용기준

- ㉠ **확정계약분:** 원가계산시점의 거래실례가격(조사가격)적용

  ▷ 사전생산(품보)활동

  · 원가계산이전 발생분: 실제 구입가격 적용

  · 원가계산이후 발생분: 원가계산시점의 가격 적용

  ▷ 비축원자재 사용분:

  · 원가계산시점의 가격 → 구입 가격(부명확한 경우)적용

- ㉡ **개산계약 정산분:** 업체의 실제 구입가격 적용

② 재료 구입처별 적용기준

- ㉠ 국내구입재료: 물가조사 / 실적가격등 조사한 가격 적용

- ㉡ 수입 재료: 수입품 원가계산(1.3. 수입품원가계산 참조)

③ 단위당 가격 적용시 유의사항

- ㉠ 부가세 등 세금은 재료의 단위당 가격에서 차감한 공급가액을 적용

- ㉡ 공장도 가격 적용원칙, 도매가격/소매가격등 유통단계별 가격 적용 가능

④ 국내구입관급품은 구입가격으로 평가한다.

(3) 수입품 원가계산

가) 원가계산의 의의

수입품이란 외국으로부터 도입되는 완제품 또는 제품의 제조에 소요되는 원자재, 부분품, 완성품을 통칭하는 것으로서 수입품의 가격은 외국으로부터 도입하여 판매 또는 제조에 투입될 때까지의 발생 비용을 포함, 산출하는 것이 일반적인 계산 방법이다.

나) 원가의 구성

수입품의 수입가격은 물자대금·수입제세, 그 밖의 수입 부대경비를 합하여 계산한 금액으로 계산한다.

비목	구성내역
물자대	■ 정상도착가격(C.I.F 외화표시가격) ★ 물품대, 운임, 보험료 포함 ■ 환율[기준환율 / 재정환율(일반, 방산)] · 확정계약: 원가결재일(원가팀장 결재일)속한 달의 전월 평균 환율
수입제세	· 관세, 특별소비세, 농어촌특별세
부대경비	· 신용장개설수수료, 전신전화료, 수입관련수수료, 통관료, 보세창고료, 창고보험료, 보세운송료, 입항료, 검사료, 입·출고료, 부두사용료, 하역료, 국내운반비

다) 물자대 계산

물자대는 정상도착가격(CIF 외화표시가격)에 원가결재일의 환율을 곱하여 계산한다.

> 물자대 = 정상도착가격(CIF 외화표시가격) × 환율(기준환율 또는 재정환율)

① 정상도착 가격

　　㉠ 정상도착가격이란 운임, 보험료 포함 인도조건(CIF조건) 가격으로서 선적항의 본선 갑판상에 물품을 인도하되 목적항까지의 운임과 보험료를 지급하는 조건의 가격을 말한다.

　　㉡ CIF무역조건이 아닌 FOB조건(본선인도조건), CFR조건(운임포함인도조건), EXW조건(공장인도조건)등의 조건으로 해외에서 수입되는 경우에 운반비 및 보험료를 가산한다.

구분		내용
확정계약	과거수입실적이 있는 경우	과거 운반요율과 보험료를 실적기준
	과거수입실적이 없는 경우	유사물자의 과거 실적 운반요율과 보험 요율 준용
개산계약	정산원가계산시에 계약목적물의 실지급 운반요율과 보험료율을 기준으로 계산	

　　※ 운반요율은 정상적으로 발생할 운반요율, 즉 복수경쟁 등 합리적인 방법으로 수송 내행업체와 가격을 결정한 필요 최소비용을, 보험요율은 방산물자 해상 및 항공 특별보험요율을 초과하여 계상할 수 없도록 규정하고 있는 점에 유의해야 한다.

② 환율 적용기준

국산화 개발 승인시점의 외국환거래법에 의한 기준환율 또는 재정환율을 적용한다.

㉠ 원가계산시 환율은 원가팀장이 원가계산서를 결재한 날(이하 "원가 결재일" 이라 한다)이 속한 달의 전월 평균의 「외국환거래법」에 의한 기준환율 또는 재정환율을 적용한다.

　　재고자산 사용분에 대해서도 동 기준을 적용한다.

　　· 「방위사업법 시행령」 제50조제3항에 의거 조달계약 이전 생산활동을 위해 발생한 수입품에 대해서는 실결제환율을 적용한다.

㉡ 개산계약(중도확정계약을 제외한다)의 원가정산시 환율은 실결제환율을 적용한다.

　　· 당해계약의 실결제환율이 없는 경우 정산원가에 대한 원가 결재일이 속한 전월 평균의 「외국환거래법」에 의한 기준환율 또는 재정환율을 적용한다.

　　· 재고자산 사용분에 대해서는 개산원가에 대한 원가 결재일이 속한 전월 평균의 「외국환거래법」에 의한 기준환율 또는 재정환율을 적용한다.

㉢ 중도확정계약의 원가정산시 환율은 실결제환율을 적용한다.

· 중도확정일 기준 미발생분에 대해서는 중도확정일의 「외국환거래법」에 의한 기준환율 또는 재정환율을 적용하고

· 실결제환율이 없거나 재고자산을 사용한 경우에는 정산원가에 대한 원가 결재일이 속한 전월 평균의 「외국환거래법」에 의한 기준환율 또는 재정환율을 적용하며, 재고자산 사용분에 대해서는 개산원가에 대한 원가 결재일이 속한 전월 평균의 「외국환거래법」에 의한 기준환율 또는 재정환율을 적용한다.

ⓔ 예정가격을 결정하기 전에 환율변동이 큰 경우에는 이를 반영하여 예정가격을 결정하여야 한다.

ⓜ 관급품의 평가기준: 실제구입가격(외화표시가격에 실제지급환율) 적용

※ 예외: 실제구입가격 파악이 곤란한 경우에는 다음 시점의 외화표시가격에 기준환율(재정환율)을 적용

· 확정계약에는 원가 결재일 전일

· 중도확정계약에는 중도확정일

· 기타 개산계약에는 납품일(또는 납품일 전 정산원가 계산시점)

라) 수입제세 계산

"수입제세"란 수입품이 국내에 반입될 때에 부과되는 각종 세금을 말한다. 수입제세는 수입재료비에서 차감하여 일반관리비율 및 이윤율의 적용을 배제한 후 별도 가산한다.

마) 수입부대비용

"그 밖의 수입 부대경비"란 수입에 따른 신용장 개설수수료(신용장 개설의 연장 및 수정에 따른 수수료를 포함하되, 정상적인 것으로 한정한다), 하역료, 보세창고료, 통관료, 창고보험료, 입항료, 부두사용료, 보세운송료, 수입 관련 수수료, 입출고료, 국내운반비, 전신전화료, 검사료 등 공장까지 반입하는 데에 드는 최소한의 비용을 말한다.

수입항구에 따라 상이하게 발생되는 비용은 수입항구에 따라 상이한 비용을 계상함을 원칙으로 하며, 원가계산담당자가 모든 수입재료에 대하여 개별적 파악이 곤란할 경우에는 주로 수입이 이루어지는 항구에서 발생되는 비용으로 계상할 수 있다.

① 신용장개설수수료

신용장개설수수료는 외국환 은행이 부담하는 지급보증에 대한 위험 부담료적인 성격의 비용을 말한다.

■ 신용장을 개설하는 경우에는 신용장개설수수료는 F.O.B 외화표시가격에 준환율(재정환율)을 곱하여 산출한 금액에 금융단 수입신용장개설 수수료율을 적용하여 계산하되 신용장을 개설하지 않는 경우에는 신용장개설 수수료를 계상하지 아니한다.

> 신용장개설수수료 = FOB 외화표시가격 × 기준환율(재정환율) × 신용장개설 수수료율

② 수입관련 수수료

수입관련수수료는 방산업체가 방위산업용 원료, 기자재, 부분품등을 수입하고자 하는 때에는 한국기계산업진흥회의 관세감면확인수수료, 한국항공우주산업진흥협회의 항공기 및 통관부품에 대한 수입승인수수료 및 방사청(수출협력과)의 군용총포·도검·화학류에 대한 수입승인료를 말한다.

③ 통관료

통관료란 수입물자를 보세구역에 반입하고 수입신고로부터 보세구역에서 인취하기까지 필요한 수수료를 말한다. 통관료는 실제 발생한 금액을 계상하되, 실제 발생금액을 확인할 수 없는 경우에는 한국관세사회의 관세사수수료를 참고하여 산정한 금액을 적용한다.

④ 하역료

하역료란 수입물자를 국내도착지의 선박 또는 항공기의 적재상태로부터 보세장치장에 입고되기까지의 일체의 화물 하역처리 작업에 소요되는 비용을 말한다. 하역료는 해당물자의 중량(또는 처리건당)에 소정의 하역료율(또는 하역료)을 적용하여 계산한다.

⑤ 보세창고료

보세창고료란 수입물자 통관을 위하여 수입입자가 보세장치장에 보관시 발생하는 비용을 말한나. 보세창고료는 물자대(감정가격)와 관세를 포함한 가격에 소정료율을 적용하여 계산한다.

⑥ 국내운반비

국내운반비는 확정계약시는 과거실적 운반요율 또는 과거실적이 없는 경우에는 유사물자 과거실적 운반요율을 기준으로 적정하게 산정하여 적용한다.개산계약 정산시에는 당해물자의 실지급 운반비를 기준으로 계산한다.

바) 국산화 부품의 수입가격 인정

· 방산원가규칙 제39조의4, 방산원가세칙 제19조의2

① 외국에서 수입하던 부품을 국산화한 경우에는 부품의 수입가격 등을 고려하여 국방부장관 또는 방위사업청장이 인정하는 가격을 기준으로 원가를 정할 수 있다.(외국에서 수입하던 부품을 국산화한 경우란 부품을 국산화(국산화율 향상을 위한 추가개발이 필요하다고 인정되어 재개발을 추진하는 국산화는 제외한다)한 후 연구개발확인서를 발급받은 경우를 말한다.)

· 원가절감보상계약을 체결한 경우는 제외한다.

· 적용기간은 최초 계약연도부터 5년으로 한다.(개발신청업체가 제출한 실적단가를 적용할 경우에는 최근 3년 이내의 가격정보 및 관련 자료를 수집·활용하여 수입단가의 적정성 여부를 검토하여야 한다.)

· 방위사업청장이 인정하는 가격은 국산화개발 승인시점 이전의 최근실적을 적용함을 원칙으로 하되 최

근실적의 등락폭이 과다한 경우에는 국산화개발 승인시점 이전 최근 3년간의 산술평균가격을 적용할 수 있다. 이 경우 등락폭이 과다한 경우란 최근 3년간의 실적가격 중 최고가격이 최저가격의 130% 이상인 경우를 말한다.

② 수입가격은 다음 각 호의 실적단가(본선인도가격으로서 외화표시가격)에 국산화 개발 승인시점의 외국환거래법에 의한 기준환율 또는 재정환율을 적용한다.

   ㉠ 방위사업청의 국외조달실적 단가

   ㉡ 각 군의 국외조달실적 단가

   ㉢ 국산화 개발 신청업체의 수입실적 단가

   ㉣ 원가계산에 의한 예정가격을 결정한 경우로서 수입면장 등 실적증빙을 통해 입증 가능한 국산화개발 신청업체 이외의 업체로부터 방위사업청 또는 각군이 조달한 실적단가

③ 「방위산업육성 지원사업 공통 운영규정」의 부품 국산화 지원사업에 따라 개발된 부품에 대해서는 [수입가격＋(수입가격－개발단가)×0.5]를 기준으로 산정할 수 있다.

단, 개발단가가 수입가격보다 높은 경우에는 개발단가를 적용할 수 있다.

(4) 재료비 관련비용 계산

가) 작업 설물 등 평가

① 작업설물 등 의의

작업설물 등은 제품의 제조 중에 발생되는 작업설, 불량제품과 기타 부산물 등을 말하며, 매각가치 및 이용가치를 추산하여 그 금액을 재료비에서 차감한다. 이때 매각가치나 이용가치가 없는 작업설물 등은 제외한다.

② 작업설물 등 원가 반영방법

   ▷ 자급재료의 작업설물 등: 자급재료에서 발생하는 작업설물은 평가액을 재료비에서 차감한다.

   ▷ 관급재료의 작업설물 등: 관급재료에서 발생하는 작업설물은 평가액을 총원가에서 차감한다.

   ▷ 수입재료의 작업설물 등: 수입재료에서 발생하는 작업설물은 평가액을 수입재료에서 차감한다.

나) 관급품의 평가

① 관급품의 의의

"관급품"이란 계약의 이행을 위하여 정부가 국내 또는 국외에서 조달하여 방위사업계약상대자에게 지급하는 재료·부품 등과 관계 법령에 따라 방위사업계약상대자가 정부로부터 대여 또는 양도받거나 보조금을 교부받아 구입한 기계장치·치공구(治工具)·검사용계기 등을 말한다(방산원가규칙 제2조 제12호)

```
            ┌─ 관급재료(부품, 결합체 등): 재료비 대상이나 불계상
  관급품 ─┤
            └─ 관급기계장치, 치공구, 검사용 계기: 감가상각비 대상이나 불계상
```

② 관급품의 평가

  ㉠ 수입관급품의 평가(방산원가세칙 제10조 제1항)수입관급품의 실제구입가격(외화표시가격×실제지급환율)을 적용하여 평가하는 것이 원칙이다.

    · 실제구입가격 파악이 곤란한 경우에는 다음 시점 외화표시가격에 기준환율 또는 재정환율을 적용하여 평가한다.

구분	확정계약	중도확정계약	기타 개산계약
적용시점	원가계산시점	중도확정시기	납품일 (납품일 전 정산원가계산시점)

  ㉡ 국내구입관급품의 평가

    국내구입관급품은 실제구입가격으로 평가한다.(방산원가세칙제10조 제2항)

③ 관급품의 원가처리

  관급품의 평가액은 원가(재료비)로 계상하지 않는 것이 원칙이다.

※ 관급품을 평가하는 이유

  ㉠ 투하자본보상비 계상시에 총원가에 관급재료비를 포함하여 투하자본보상비율을 곱하여 계상하고,

  ㉡ 보상액 기준 이윤 계상에 있어

    ■ 기본보상액을 계상할 때에는 총원가에 관급재료비를 포함하여 기본보상율을 곱하여 계상하고

    ■ 투하자본보상액 계상시 총원가에 관급재료비를 포함하여 설비투자노력 보상율을 곱하여 계상하도록 규정하고 있기 때문이다.

  ㉢ 또한 관급재료를 재료의 소요량 중 감손량을 제외한 정미량만 관급하여 감손량에 해당하는 재료를 직접 구입하여 사용하였다면 그 직접 구입하여 사용한 감손량 해당분은 재료비로 계상한다.

  ㉣ 관급재료를 계약상대자가 직접 수입할 경우 관급재료에 포함되지 않는 운임, 보험료, 수입제세 및 기타 부대경비 등 계약상대자가 부담한 분에 대하여는 재료비로 계상할 수 있다. 이때 운임, 보험료는 방산원가세칙제9조에서 인정하는 범위내에서 계상한다.(방산원가세칙 제19조 제6항)

다) 최소발주량 가격계산

① 최소발주량의 의의

  ㉠ 제품을 제조하는데 소비되는 어떤 특정의 재료가 일정한 단위 이상으로만 생산하거나 판매가 이루어

지는 때에는 소비되는 재료의 량 보다 초과하여 일정한 단위의 재료의 량을 불가피하게 구입하는 경우가 발생한다. 이러한 경우 실제 구입하는 일정한 단위의 재료의 량을 최소 발주량이라 한다.

ⓛ 최소발주량은 연구 또는 시제생산 과정에 대부분 발생하고, 양산의 과정에서는 별로 발생하지 않으며, 비록 발생한다고 하더라도 당해 제품을 생산하는데 소비되고, 남은 재료는 재고재료로 보관하였다가 차기 제품생산에 재사용되고 있기 때문에 최소 발주량의 계상에 관한 문제는 없다.

ⓒ 따라서 본 규칙에서는 최소 발주량에 관한 인정 범위를 연구 또는 시제 생산으로 한정하고 있으며, 이 경우에도 소비되고 남는 재고 재료가 계속해서 사용이 가능하다고 판단되는 때에는 계상할 수 없도록 규정하고 있다.

② 최소발주량의 원가계상

ㄱ 직접재료 소비액: 최소발주량 중에서 직접재료로 소비된 재료량은 직접재료비 계산방법과 동일하다.

> **직접소비 재료비 = 재료의 소요량×재료의 단위당 가격**

ⓛ 초과 구입재료의 가액:

▷ 초과발주량에서 직접재료로 소비된 량을 차감한 초과 구입 재료량에 해당되는 비용은 총원가에 따로 계상한다.

▷ 가계약법 시행규칙" 제7조의 규정을 준용 한다.

▷ 초과구입재료가액을 당해 제품의 원가계상에 반영하는 방법은 계산가격에 초과구입 재료가액을 가산 하도록 하고 있다.

· 초과구입재료가액 = (최소발주량−직접재료소비량) ×

(단위당구입가격−단위당 매각가치 / 이용가치의 평가액)

· 초과구입재료가액에 대하여는 일반관리비와 이윤을 배제

라) 사장품 가격계산

① 사장품의 의의

ㄱ 사장품이란 「방산원가규칙」 제2조에서 "제품의 제조과정에서 정부가 계약상대자에게 제시한 규격, 사양 또는 설계 등의 변경으로 당해제품의 실체를 구성하지 못하는 제품, 재공품 또는 재료를 말한다." 고 정의하고 있다.

ⓛ 사장품은 대개 연구 또는 시제 생산과정에서 많이 발생하며, 생산에 이미 착수하여 진행되는 과정에서 규격, 사양 또는 설계 등의 변경으로 새로이 생산하는 경우에 기존의 생산된, 즉 사장되는 재료, 재공품 또는 제품 등으로서 「방산원가규칙」 제2조 및 제13조의 규정이 신설되기까지는 원가로서의 인

정 여부가 논란의 대상이 되어 왔다.

ⓒ 사장품의 원가성 인정 여부에 관하여 「방산원가세칙」 제9조에서는 "사장품은 연구 및 시제 생산 계약에 대하여 계상하는 것을 원칙으로 하고,

ⓔ 초도생산이나 양산시에는 정부가 계약상대자에게 규격, 사양 또는 설계 변경을 요구한 객관적이고 신뢰할 만한 관계서류의 획득이 가능한 경우에 한하여 인정하도록 규정하고 있다.

② 사장품의 가격계산

㉠ 사장품의 가격은 사장품이 만들어지기까지의 발생비용을 추적하여 제조원가계산방법에 의하여 계산하되, 그 계산된 가격에서 사장품의 매각가치 또는 이용가치의 평가액을 차감하여 계산한다.

㉡ 사장품의 가격은 계산가격에 별도로 가산함에 따라서 일반관리비와 이윤 계상 대상에서 배제하여야 한다.

> 총 가격 = 당해제품의 계산가격 + 사장품가격
> 사장품가격 = 제조원가 − 매각가치 or 이용가치의 평가액

(5) 간접 재료비 계산

① 간접재료비 계산기준

간접재료비는 제품 제조에 보조적으로 소비되거나 여러 제품 제조에 공통적으로 소비되는 것으로서 제품의 실체를 구성하지 아니하는 재료의 가치를 말하며, 보조재료비와 소모공구·기구·비품비 등으로 한다.

② 보조재료비 세부항목

㉠ 보조재료비: 제품의 실체를 형성하지 않고 제조에 보조적으로 소비되는 재료의 소비액

㉡ 소모공구·기구·비품비: 내용연수가 1년 미만이거나 취득금액이 법인세법에 의한 상당가액 미만인 자산과 시험기기·공구 등 「법인세법 시행령」에 정하는 자산으로서 감가상각 대상에서 제외되는 것에 대한 소비액

③ 배부기준 및 배부계산(방산원가세칙 제27조)

간접재료비는 직접노무비에 간접재료비율을 곱하여 계산한다. 간접재료비율은 최근 2년간의 방산원가 대상물자의 생산을 위하여 투입된 당해부문의 실적치와 부문별, 업체별, 지정물자별 특수성을 고려하여 다음 계산식에 따라 산정하되, 최근연도의 간접재료비율부터 각각 6:4의 비율로 반영한다.

$$간접재료비율(\%) = \frac{간접재료비}{직접노무비} \times 100$$

나. 직접 및 간접 노무비계산

(1) 노무비 기초 개념

가) 노무비의 의의

노무비는 계약목적물을 생산하기 위하여 소비되는 노동력의 가치로서 제조현장에서 계약목적물을 완성하기 위하여 직접작업에 종사하는 인원의 노동력 대가인 직접노무비와 직접 제조작업에 종사하지는 않으나 제조현장에서 보조적으로 종사하는 인원의 노동력의 대가인 간접노무비로 구분한다.

나) 직접노무비와 간접노무비 구분 중요성

방산물자 원가계산시 직접노무비와 간접노무비의 구분은 매우 중요하다. 직접노무비는 직접 산정하는데 반하여 간접노무비는 간접노무비율에 포함하여 산정하기 때문이다.

① 직접노무비의 계상대상을 간접노무비(율)의 계상대상으로 잘못 판단하는 경우에는 원가계상에 누락되는 결과가 되며

② 간접노무비(율)의 계상대상을 직접노무비의 계상대상으로 잘못 판단하는 경우에는 이중계상이 되는 결과를 초래하여 노무비계산의 적정성을 기할 수 없기 때문이다.

다) 노무비의 분류

① 직접 노무비

직접노무비는 제조현장에서 계약목적물을 완성하기 위하여 직접 작업에 종사하는 종업원 및 노무자에게 지급되는 노동력의 대가로서 기본급, 제수당, 상여금, 퇴직급여의 합계액을 말한다. 직접노무비는 특정 원가대상에 대하여 발생하는 노무비를 개별적으로 집계가능하고 추적이 가능한 노무비이다. 「방산원가규칙」에서는 제조현장에서 직접작업에 종사하거나 제품생산에 투입될 재료, 제조공정간 또는 완성 제품에 대한 시험검사에 종사하는 종업원 및 노무자에 대한 노동력의 대가를 직접노무비로 계상하도록 하고 있다.

② 간접 노무비

「방산원가세칙」제17조에서는 간접노무비는 다음 각 호의 부문에 종사하는 작업자에게 지급하는 노동력의 대가를 기준으로 한다. 다만, 직접 생산현장에 배치되어 제품생산에 필수적인 작업을 수행하는 자에 대하여는 직접노무비로 계상할 수 있다.

※ 간접노무비 부문

1. 동력부문	2. 용수부문	3. 수선부문	4. 운반부문
5. 공구제작 및 관리부문	6. 설계부문	7. 시험연구 및 분석부문	
8. 자재구매 및 관리부문	9. 품질관리부문	10. 공장사무부문	
11. 공장경비부문	12. 제조부문 보조작업 및 관리		
13. 환경 및 안전관리부문			

라) 노동력의 획득·보전 및 관리에 관한 비용

노무비 중 노동력의 획득·보전 및 관리에 관하여 발생하는 비용은 경비로서 계상한다. 다만, 계약목적물의 특수성에 의하여 노동력의 대가를 분명히 파악할 수 있는 경우에는 이를 경비에서 제외하고 노무비로 계상할 수 있다.

(2) 직접 노무비 계산

가) 직접노무비의 의의

직접노무비는 제조공정별로 투입인원, 작업시간, 제조수량 등을 기준으로 노무량을 산정하고, 기본급, 제수당, 상여금, 퇴직급여를 고려하여 노무비단가를 산정하여 노무량에 노무비단가를 곱하여 계산한다. (방산원가규칙 제21조 제1항)

$$\text{직접노무비} = \Sigma \text{ 노무량(공수)} \times \text{노무단가(임율)}$$

그러나 연산품, 등급품 등이 동일공정에서 구분되지 않는 상태로 연속적으로 가공이 이루어지는 경우와 노무량 적용방법이 곤란하거나 당해 계약목적물의 제조 특성상 적정하지 아니하다고 판단되는 경우에는 직접노무비는 「방산원가규칙」 제7조의 규정에 의하여 배부 계산할 수 있다.(방산원가세칙 제20조 제6항)

나) 노무량(공수) 산정

① 노무량의 의의

  ▷ 노무량은 제품의 제조공정에 투입된 노동력의 집계 단위로서 보통은 일정기간 동안 제품별 또는 공정별로 투입된 작업인원들의 개인별 작업시간(M/H) 또는 작업일수(M/D)의 합계로 측정하며, 노무량은 효율적인 작업수행을 위하여 정상적으로 소요되는 작업시간을 기준으로 한다.

    그러나 작업시간을 단위로 하여 노무량 측정이 곤란한 경우에는 취업시간 또는 취업일수 등을 단위로 측정할 수 있다.(방산원가세칙 제20조 ①)

  ▷ 방산물자 원가계산에서는 노무량을 작업노무량과 무작업노무량으로 구분하고 작업노무량은 다시 직접 작업노무량과 간접 작업노무량으로 구분하여 계상하도록 다음과 같이 규정하고 있다.(방산원가세

칙 제20조 ②)

　㉠ 간접작업노무량과 무작업노무량은 직접작업노무량에 대한 비율을 계산하여 적용하며, 최근 2년간
　　의 방산노임단가 산정 실적자료를 기준으로 최근연도부터 6:4의 비율로 반영한다.

　　다만, 개산계약의 정산원가산정시 실발생원가는 1회계연도를 기준으로 계산하도록 규정하고 있다
　　(방산원가세칙 제20조 제3항)

　㉡ 작업노무량(직접 및 간접) 및 무작업노무량

구분		의의	내용
작업노무량	직접작업노무량	계약목적물 생산에 직접 소요되는 노무량	제조지시서별, 작업종류별 등으로 직접구분 집계되는 순작업시간
	간접작업노무량	계약목적물 생산에 직접 소요되지는 않으나 간접적으로 관련되는 노무량	회의, 작업준비, 휴식, 작업관리 및 정상대기 등
무작업노무량		계약목적물 생산에 직접 소요되거나 간접적으로 관련되지는 않으나 무작업에 대하여 노임이 지급되는 노무량	휴가, 교육/훈련, 행사, 출장/외출 등연·월차, 유급휴가, 청원휴가, 생리휴가, 공민권행사(각종 투표, 선거 등), 근로자의 날, 예비군 교육, 민방위 교육, 민방공훈련, 자연보호, 새마을운동, 회사창립행사, 복지 및 교육행사(체육대회, 심신수련대회 등), 직무교육, 직무와 관련된 출장

② 노무량의 산정방

　법노무량(작업시간)은 작업조건, 측정시간, 기술수준, 시설상태 등의 제 요인에 의하여 산정결과가 상이하게 나타날 뿐만 아니라, 특히 방산물자의 경우에는 조달물량의 제한으로 가동률이 저하되는 상황 하에서 적정한 작업시간의 산정은 결코 용이 하지는 않다.특히, 국방획득 원가계산에 있어서는 개산계약분에 대한 정산원가계산시를 제외하고 계약체결에 앞서 원가계산을 실시하게 되므로 당해 계약목적물의 제조를 위한 작업시간을 측정할 수 없어 과거 계약실적자료를 기초로 하여 당해 계약목적물의 작업시간을 예측할 수밖에 없다.

▷ 정비원가의 직접노무비 노무량 산정은 다음 각 호의 순서에 따라 적용

　1. 소요군 통지 정비노무량

　2. 대상장비의 해체검사결과표(T/I)에 의하여 산출한 노무량

　3. 동종의 계약실적이 있는 최근 3개 연도의 실발생 실적자료에 의한 가중평균 노무량(단, 사고기 또는 노후도가 평균에서 20% 이상 벗어난 품목은 실적 노무량 산정시 제외할 수 있으며, 실적노무량 추세분석결과 3회 이상 계속하여 하향 또는 상향 추세인 경우에는 최근 실적자료를 분석하여 적용할 수 있다.)

4. 동종의 계약실적이 있는 최근 3개 연도의 <u>실발생 실적자료 적용이 불합리한 경우</u>나 <u>초도정비</u>의 경우에는 <u>유사한 장비의 실적노무량 등 다른 합리적인 방법</u>에 의한 자료를 분석하여 적용할 수 있다.

5. 교체부품의 자작노무량은 최근 실발생 노무량을 기준하여 적용한다.

▷ 다음 각 호의 경우에는 직접노무비를 배부하여 계산할 수 있다.

1. 연산품, 등급품 등이 동일공정에서 구분되지 않는 상태로 연속적으로 가공이 이루어지는 경우

2. 노무량 적용방법이 곤란하거나 당해 계약목적물의 제조특성상 적정하지 아니하다고 판단되는 경우

③ 노무량 산정 방법 실무

  ▷ 정상조업도 기준 통계분석기법

    ➡ 노무량 = 작업시간 ÷ 생산량

  ▷ 실시간 측정(스톱워치 등)

    ➡ 노무량 = (실측정시간 ÷ 생산량) × (1 + 여유율)

  ▷ 생산실적(생산량과 생산기간) 기준

    ➡ 노무량 = 실발생 작업시간 ÷ 완성품 환산량

직접노무자 노무량 세부내역

구분		세부내역
직접작업노무량		· 가공, 조립, 시험검사 등 당해제품 생산에 직접 소요되는 노무량
간접작업 노무량	회의	· 일상 반복적인 업무관련 조회/회의 · 반별, 조별 업무능률 향상 관련 활동
	작업준비	· 정상적, 필요적 작업준비시간 · 자재청구/수령에 따른 정상적인 소요시간
	휴식	· 노사합의에 의한 정기적인 휴식시간
	작업관리	· 작업, 공구, 자재 관련 필수적인 관리소요시간 · 경상적, 주기적 장비점검 및 수선시간 · 주변환경정리와 관련된 작업장 정리
	정상대기	· 관급자재 불출 관련 비정상적인 대기시간 · 관급자재 검사 대기시간 · 천재지변에 의한 정전, 단수 시간 등 · 정부관련 설계 및 규격의 의도적인 변경
무작업 노무량	휴가	· 사규 또는 근로기준법상의 연월차, 유급 및 생리휴가 · 사규상의 각종 투표, 선거와 관련한 시간
	교육/훈련	· 업무와 관련한 교육시간 · 예비군훈련, 민방위훈련 시간
	행사	· 회사주관 회사창립행사, 자연보호 복지 및 교육행사 등 · 노사합의에 의한 노조주관행사
	출장/외출	· 업무관련 외부출장 · 일과시간내 공용 사외외출
불인정 노무량	기타대기	· 사급자재 불출관련 비정상적인 대기시간 · 사급자재 검사 대기시간 · 업체 귀책사유로 인해 발생하는 정전, 단수 시간 · 작업라인상의 비정상적인 대기시간 · 공구/장비 관련 비정상적인 대기시간 · 비경상적, 비반복적 장비고장 시간 · 정부와 관련 없는 설계 및 규격의 의도적인 변경
	불량수정/ 재작업	· 부품, 제품 외주관련 불량수정 및 재작업 시간
	기타출장/ 외출	· 업무와 관련 없는 외부출장 · 일과 시간내 업무와 관련 없는 외출
	기타	· 노사합의에 의하지 않는 노조주관행사 · 결근, 조퇴, 지각 시간 · 기타 인정되지 않는 여유시간

다) 노무량(임률) 산정

① 노무단가의 구성

노무비 단가는 원가계산시점에서 계약상대자가 지급하는 기본급, 제수당, 상여금, 퇴직급여의 합계액으로 계산하는 것을 원칙으로 하고 있다.

ㄱ) 기본급

『방산원가규칙』에서 규정한 기본급은 근무지역, 근무부서, 근무시간대, 근무시간수, 업무의 성격 및 내용, 업무의 성과, 자격의 유무, 가족 수, 학력, 성별의 요건에 관계없이 각 직급 호봉에 따라 동일직급, 동일 호봉의 전 종업원에게 동일하게 매월 정액으로 지급되는 비용을 뜻한다.(방산원가세칙 제13조)

ㄴ) 제수당

제수당은 기본급 이외에 수당 명목으로 지불되는 비용을 말하며, 계약대상업체의 실지불 실적을 조사하여 계상한다. 『방산원가세칙』에서는 잔업수당(잔업기본급 및 할증금), 연월차수당(기업회계기준에 따른 충당부채 인식액은 제외한다) 등 계약상대자가 실제 지급하는 수당을 말한다. 다만, 그 성격상 복리후생비 성격의 수당은 경비로 계상한다. 특히, 잔업수당은 『근로기준법』 제56조에 따른 연장근로와 야간근로 및 휴일근로의 대가로 지급하는 기본급과 할증금을 말하며 다음 각 호의 기준에 의한다.(방산원가세칙 제14조)

※ 『근로기준법』 제4장 및 『산업안전보건법』 제46조에 따른 근로시간 상한을 위반한 작업시간에 대한 비용은 원가로 계상하지 않는다.(방산원가규칙 제3조 8호)

※ 잔업수당은 기본급과 할증금으로 구분된다.

  1. 연장근로: 『근로기준법』 제53조에 따른 근로

  2. 야간근로: 오후 10시부터 다음날 오전 6시까지 사이의 근로

  3. 휴일근로: 주휴근로, 법정(공휴)근로 및 노사합의 휴일근로 등

ㄷ) 상여금

상여금은 업체에서 실제로 지급하는 금액을 기준으로 계산한다.

$$상여금 = 상여금 \ 지급대상금액 \times 상여금 \ 지급실적률$$

상여금의 지급대상금액은 업체에서 실제 지급하는 기본급과 제수당 성격의 모든 비용을 포함하며, 상여금 지급실적률은 상여금 지급액을 상여금 지급대상금액으로 나누어 계산한다.(방산원가세칙 제15조)

ㄹ) 퇴직 급여

퇴직급여는 임원 및 사용인에게 지급하는 기본급, 각종 수당, 상여금 중 계약상대자의 사규 또는 노동관

계법령에 의하여 퇴직급여 대상이 되는 금액의 합계액(이하 "총급여액" 이라 한다)에 다음의 퇴직급여설정률을 곱하여 계산한다.

퇴직급여는 퇴직금 지급대상금액과 퇴직급여설정률로 구분한다.

> **퇴직급여 = 퇴직급여 설정대상금액(기본급 + 제수당 + 상여금) × 퇴직급여설정률**

다만, 퇴직급여설정률이 8분의 1을 초과하는 때에는 8분의 1을 적용한다.

▷ 퇴직금 지급대상금액:

퇴직금 지급대상금액은 총급여액, 즉 임원 및 사용인에게 지급되는 기본급, 제수당, 상여금 중 당해 방산업체의 사규 또는 노동관계법령에 의하여 퇴직급여 설정대상이 되는 금액의 합계액을 말한다.※ 이때에 실습생의 임금, 상여금 중 성과급, 생산격려금, 특별상여금은 퇴직금 지급대상금액에서 제외한다.

▷ 퇴직급여 설정률

퇴직급여 설정률은 다음의 방법에 따라 계산하되, 퇴직급여설정이 8분의1을 초과하고 「법인세법시행령 44조의2②」에 해당하는 퇴직보험 등에 가입한 경우 총급여액에 다음의 퇴직연금 등 납부율을 곱하여 퇴직급여로 추가 인정할 수 있다.

$$\text{퇴직급여설정률} = \frac{\text{직전년도 기업회계기준에 의한 퇴직급여설정액}}{\text{직전년도 총급여액}}$$

▷ 퇴직급여 설정률이 8분의 1을 초과하고 「법인세법 시행령」 제44조의2제2항에 해당하는 퇴직연금 등(2010년 12월 31일 이전 발생한 퇴직보험 등을 포함한다. 이하 같다)에 가입한 경우 총급여액에 다음의 퇴직연금 등 납부율을 곱하여 퇴직급여로 추가 인정할 수 있다. 다만, 퇴직연금 등 납부율이 8분의 1을 초과하는 때에는 8분의 1을 적용한다.

$$\text{퇴직연금 등 납부율} = \frac{\text{직전년도 퇴직연금 등 납부액}}{\text{직전년도 총급여액}}$$

[방산원가규칙]
제21조(직접노무비) ① 직접노무비는 방산노임단가에 노무량(기준노무량이 산정된 경우에는 국방부장관 또는 방위사업청장이 정하는 방식에 따라 기준노무량을 적용하여 계산한 노무량으로 한다)을 곱하여 계산한다.

② 방산노임단가는 국방부장관 또는 방위사업청장이 정하는 방산노임단가 변동률을 적용하여 직접노무비를 계산한다.

③ 국방부장관 또는 방위사업청장은 기준노무량의 정확한 산정을 도모하기 위하여 「엔지니어링산업 진흥법」 제33조 등 법령에 따라 설립된 협회나 기관 또는 단체로서 기준노무량의 산정 업무를 수행할 수 있는 인력 등의 요건을 갖춘 협회, 기관 또는 단체 중에서 기준노무량을 산정하는 기관(이하 "산정기관"이라 한다)으로 지정할 수 있다.

④ 산정기관의 지정과 그 취소의 기준, 절차 및 운영 등에 필요한 사항은 국방부장관 또는 방위사업청장이 정한다.

② 노무단가의 산정

"방산노임단가"란 국방부장관 또는 방위사업청장이 정하는 기준에 따라 「통계법」 제15조에 따른 통계작성지정기관이 조사·공표한 방산분야 노임단가의 기초가 되는 업체별 노임단가를 말한다. 다만, 국방부장관 또는 방위사업청장이 공장별로 노임단가의 구분이 필요하다고 인정하는 경우에는 공장별 노임단가를 말한다.

㉠ 노무비 단가 산정기준

방산노임단가는 계약상대자의 노임 및 노무량을 기준으로 다음 각 호에 따라 계산하되, 방산원가세칙 제32조의2제2항에 따라 통보되는 방산제비율이 공장별로 구분되는 경우에는 공장별로 계산한다.

노무비단가는 계약상대자의 노임 및 노무량을 기준으로 다음과 같이 계산한다.

> **직접노무비 = 노무량 × 노무단가(임율)**

· 총 발생노임은 기본급, 각종 수당, 상여금 및 퇴직급여의 합계액으로 한다.
· 총 발생노무량은 직접작업노무량, 간접작업노무량 및 무작업노무량 등 관련 규정을 준용하여 계산한 노무량으로 한다.

㉡ 노무단가 산정 대상기간

현행 방산원가규칙에는 노무비단가 대상기간이 별도로 명시되어 있지는 않으나 일반적으로 노무단가는 1년을 기준으로 한 노무단가 산정을 원칙으로 하되, 단기(3개월)을 적용할 경우에는 조업도를 충분히 반영하여 예산낭비 요인이 발생하지 않도록 유의하여야 한다.

노무단가 산정시 대상기간을 1년이 아닌 단기간으로 적용할 경우 회계연도 결산서를 기준으로 하는 간접재료비, 감가상각비등의 계산방법과 일관성이 결여되는 등의 실무 적용에 어려움이 있다.

노무단가 산정시 조업도를 고려하여 불법노조기간, 추석, 하기휴가 등의 장기 휴가기간의 월을 포함하여 단기간의 노무비단가 산정은 피해야 한다.

산정기간	단기간 기준 (3~6개월)	1년 기준	생산기간 기준(연도별)
원가적용	부품, 소액계약, 연간조업도의 변화가 크지 않은 품목	확정사업	개산계약 정산

ⓒ 임금인상 예상분 계상

방산노임단가 변동률은 고용노동부가 고시하는 협약임금인상률의 전년도 이전 3개년 기하평균과 계약

상대자의 방산노임단가 변동률의 최근 3개년 기하평균의 산술평균을 적용한다.

다만, 방산업체 신규지정 등으로 계약상대자의 방산노임단가 변동률이 없는 경우에는 고용노동부가 고

시하는 협약임금인상률의 전년도 이전 3개년 기하평균을 적용한다.(방산원가세칙 제20조 제5호)

※ 임금인상 예상분 반영시 고려사항

① 계약상대자의 노사합의계획서(사용자가 확정한 임금인상계획서)에 의한 임금인상예상률

② 시중노임단가(기본급) 제조부분 평균임금 인상율

④ 한국경영자총협회 제시 임금인상율과 계약상대자의 최근 3개년 실적노무단가 인상률(기하 평균)의

　산술평균율

⑤ 계약상대자의 최근 3개년의 정상적인 실적노무단가 인상률(기하 평균)

(3) 간접노무비 계산

가) 간접노무비의 의의

간접노무비란 직접 작업에 종사하지 않으나 작업현장에서 보조작업에 종사하는 노무자, 종업원과 현장

감독자, 공장관리부문 등에 종사하는 자에 의하여 소비되는 노동력의 대가를 말한다. 제조공장을 부문별

로 대별하면 제조부문과 보조부문으로 구분되고, 보조부문은 다시 제조지원부문과 공장관리부문으로 구

분된다.

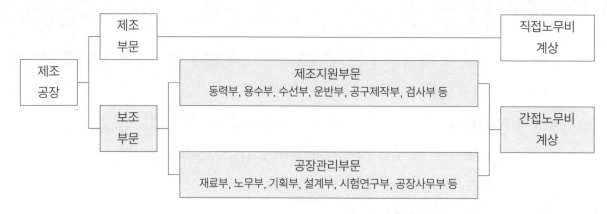

① 간접노무비의 발생형태별 분류

    (1) 기본급여금   (2) 제수당   (3) 상여금   (4) 퇴직급여

② 간접노무비의 부문별 분류기준

(1) 동력부문	(2) 용수부문	(3) 수선부문
(4) 운반부문	(5) 공구제작 및 관리부문	(6) 설계부문
(7) 시험연구 및 분석부문	(8) 자재구매 및 관리부문	(9) 품질관리부문
(10) 공장사무부문	(11) 공장경비부문	(12) 제조부문 보조작업 및 관리
(13) 환경 및 안전관리부문	(14) 기타보조부문	

나) 간접노무비 계산

간접노무비는 직접노무비에 방위사업청장이 매년 업체별로 산정 통보하는 당해 업체의 간접노무비율을 곱하여 계산한다.

$$\text{간접노무비} = \text{직접노무비} \times \text{간접노무비율}$$

다) 간접노무비율 산정

간접노무비율은 직접노무비에 대한 간접노무비의 비율로서, 방산물자의 생산을 위하여 투입된 당해부문의 실적치와 부문별, 업체별, 지정물자별 특수성을 고려하여 산정한다.

$$\text{간접노무비율(\%)} = \frac{\text{간접재료비}}{\text{직접노무비}} \times 100$$

이 경우에 간접노무비율은 과거 2년간의 방산원가대상물자의 생산을 위하여 투입된 당해부문의 실적치와 부문별, 업체별, 지정물자별 특수성을 고려하여 다음 계산식에 따라 산정하되, 최근연도의 간접노무비율부터 각각 6:4의 비율로 반영한다.

다. 직접 및 간접 경비계산

(1) 경비의 기초 개념

가) 경비의 의의

경비란 제품의 제조를 위하여 소비되는 원가 중에서 재료비와 노무비를 제외한 모든 제조원가 비목을 말한다.

나) 경비의 분류

① 형태별 분류

기업회계기준에서는 전력비, 가스수도비, 운임, 감가상각비, 수선비, 소모품비, 세금과 공과, 지급임차료, 보험료, 복리후생비, 여비교통비, 잡비 등이 있다.

② 원가대상별 분류: (제품과의 관련에 따른 분류)

㉠ 직접경비: 특정제품의 제조를 위하여 발생한 경비로서 당해 제품에 직접 부과 할 수 있는 경비를 의미한다.

㉡ 간접경비: 특정제품의 제조와 직접적인 관계가 없는 경비로 대부분 경비는 이에 속한다. 따라서 대부분의 경비는 제조간접비로 회계처리 되어 각 제품별로 공동 배분된다.

(2) 방산 직접 및 간접 경비 항목

가) 직접 경비

직접경비는 방산물자 생산에 직접 부과할 수 있는 비용으로서 기계장치, 금형, 치공구 및 전용구축물의 감가상각비와 지급임차료, 설계비, 공사비, 기술료, 개발비, 특허권사용료, 시험검사비, 외주가공비, 보관비, 설치 시운전비, 공식행사비 등이다.

나) 간접 경비

간접경비는 2종 이상의 제품생산에 공통적으로 발생하는 비용으로서 복리후생비, 여비·교통비, 전력비, 통신비 등 20여 종의 비목들이다.

방산 직접경비 및 간접경비의 인정비목

구분	비목
직접경비 (13개 비목)	기계장치 · 금형(金型) · 치공구 · 전용구축물 등의 감가상각비와 지급임차료, 설계비, 공사비, 기술료, 개발비, 특허권사용료, 시험검사비, 외주가공비, 보관비, 설치비, 시운전비, 공식행사비
간접경비 (25개 비목)	복리후생비, 여비교통비, 전력비, 통신비, 연료비, 용수비(用水費), 감가상각비, 운반비, 지급임차료, 보험료, 지급수수료, 세금과 공과금, 소모품비, 피복비, 수리수선비, 교육훈련비, 도서인쇄비, 차량관리비, 연구비, 경상개발비, 조사연구비, 안전관리비, 전산운영비, 폐기물처리비

(3) 기계장치, 치공구 및 전용구축물의 감가상각비

가) 감가상각의 일반적 개념

유형자산은 사용에 의한 소모, 시간의 경과와 기술의 변화에 따른 진부화 등에 의해 경제적 효익이 감소한다. 유형자산의 장부가액은 일반적으로 이러한 경제적 효익의 소멸을 반영할 수 있는 감가상각비의 계상을 통하여 감소한다. 감가상각의 주목적은 취득원가의 배분이며 자산의 재평가는 아니다.

따라서 감가상각비는 유형자산의 장부가액이 공정가액에 미달하더라도 계속하여 인식한다.(기업회계기준서 제5호 27)

① 감가상각 회계의 목적

특정자산의 감가상각대상금액을 자산의 이용에 따라 효익이 발생하는 기간에 체계적이고 합리적인 방법으로 배분하는 것이다.

② 감가상각의 개념

유형자산의 감가상각 대상금액을 그 자산의 내용연수 동안 체계적인 방법에 의하여 각 회계기간에 배분하는 것을 감가상각이라 한다.

　㉠ 물리적 요소에 의하여 유형자산의 가치가 감소하는데, 물리적 요소란 자산의 사용 및 시간의 경과에 따른 자산의 마멸이나 화재와 같은 사고 등으로 인한 파괴 등을 말한다.

　㉡ 경제적 요소에 의해 유형자산의 가치가 감소할 수 있는데 특히 고도로 산업화된 기술지향적인 경제, 사회에서는 특정자산의 내용연수를 결정하는데 경제적 요소가 중요한 변수로 작용한다. 이러한 경제적 요소에는 진부화, 부적합화 및 경제적 여건의 변화 등이 포함된다.

③ 천재나 재해, 화재 등 예기치 않은 우발적 원인에 의하여 유형자산의 가치가 감소할 수 있다.

나) 감가상각 대상자산이 되기 위한 기본요소

① 토지 및 건설 중인 자산은 감가상각 대상자산이 아니다.

감가상각이란 자산 효용의 감소분을 합리적으로 사용기간에 걸쳐 배분하는 절차로서 시간의 경과나 사용 등으로 인하여 가치가 감소하는 자산이어야 한다.

② 감가상각이 용인 받기 위해서는 자기 소유의 자산이어야 한다.

실질적으로 법인이 취득, 사용이 증명되는 경우, 할부, 연불조건으로 구입한 경우에 소유권이 없더라도 전액을 자산으로 계상하고 실제로 사업에 공할 경우 및 금융리스경우에는 소유자산과 동일한 방법으로 감가상각한다.

③ 사업에 실질적으로 기여하여야 한다.

비록 업체 소유의 자산이라고 하더라도 업무와 직접 관련이 없거나 타인이 주로 사용하는 경우에는 감가상각을 해도 인정할 수 없다.유형자산을 외부로부터 매입하거나 자기가 직접 제조하였으나 아직 사업에 공하지 않고 창고 등에 저장 중에 있는 자산은 실제로 사용하기 전까지는 감가상각비를 계상할 수 없다.

④ 내용연수 도중 사용을 중단하고 처분 또는 폐기할 예정인 유형자산은 사용을 중단한 시점의 장부가액으로 표시한다.

이러한 자산은 감가상각을 하지 않는 대신에 투자자산으로 재분류한다.

내용연수 도중 사용을 중단하였으나 장래사용을 재개할 예정 유형자산은 감가상각을 하되, 그 감가상각비는 영업외비용으로 한다.

다) 세법상 감가상각의 특징

세법상 감가상각제도는 조세부담의 공평, 계산의 편의성 및 국가 정책목적 등을 고려하여 규정된 것으로 기업회계기준과 달리 다음과 같은 특징이 있다.

① 법인이 각 사업연도에 고정자산에 대한 감가상각을 할 것인가의 여부는 법인의 내부 의사결정에 의한다.

② 법인이 감가상각비를 손금에 계상하더라도 동 금액이 모두 용인되는 것은 아니다.

③ 고정자산의 감가상각에 필요한 내용연수 등을 세법에서 특별히 정하고 있다.

세법상 감가상각의 계산요소는 기업회계기준과 마찬가지로 취득가액, 잔존가액, 내용연수, 상각방법이다.

세법에서는 기업회계기준과 달리 각각의 요소들에 대하여 구체적으로 규정을 함으로써 법인이 각 사업연도에 손금으로 계상 할 수 있는 감가상각비 한도액 계산을 정형화하고 있다.

라) 방산물자의 감가상각제도

① 감가상각제도의 의의

방산물자의 원가계산은 원칙적으로 기업회계기준을 따르고 있다. 그러나 기업회계기준은 일반적인 회계관습을 벗어나지 않는 범위 내에서 회사의 자유로운 감가상각방법을 인정하므로 방산물자의 원가계산 측면에서는 적합하지 못한 것이 있다.

현행 「방산원가규칙」에서는 내용연수, 잔존가액, 감가상각방법 등 일정한 제한을 둘 필요가 있는 사항에 대하여는 법인세법을 준용하고 있다.

그러나, 법인세법의 목적도 국가의 안정적인 세수확보이기 때문에 방산원가계산에 이를 그대로 적용할 경우 불합리한 원가왜곡이 발생할 수 있다.

따라서, 「방산원가규칙」에서는 법인세법을 그대로 준용하는 것이 아니라 이를 합리적으로 수정하여 준용하는 체계를 취하고 있다.

② 감가상각제도의 특징

업체가 방산물자의 생산을 위하여 새로이 기계장치·치공구·검사용계기·금형·전용구축물 등을 제작하거나 구입하는 경우, 감가상각 방법은 법인세법에 의한 내용연수 및 잔존가액에 정액법 또는 생산량비례법을 적용하여 계산한다.

다만, 방산물자의 수출장려책의 일환으로 당해계약기간 중 수출품에 대한 방산전용시설 감가상각비는 국내 계약분에 대하여 배분할 수 있다.

마) 직접경비의 감가상각비 계산

감가상각비의 계상은 방산원가세칙 제21조의 2에 따라 산정한다.

[방산원가세칙]

제21조의2(감가상각비) ① 감가상각비는 방산원가대상물자의 생산을 위하여 새로이 기계장치·치공구·검사용계기·금형·전용구축물 등을 제작하거나 구입하는 경우의 취득가격이나 계약당시의 장부가액에 대한 상각비로서 그 계산방법은 아래 각호에서 정한 바에 의한다.

1. 내용연수는 「법인세법 시행규칙」 제15조제2항 또는 제3항의 규정에 의한 내용연수 또는 기준내용연수로 한다.

2. 상각방법은 정액법에 의하되, 생산능력 또는 생산수량으로 나누어 단위당 상각비를 계산한다.

3. 계약기간과 제1호에 의한 내용연수의 불일치 등으로 인하여 제2호를 적용하는 것이 불합리하다고 인정되는 때에는 그 내용연수를 별도로 정하거나 생산량비례법을 적용하여 계산할 수 있다.

② 제1항의 규정에 의한 감가상각비는 방산원가대상물자의 생산에 직접 사용되는 기계장치, 치공구, 검사용계기 및 금형과 제2조제3항제1호에 해당하는 전용구축물로서 법인세법에 의하여 고정자산대장에 등재한 것에 대한 감가상각비를 말하며, 고정자산대장에 등재하여 감가상각방법으로 비용화 할 것이 확실하게 입증되고 당해계약목적 달성을 위하여 신규제작 또는 신규 구입하는 경우에는 감가상각비 계산 대상에 포함할 수 있다. 다만, 제12조제2항제2호에 의거 소모공구·기구·비품비로 계상된 것은 감가상각비 계산 대상에서 제외한다.

③ 제1항의 취득가격이나 계약당시의 장부가액이라 함은 다음 각 호의 기준가액을 말한다.

1. 외부구입 시에는 구입대금에 그 자산이 본래의 기능을 수행하기까지 발생한 부대비용을 가산한 금액(매입수수료, 운송비, 하역비, 설치비, 시운전비, 취득세, 등록세 등) 다만, 「법인세법」 제2조제12호의 특수관계인인 방산업체로부터의 취득자산은 해당 방산업체의 장부가액(재평가차액 제외)을 기준으로 산정한다.

2. 자가제작 시에는 제조원가에 자산의 설치완료까지 발생한 부대비용(설치비, 시운전비, 등록세 등) 및 건설자금이자를 가산한 금액(건설자금이자는 유형자산의 제작, 매입, 건설에 직접 사용하였음이 객관적으로 입증되는 차입금에 대하여 그 자산의 취득완료시까지 발생된 이자비용 기타 이와 유사한 금융비용을 의미한다. 단, 차입금의 일시예금에서 발생한 이자수익은 당해 이자비용에서 차감한다)

3. 「자산재평가법」 제17조의 규정에 의거 재평가액 등이 결정되어 계약체결 이전에 고정자산대장에 등재된 자산의 재평가액(기업회계기준의 재평가 모형으로 인한 장부가액(순잔액)의 변동은 제외). 다만, 정율법으로 감가상각을 하는 경우 새평가액이 정액법 기준의 장부가액(순잔액) 보다 작은 때에는 재평가를 실시하지 아니한 것으로 인정한다.

4. 「법인세법」에 의거 고정자산의 사용기간이 연장되거나 가치의 증가로 인정되는 자본적지출에 상당하는 금액을 가산한 가액

④ 제1항 1호의 규정에 의한 내용연수 또는 기준내용연수는 「법인세법 시행령」 제28조에 따라 납세지 관할세무서장에게 신고한 내용연수를 말한다.

⑤ 잔존가액은 「법인세법 시행령」 제26조제6항 및 제7항에 의한다.

⑥ 방위산업전용시설을 처분한 경우에는 감가상각비 단가 산정시 감가상각대상금액 총액에서 제48조제2항에 따라 확인된 처분이익을 차감하여 산정한다. 다만, 제1항 각호에 의한 감가상각 방법 및 내용연수가 회계결산서와 상이할 경우 해당사항을 고려하여 산정한다.

⑦ 제1항제2호의 정액법에 의한 기간 감가상각비 계산은 제3항의 취득가격(또는 장부가액), 제4항의 내용연수 또는 기준내용연수와 제5항의 잔존가액을 기준으로 하고 단위당 감가상각비는 다음 각 호를 기준으로 계산한다.

1. 당해 방산원가대상물자를 생산하는 전용자산은 조달물량으로 나누어 계산하되, 조달물량의 판단이 불확실한 경우에는 생산능력으로 나누어 계산한다. 당해 연구개발 및 시제생산에만 사용하는 자산은 연구개발 담당자의 확인을 받은 후 당해 계약수량으로 나누어 계산한다.

2. 여러 제품에 공통적으로 사용되는 자산에 대하여는 생산능력으로 나누어 계산하거나 또는 규칙 제7조의 적정배부기준을 사용하여 계산한다.

⑧ 「방위사업법 시행령」 제50조제2항의 규정에 의한 생산계획물량(이하 "생산계획물량"이라 한다) 이 통보된 경우에는 생산량비례법을 적용할 수 있다. 이때 단위당 상각비는 제3항의 취득가격(또는 장부가액), 제5항의 잔존가액을 기준으로 생산계획물량을 포함한 총생산물량으로 나누어 계산한다.

⑨ 내용연수의 변경 또는 자본적 지출로 인하여 당초의 내용연수가 경과한 후에도 미상각액이 발생할 경우에는 「법인세법」에 따라 감가상각비를 계산할 수 있다.

⑩ 자산재평가를 실시한 후 재평가액을 기준으로 감가상각비를 계산하는 경우에 일반관리비 및 이윤을 계산하기 위한 감가상각비(직접비에 포함되는 것을 말한다)는 증가된 감가상각비가 일반관리비율 및 이윤율에 반영되어 적용될 때까지 재평가전의 가액을 기준으로 한다.

⑪ 사업연도 중도에 취득하거나 양도한 자산은 「법인세법 시행령」 제26조제9항에 의하여 감가상각비를 계산한다.

※ 자본적 지출과 수익적 지출

■ 자본적 지출(법인세법 시행령 제31조 ②)

법인이 소유하고 있는 감가상각자산의 내용연수를 연장시키거나 당해자산의 가치를 현실적으로 증가시키기 위하여 지출한 수선비를 말하며, 다음에 해당하는 지출을 포함한다.

① 본래의 용도를 변경하기 위한 개조

② 엘리베이터 또는 냉난방장치의 설치

③ 빌딩 등에 있어 피난시서 등의 설치

④ 재해 등으로 인하여 멸실 또는 훼손되어 본래의 용도에 이용할 가치가 없는 건축물, 기계, 설비 등의 복구

⑤ 기타 개량, 확장, 증설 등 위와 유사한 성질의 것

■ 수익적 지출(법인세법 시행령 제31조 ③, 시행규칙 제17조)

법인이 각 사업연도에 지출한 수선비가 다음에 해당하는 경우로서 그 수선비를 당해 사업연도의 손금으로 계상한 경우에는 제2항의 규정에도 불구하고 자본적지출에 포함되지 아니하는 것으로 본다. 즉 수익적지출로 보아 손금으로 인정한다.

① 개인자산별로 수선비 지출액이 300만원 미만인 경우와 대차대조표상의 자산가액이 100분의5에 미달하는 경우

② 3년 미만의 기간마다 주기적인 수선을 위하여 지출하는 경우

(4) 기계장치, 치공구 및 전용구축물의 지급임차료

① 지급임차료 대상 범위

지급임차료의 계상대상 범위는 당해방산물자의 생산에 직·간접으로 사용되는 기계장치, 치공구, 검사용게이지, 금형과 방산물자만의 생산에 직접 기여하는 전용구축물에 대한 지급임차료이다.

② 지급임차료 계산

급임차료는 방산원가대상물자의 생산에 직접 사용하는 기계장치, 치공구, 검사용계기, 금형과 제2조제3항제1호의 전용구축물에 대한 지급임차료로서 임차계약에 의하여 지불되는 임차료를 대상으로 하되, 단위당 계산기준은 계약수량으로 나누어 계산 또는 총생산물량으로 나누어 계산한다.

③ 지급임차료 계산사례

■ 지급임차료 계약 현황

일자	계약번호	계약기간	단위	계약금액	지급임차료
2023. 5. 24		2022. 5. 26 ~ 2023. 5. 25	원	43,500,000	19,726,500

■ M/D당 배부액 산정내역

일자	연간 총 발생공수(M/D)	M/D당 배부액
19,726,500	106,925	184.48

■ 단위당 지급임차료: 직접공수 20.57 M/D × 184.48원/MD = 3,794.75원

(5) 설계비

가) 설계비 대상의 범위

설계비 설계비는 당해 방산원가대상물자를 생산하는 경우에 설계를 위하여 지출되는 비용으로 설계를 외부에 위탁하거나 제작도면을 외부에서 구입하는 경우에 소요되는 비용을 말한다. 다만, 내부설계인 경우에는 제조원가 요소별로 계산할 수 있다.

나) 설계비 계산

설계비는 우선 그 총액을 계산하고 그 총액을 당해 연도의 조달물량으로 나누어 당해 연도의 경비로 계산한다. 조달물량을 예정할 수 없는 경우에는 생산능력을 고려한 물량으로 나누어 당해 계약의 경비로 계산.

차년도 이후 계속하여 조달하는 경우의 설계비는 설계비 총액을 기준으로 방위사업법 시행령 제50조 제2항의 규정에 의한 생산계획물량을 포함한 총생산물량으로 나누어 당해계약의 경비로 한다.

설계비를 계산할 때에는 「방위사업법 시행령」 제50조제2항의 규정에 의한 생산계획물량을 포함한 총생산물량으로 나누어 당해 계약의 경비로 계산한다. 다만, 생산계획물량의 통보가 불가능한 경우에는 5년간 균등하게 이연 상각한다.

① 조달물량을 예정할 수 있는 경우에는 조달물량으로 나누어 계산하고,

② 조달물량을 예정할 수 없는 경우에는 생산능력으로 나누어 계산토록 규정하고 있다.

(6) 공사비

가) 공사비대상 범위

공사비로서 직접경비에 계상되는 비용은 제조 등을 위하여 일시적으로 시설을 필요로 하는 경우 당해 시설의 가설공사에 소요되는 비용(사용 후 즉시 철거하지 않은 것은 제외)

나) 공사비 계산

공사비를 계산할 때에는 「방위사업법 시행령」 제50조제2항에 의한 생산계획량을 포함한 총생산물량으로 나누어 단위당 공사비를 계산하되 총생산물량을 알 수 없을 때에는 설계비 계산 방식을 준용하여 단위당 공사비를 계산할 수 있다.

공사비의 계산에 있어서는 사용후의 철거에 요하는 비용을 고려하여야 한다.

(7) 특허권 사용료

가) 특허권사용료의 대상범위

특허권사용료는 당해 방산원가대상물자의 생산을 위하여 사용되는 특허권의 사용료로서 특허권사용료를 지급하는 방법으로는

① 생산수량 또는 매출액에 비례하여 일정률의 금액을 지급하는 방법

② 제조기간별로 일정금액을 지급하는 방법이 있다.

방산규칙에서는 당해 방산물자의 생산을 위하여 지불되는 금액으로서 제한하고 있으며 이윤산정 기준 및 제비율 적용지침에 의거 이윤(계약수행노력보상액) 산정 시 제외됨에 유의하여야 할 것이다.

나) 특허권사용료 계산

특허권사용료는 생산계획물량을 포함한 총생산물량 및 특허기간을 기준으로 배분하여 계산한다. 다만, 당해 특허권이 방위산업 외에는 사용할 수 없고, 특허기간이 생산계획기간보다 장기일 경우에는 총생산물량을 기준으로 배분하여 계산한다.

특허권사용료 계산에 있어서 제1항의 단서조항의 경우를 제외하고는 특허기간을 기준으로 배분 계산한다.

특허권사용료를 생산수량에 대한 일정금액 또는 비율로서 지급하는 경우에는 실비상당액으로 한다.

(8) 방산연구개발 관련원가

가) 개발비의 대상범위

개발비는 당해 방산원가대상물자의 생산에 직접 필요한 국내기술개발비로서 시험 및 시험제작에 소요된 비용 또는 연구기관에 의뢰한 기술개발용역비 등을 말하며, 연구개발활동의 결과 특허권을 취득한 경우에도 동 비용은 개발비에 포함한다.

개발비는 기업회계기준상 무형자산 개념을 준용하여야 한다. 다만, 제조원가 요소별로 회계처리 된 비용을 방산 제비율상 개발비로 조정을 한 경우에는 개발비로 본다.

※ 경상개발비 및 연구비는 향후 군소요나 수출소요를 위해 자체개발 또는 연구하는데 소요된 비용으로, 특정 프로젝트에 위 비용이 투입된 경우에는 간접경비율 또는 일반관리비율로 반영할 수 있다.

나) 개발비 계산

① 방위사업법 시행령 제50조 2항의 규정에 생산계획량이 통보되는 경우

➡ 생산계획량을 포함한 5년간의 총생산물량으로 나누어 계산한다.

② 생산계획량 통보가 불가능한 경우

➡ 3년간 균등하게 이연 상각하되 당해 연도의 상각액을 계산하고 당해 연도 조달물량 또는 생산능력으로 나누어 계산한다.

③ 예외적으로 연구 및 개발비중 장래 계속생산으로의 연결이 불확실하며 미래 수익의 증가와 관련이 없는 비용은

➡ 일시 상각할 수 있다.

(9) 시험검사비, 기술료, 외주가공비, 보관비, 설치비·시운전비, 공식행사비

① 시험검사비는 당해 방산원가대상물자의 생산에 사용되는 재료의 재질분석이나 성능시험을 위하여 지출되는 외주시험비 또는 법령이나 계약조건에 의하여 내부검사가 요구되이 지출되는 자체시험검사비로서 당해 방산원가대상물자에 개별 부과하거나 일정기간의 납품량에 배분하여 계산할 수 있다.

② 기술료는 당해 방산원가대상물자의 생산을 위하여 기술제휴에 따라 지출되는 비용인 면허료, 로얄티와 기술비결(Know-how)의 획득비 및 동 부대비용인 기술도입비로서 지급조건에 따라서 실비상당액을 계상하거나, 생산계획물량을 포함한 5년간의 총생산물량을 기준으로 배분하여 계산한다.

다만, 기술제휴기간이 정하여지지 아니한 경우 또는 생산계획물량의 통보가 불가능한 경우에는 3년간 균등하게 이연상각한다.

③ 외주가공비는 당해 방산원가대상물자의 생산에 사용될 재료를 외부에 위탁 가공시키는 경우 그 가공을 위하여 지출되는 비용을 계산하되, 부분품의 가치로서 재료비에 계상되는 비용과 지정된 방산원가대상물자 자체의 외주가공비는 인정하지 아니한다.

④ 보관비는 당해 방산원가대상물자의 제조에 소요되는 재료 및 기자재 등의 창고사용료로서외부에 지급되는 비용 및 성과기반계약수행시 적기자재지원을 위한 자재창고 운용 및 운송비를 계산하되, 재료비에 계상되는 것은 제외한다.

⑤ 설치비·시운전비는 당해 방산원가대상물자를 납품장소에 설치하는 경우 또는 성능시험을 위한 시운전 등의 경우에 발생하는 비용을 계산한다.

⑥ 공식행사비는 당해 방산원가대상물자의 생산과 직접 관련된 행사를 위하여 지출되는 비용으로 한다.

(10) 간접 경비 계산

가) 간접경비 의의

간접경비는 재료비, 노무비 및 직접경비를 제외한 제조원가요소로서 2종 이상의 제품생산에 공통적으로 발생하는 다음의 비용을 말한다.

1. 복리후생비	2. 여비교통비	3. 전력비
4. 통신비	5. 연료비	6. 용수비
7. 감가상각비	8. 운반비	9. 지급임차료
10. 보험료	11. 지급수수료	12. 세금과공과
13. 소모품비	14. 피복비	15. 수리수선비
16. 교육훈련비	17. 도서인쇄비	18. 차량관리비
19. 경상개발비	20. 연구비	21. 안전관리비
22. 조사연구비	23. 전산운영비	24. 폐기물처리비

나) 간접경비 계산

간접경비는 노무비(직접노무비와 간접노무비의 합계액)에 방위사업청장이 매년 업체별로 산정 통보하는 당해 업체의 간접경비율을 곱하여 계산한다.

간접경비 = 직접 및 간접노무비 × 간접경비율

다) 간접경비율 산정

간접경비율은 직접노무비와 간접노무비의 합계액에 대한 간접경비의 비율로서, 과거 2년간의 방산물자의 생산을 위하여 투입된 당해부문의 실적치와 부문별, 업체별, 지정물자별 특수성을 고려하여 산정한다.

$$간접경비율(\%) = \frac{간접경비}{노무비} \times 100$$

이 경우에 직접 및 간접노무비와 간접경비발생액은 「방산원가규칙」에 의거하여 단하며, 과거 2년간의 실적자료를 기준으로 계산된 간접경비율을 최근년도로부터 각각 6:4의 가중치로 반영한다.

라. 일반관리비 계산

(1) 일반관리비의 의의

기업회계에서는 대부분의 회사의 경우 제조원가 이외의 비용은 모두 판매비와 일반관리비로서 일괄 계상하고 있다. 판매비와 일반관리비의 세분은 업종, 생산의 형태, 규모의 차이 등에 따라 회사마다 상이하다.

방산물자 원가계산에서 정의하는 일반관리비는 기업을 유지하기 위하여 관리활동 부문에서 발생하는 비용으로서 제조원가에 속하지 아니하는 모든 영업비용 중 제3조에 따른 비원가 항목을 제외한 비용인 임원 급여, 사무실 직원의 기본급, 각종 수당(일시적으로 많은 금액의 퇴직수당은 제외한다), 상여금, 퇴직급여, 복리후생비, 소모품비, 감가상각비, 지급임차료, 보험료, 세금과 공과금, 교육훈련비, 직업훈련비, 도서인쇄비, 수선비, 수도광열비, 운반비, 보관비, 여비교통비, 통신비, 지급수수료, 차량유지비, 연구비, 경상개발비, 조사연구비, 전산운영비 등으로 정의 한다.

방산원가규칙에서 일반관리비는 사업전체의 유지관리에 관하여 공통적으로 발생하는 비용으로서 다음의 비용을 계상하도록 하고 있다.

1. 임원급여	2. 급료와 임금	3. 제수당
4. 퇴직급여	5. 복리후생비	6. 소모품비
7. 감가상각비	8. 지급임차료	9. 보험료
10. 세금과 공과금	11. 교육훈련비	12. 직업훈련비
13. 도서인쇄비	14. 수선비	15. 수도광열비
16. 운반비	17. 보관비	18. 여비·교통비
19. 통신비	20. 지급수수료	21. 차량유지비
22. 연구비	23. 경상개발비	24. 조사연구비
25. 전산운영비	26. 수출촉진활동비	

위에서 열거한 비용(비목)중에서 보험료, 지급수수료에 대하여서 법령 또는 계약에 의한 것이거나 종류 또는 금액에 있어서 정상이라고 인정하는 것에 한정하고 있다.

> 가. 보험료
>
> 보험료는 법률에 의거 가입이 규제되어 있거나 군에서 가입을 규제한 보험료에 한하여 인정한다.
>
> 나. 지급수수료
>
> 법률로서 규제되어 있거나 종류 또는 금액에 있어서 정상이라고 인정되는 것에 한하여 인정한다.

※ 수출 관련 전시회 참가비용과 수출 관련 시험평가비(시험평가 또는 무기체계의 성능 시현을 위하여 구매, 제작하는 장비의 가격은 제외한다)는 일반관리비로 인정한다.

(2) 일반관리비의 산정

일반관리비는 관급재료비를 포함한 제조원가에 일반관리비율을 곱하여 계산한다. 다만, 관급재료비의 급격한 증감으로 인하여 관급재료비를 포함한 제조원가를 기준으로 일반관리비를 계산하는 것이 불합리한 경우에는 관급재료비를 제외한 제조원가에 제25조에 따른 일반관리비율을 곱하여 계산한다.

> **일반관리비 = 제조원가(관급재료비 포함) × 일반관리비율**
>
> *** 예외: 일반관리비 = 제조원가(관급재료비 불포함) × 일반관리비율**

이 경우 규칙 제24조제1항의 단서규정에서 말하는 불합리한 경우란 일반관리비 계산시 제31조에 의한 일반관리비율의 산정기간과 적용시점에서 관급재료의 물량 또는 금액 차이가 큰 경우로서 장기적으로도 불합리가 시정되지 않는 경우와 시제의 경우를 말한다.

■ 일반관리비율의 상한

방위사업청장이 산정 통보하는 당해업체 일반관리비율을 적용하되, 그 율이 다음의 일반관리비율을 초과하는 때에는 다음의 일반관리비율을 적용한다.

▷ 일반관리비율은 다음 각 호의 어느 하나에 해당하는 율을 초과하지 못한다.

> 1. 조함공사(造艦工事): 100분의 6
> 2. 조립금속: 100분의 7
> 3. 용역: 100분의 6
> 4. 화학 · 섬유 · 고무 · 의복 · 가죽 및 그 밖의 물품: 100분의 8

▷ 「중소기업기본법」제2조제1항에 따른 **중소기업**(이하 "중소기업"이라 한다)과 같은 조 제3항에 따라 **중소기업으로 보는 기간이 만료된 후 5년이 경과하지 않은 중견기업**(「중견기업 성장촉진 및 경쟁력 강화에 관한 특별법」 제2조제1호에 따른 중견기업을 말한다)은 제2항에도 불구하고 다음 각 호의 율을 일반관리비율의 한도로 한다.

> 1. 조함공사: 100분의 8
> 2. 조립금속: 100분의 9
> 3. 용역: 100분의 8
> 4. 화학 · 섬유 · 고무 · 의복 · 가죽 및 그 밖의 물품: 100분의 10

(3) 일반관리비율 산정

일반관리비율은 일반관리비가 관급재료비를 포함한 제조원가에서 차지하는 비율로서, 산정 연도를 기준으로 그 직전 연도를 포함한 과거 2년 이상의 방산원가대상물자의 생산을 위하여 투입된 해당 부문의 실적치를 기준으로 하여 국방부장관 또는 방위사업청장이 정한다.

다만, 제24조제1항 단서에 따라 일반관리비를 계산하는 경우에 일반관리비율은 관급재료비를 제외한 제조원가에서 일반관리비가 차지하는 비율로 한다.

일반관리비율은 관급재료비를 포함한 제조원가에 대한 일반관리비의 비율로서, 과거 2년간의 실적자료를 기준으로 산정한다.

$$\text{일반관리비율} = \frac{\text{일반관리비 발생액}}{\text{제조원가(관급재료비 포함) 발생액}}$$

일반관리비율은 과거 2년간의 실적자료를 기준으로 관급재료비(시제용으로 투입된 관급재료비는 제외)를 포함한 제조원가에 대한 일반관리비의 비율로 산정하되, 최근 연도의 일반관리비율부터 6:4의 비율로 반영한다.

관급재료비의 급격한 증감으로 인하여 관급재료비를 포함한 제조원가를 기준으로 일반관리비율을 산정하는 것이 불합리한 경우에는 관급재료비를 제외한 제조원가를 기준으로 일반관리비율을 산정한다.

$$\text{일반관리비율} = \frac{\text{일반관리비 발생액}}{\text{제조원가(관급재료비 제외) 발생액}}$$

※ 여기서 불합리한 경우란 일반관리비율의 산정기간과 적용시점에서 관급재료의 물량 또는 금액차이가 큰 경우로서 장기적으로도 불합리가 시정되지 않은 경우와 시제의 경우를 말한다.

마. 이윤 계산

(1) 이윤의 의의

방산원가에서는 이윤산정기준을 방위사업계약상대자의 경영안정, 위험부담, 투하자본, 수출확대노력, 연구개발노력, 중소기업육성노력 등을 고려하여 합리적으로 정하도록 하고 있다.

이윤계산은 기본보상액, 노력보상액을 합한 금액으로 한다.

> **이윤 = 기본보상액 + 노력보상액**
>
> **기본보상액 = 방산경영안정보상액 + 위험보상액 + 투하자본보상액**
> **노력보상액 = 수출확대보상액 + 연구개발보상액 + 중소기업육성보상액 + 방산원가관리체계인증보상액**

(2) 이윤의 산정

① 기본보상액

기본보상액은 방산경영안정보상액, 위험보상액, 투하자본보상액의 합계액으로 산정한다.

> **기본보상액 = 방산경영안정보상액 + 위험보상액 + 투하자본보상액**

㉠ 방산경영안정보상액

총원가에 관급재료비의 50%를 더한 금액에 방산경영안정보상률을 곱한 금액으로 산정한다.

· 방산경영안정보상률은 제조업 매출액영업이익률에 조정계수 0.65를 곱하여 산정한다. 다만, 「중소기업기본법」에 따른 중소기업(이하 "중소기업"이라 한다)과 「중견기업 성장촉진 및 경쟁력 강화에 관한 특별법」 제2조제1호에 따른 중견기업으로서 「중소기업기본법」 제2조에 따라 중소기업으로 보는 기간이 만료된 후 5년이 경과하지 않은 업체(이하 "중견기업" 이라 한다)에 대해서는 0.75를 곱하여 산정한다.

· 제조업 매출액영업이익률은 한국은행에서 발표하는 제조업 평균 영업이익률을 말하며 제비율 산정년도를 기준으로 과거 5개년을 산술평균하여 반영한다.

> **방산경영안정보상액 = 총원가 + (관급 × 50%) + 방산경영안정보상률**
> **방산경영안정보상률 = 제조업 매출액영업이익률 × 조정계수**
> (조정계수 – 중소기업: 0.65, 5년 이내 중견기업: 0.75)

㉡ 위험보상액

방산도급재료비를 제외한 총원가에 다음 각 목의 위험보상률을 곱한 금액으로 산정한다.

다만, 기술협력생산에 대해서는 사업단계와 무관하게 2.0%를 곱한 금액으로 산정한다.

> **위험보상액 = (총원가 − 방산도급재료비) × 위험보상률**

위험보상률

구분	연구개발	초도양산	2차양산	후속양산, 정비	기술협력 생산
보상율	5.0%	4.5%	3.0%	2.0%	2.0%

ⓒ **투하자본보상액**

총원가와 관급재료비를 합한 금액에 투하자본보상률을 곱한 금액. 다만, 관급재료비의 급격한 증감으로 인하여 관급재료비를 합하여 계산하는 것이 불합리한 경우에는 총원가를 기준으로 산정할 수 있다.

> **투하자본보상액 = (총원가 + 관급재료비) × 투하자본보상률**

· 투하자본보상률은 과거 2년간의 실적자료를 기준으로 다음 계산식에 의하여 산정하되, 최근년도로부터 투하자본보상률을 각각 6:4의 비율로 반영한다.

> $$\text{투하자본보상률} = \frac{(\text{방산투하자본금액} \times \text{가중평균자본비용}) - \text{방산육성자금이차보전액}}{\text{총원가} + \text{관급재료비}}$$

· 방산투하자본금액과 가중평균자본비용은 별표 3에 따라 산정한다.

[방산원가세칙] 【별표 3】 **방산투하자본금액 및 가중평균자본비용 산정기준**

I. 방산투하자본금액 산정기준

1. 방산투하자본금액 대상은 방산원가대상물자의 생산을 위하여 투하된 자산으로서 미착기계, 건설중인자산 등을 제외한 유형자산, 개발비, 임차보증금 및 소프트웨어를 말한다.

2. 방산투하자본금액은 계속자산, 신규자산, 매각자산으로 구분하여 산정하여야 한다.

3. 방산투하자본금액은 각 자산별로 산출된 금액에 대하여 「회계처리 및 구분회계기준에 관한 훈령」 제37조에 따른 배부기준에 따라 민·방산을 구분하여 산출하여야 한다.

4. 방산투하자본금액은 투하자본대상자산의 기초금액과 기말금액의 평균으로 하며, 재평가차액(토지이외의 유형 고정자산은 1998.4.10. 이후 재평가차액 및 기업회계기준의 재평가모형으로 인한 장부가액의 증감액)은 제외한다.

5. 신규취득자산의 경우 「법인세법 시행령」 제26조제9항의 감가상각비 계산방식을 준용하여 투하자본금액을 산출하여야 한다. 다만, 「법인세법」 제2조제12호의 특수관계인인 방산업체로부터의 취득자산은 해당 방산업체의 장부가액(재평가차액 제외)을 기준으로 산정한다.

---

6. 개발비는 비용발생시점부터 상각종료시점까지 투하자본으로 반영한다. 다만, 연구개발이 중단되거나 방산물자 생산에 활용되지 않을 경우 그 시점부터 투하자본 대상에서 제외한다.

II. 가중평균자본비용 산정기준

1. 가중평균자본비용 = 타인자본구성비 × 타인자본비용 + 자기자본구성비 × 자기자본비용

　가. 타인자본구성비 = 감사보고서의 재무상태표상 부채총계 ÷ 감사보고서의 재무상태표상 자산총계

　나. 자기자본구성비 = 감사보고서의 재무상태표상 자본총계 ÷ 감사보고서의 재무상태표상 자산총계

　다. 주식회사의 외부감사에 관한 법률에 의한 회계감사의 대상이 되지 않는 방산업체의 경우에는 세무신고시에 제출한 재무제표를 기준으로 타인자본구성비와 자기자본구성비를 산출한다.

　라. 재무상태표상 부채총계가 자산총계를 초과하는 경우 타인자본구성비는 100%, 자기자본구성비는 0%로 한다.

2. 타인자본비용은 한국은행 기업경영분석의 "손익의 관계비율 중 차입금 평균 이자율(제조, 대기업)"을 적용하되 제비율 산정년도를 기준으로 과거 5개년을 산술평균하여 반영한다. 다만, 중소기업과 중견기업에 대해서는 한국은행 기업경영분석의 "손익의 관계비율 중 차입금 평균 이자율(제조, 중소기업)"을 적용한다.

3. 자기자본비용은 한국은행 기업경영분석의 "손익의 관계비율 중 자기자본세전순이익률(제조, 종합)"로 하되 제비율 산정년도를 기준으로 과거 5개년을 산술평균하여 반영한다. 다만, 중소기업과 중견기업에 대해서는 한국은행 기업경영분석의 "손익의 관계비율 중 자기자본세전순이익률(제조, 종합)"에 1%를 더한 율로 한다.

· 방산육성자금 이자차액보전액은 「방위산업 이차보전사업 운영규정」 제5조에 따라 방산원가대상물자의 생산을 위하여 투하된 유형자산, 개발비 등에 지원되는 이자차액보전액을 말한다.

· 투하자본보상액은 총원가와 관급재료비를 합한 금액(제3호 단서조항에 따라 총원가를 기준으로 산정한 경우에는 총원가를 말한다)의 10%를 초과할 수 없다.

② **노력보상액**

노력보상액은 수출확대보상액, 연구개발보상액, 중소기업육성보상액 및 방산원가관리체계인증보상액의 합계액으로 산정한다.

> **노력보상액 = 수출확대보상액 + 연구개발보상액 + 중소기업육성보상액 + 방산원가관리체계인증보상액**

㉠ 수출확대보상액

수입품비를 제외한 총원가에 수출확대보상률을 곱한 금액으로 산정한다.

$$수출확대보상액 = 총원가 \times 수출확대보상률$$

※ 최근 2개년의 방산수출액의 합이 1억원(중소기업 또는 중견기업의 경우 5천만원) 이상인 경우에 한
  한다.

· 수출확대보상률은 다음 산식에 따라 산정한 최근 2개년의 실적을 산술평균하여 적용하되, 중소기업과
  중견기업에 대해서는 산술평균율에 1.5를 곱하여 적용한다.

$$수출확대보상률(\%) = 0.5\% + 수출평가율 + 수출증가평가율$$

· 수출평가율은 다음 산식에 따라 산정하되, 4.5%를 초과할 수 없다.

$$수출평가율(\%) = \frac{방산수출액}{방산매출액(방산수출액 포함, 비닉사업 매출액 제외)} \times 0.1 \times 100$$

· 비닉사업 매출액은 국방과학연구소장 또는 해당 통합사업관리팀장으로부터 비닉사업 해당여부 및 계
  약금액을 확인한 결과에 따라 산정하며, 협력업체로 비닉사업에 참여한 경우 해당 주계약업체로부터
  확인받은 금액으로 산정한다.

· 수출증가평가율은 다음 산식에 따라 산정하되, 1%를 초과할 수 없다. 다만, 직전년도수출비율이 0이
  거나 당해연도수출비율보다 큰 경우에는 0%를 적용한다.

$$수출증가평가율(\%) = \frac{당해년도수출비율 - 직전년도수출비율}{직전년도수출비율} \times 0.02 \times 100$$

㉡ 연구개발보상액

연구개발보상액은 수입품비를 제외한 총원가에 연구개발보상률을 곱한 금액으로 산정한다.

$$연구개발보상액 = (총원가 - 수입품비) \times 연구개발보상률$$

· 연구개발보상률은 다음 산식에 따라 산정한 최근 2개년의 실적을 산술평균하여 적용하되, 연도별 비
  율은 6%를 초과할 수 없다. 다만, 중소기업과 중견기업에 대해서는 산술평균율에 1.5를 곱하여 적용
  한다.

$$\text{연구개발보상률(\%)} = \frac{\text{연구개발비}}{\text{방산매출액}} \times 1.3 \times 100$$

· 연구개발비는 개발비 당기 발생액(재무상태표), 경상개발비(손익계산서, 제조원가명세서), 연구비(손익계산서)의 합계액을 말한다.

ⓒ 중소기업육성보상액

중소기업육성보상액은 중소기업발주 외주비 및 국산화 부품 재료비의 금액에 각각 10%를 곱한 금액의 합계액으로 산정한다.

> 중소기업육성보상액 = (중소기업 또는 중견기업을 대상으로 발생한 외주가공비×10%)
> + (방산원가규칙 제39조의4에 해당하는 국산화 부품 재료비×10%)

ⓔ 방산원가관리체계인증보상액

방산원가관리체계인증보상액은 원가계산시점 기준 「방산원가관리체계 인증제도 운영지침」에 따른 방산원가관리체계 인증이 유효한 경우 총원가에 1%(중소기업 또는 중견기업의 경우 1.5%)를 곱한 금액으로 산정한다.

> 방산원가관리체계인증보상액 = 총원가×1%(중소, 중견기업 1.5%)

다만, 개산계약(특정비목불확정계약을 제외한다)에 대해 계약체결시점부터 정산원가계산시점까지의 기간 중 방산원가관리체계 인증이 취소 또는 정지된 사실이 있는 경우에는 적용하지 아니한다.

바. 방산제비율의 적용

(1) 방산제비율의 의의

방산원가대상물자의 원가는 직접재료비, 직접노무비, 직접경비의 합계인 직접원가와 간접재료비, 간접노무비, 간접경비, 일반관리비 및 이윤으로 구성되며, 특히 방산제비율 제도를 도입하여 간접노무비, 간접경비, 일반관리비, 이윤은 각각 "제비율"을 매년 업체별(공장별)로 일괄하여 산정하여 적용하고 있다

방산제비율은 방산원가대상물자 원가계산시 적용할 간접재료비율, 간접노무비율, 간접경비율, 일반관리비율, 이윤율을 말한다.

(2) 방산제비율의 적용

① 방산제비율은 원가계산 시점에 시행되는 기준을 적용한다.

② 방위사업청장은 매년 방산제비율을 산정하여 12월 31일 이전까지 관련부서와 기관에 통보하며 다음연도 1월 1일부터 12월 31일까지 적용한다.

③ 방산제비율 자료를 제출하지 아니한 방산업체에 대하여는 전 방산업체의 제비율 중 가장 낮은 율을 적용한다. 다만, 노력보상률은 0%를 적용한다.

④ 방산업체로 신규 지정된 업체에 대해서는 중소기업 및 중견기업과 그에 해당하지 않는 기업으로 구분하여 방산제비율을 산정한 해당 기업들의 평균 제비율을 각각 적용한다.

다만, 제비율 산정 직전 2년간 방산물자 또는 방산물자의 부품 매출 실적이 있는 업체에 대해서는 그러하지 아니한다.

4 │ 개산계약의 정산원가 계산

가. 개산원가의 계산

① 개산원가의 의의

"개산원가"(槪算原價)란 개산계약의 체결을 위하여 개산가격을 산정하기 위한 기초자료로서 계산되는 원가를 말한다.

② 개산원가의 계산

개산원가는 방위사업법 시행령 제61조의4제2항제2호에 따라 같은법 시행령제61조제1항제9호의 일반개산계약을 위한 원가계산시에는 유사장비 또는 물품 등의 원가자료를 활용하여 산정한다.계약담당공무원은 계약상대자가 제출한 개산원가 계산서와 견적서 등 필요한 원가자료를 검토하여 개산원가를 산정할 수 있으며, 개산원가는 원가계산시점에서 획득 가능한 원가자료 및 제반 분석기법을 사용하여 합리적으로 계산하여야 한다.

나. 정산원가의 계산

① 정산원가의 의의

"정산원가"(精算原價)란 개산계약 체결분에 대한 계약금액의 결정을 위하여 해당 계약을 이행할 때에 실제 발생된 원가자료를 기초로 하여 당초의 개산원가를 수정한 원가를 말한다.

② 정산원가의 계산

정산원가는 규칙 제28조에 따라 계산한다. 다만, 납기가 12월 31일인 경우와 같이 납품일 전에 원가정산을 완료하여야 하는 사유가 발생한 때에는 납품일 30일 전부터 원가정산을 완료할 수 있으며 이 경우에 정산원가 계산시점 이후의 원가는 실제발생원가를 합리적으로 추정하여 계산한다.

③ 정산원가 계산 방법

㉠ 방위사업계약상대자는 정산원가 계산을 위한 증빙자료를 제출하여야 하며, 증빙자료의 종류와 대상은 국방부장관 또는 방위사업청장이 정한다.

㉡ 개산계약(제3항 및 제4항에 따른 중도확정계약 및 특정 비목 불확정계약은 제외한다)에서 직접재료비·직접노무비 및 직접경비는 계약이행을 위하여 실제 발생된 원가자료를 기준으로 하고, 간접재료

비·간접노무비·간접경비·일반관리비 및 이윤은 해당 계약의 납기와 최종 납품일 중 먼저 도래하는 날에 시행되는 기준을 적용하여 계산한다.

  ⓒ 중도확정계약에서 직접재료비·직접노무비 및 직접경비는 중도확정일까지 실제 발생된 원가자료를 기준으로 하고, 간접재료비·간접노무비·간접경비·일반관리비 및 이윤은 해당 계약의 중도확정일에 시행되는 기준을 적용하여 계산한다.

  ⓔ 특정 비목 불확정계약의 경우에는 확정되지 아니한 비목만 계약이행 후 실제 발생된 원가자료를 기초로 하여 산정하고, 간접재료비·간접노무비·간접경비·일반관리비 및 이윤은 해당 계약의 예정가격을 결정할 때에 시행되는 기준을 적용하여 계산한다.

  ⓜ 제2항부터 제4항까지의 원가정산 시 직접노무비의 노임단가는 해당 연도의 방산노임단가를 적용한다. 다만, 제4항의 경우에는 확정되지 않은 비목이 노무비인 경우로 한정한다.

 ④ 정산원가 증빙자료의 종류는 다음 각 호와 같다.

  1. 직접재료의 사용실적 및 구입가격

  2. 직접노무비의 지출실적

  3. 직접경비의 발생실적

  4. 원재료 잔여물의 발생실적

  5. 공정별 장비현황

  6. 공정별 생산능력 및 투입인원

  7. 공정도(NET-WORK)

  8. 기타 계약담당공무원이 요구하는 관계회계장부 및 증빙서류

다. 정산원가 원가계산

(1) 재료비

직접재료비는 직접재료의 종류 및 규격별로 소요량에 다음 각 호의 기준에 의한 단위당가격을 곱하여 계산함을 원칙으로 한다.

 ① 업체가 실제 구입하여 소비한 가격을 기준으로 하되, 규칙 제20조제3항을 적용한다. 다만, 정부가 통제 또는 고시한 가격이 있는 경우에는 통제 또는 고시가격을 초과하여 계상할 수 없다.

 ② 「방위사업법」 제38조에 의하여 비축한 원자재를 사용하여 방산물자를 생산한 경우의 단위당 가격은 당해 비축원자재를 보충하는 경우에 한하여 개산원가 계산시점의 가격을 기준으로 한다.

 ③ 당해 계약을 체결하기 전에 정부(국방기술품질원장, 수요군의 장)의 소요량 증명을 발급 받아 수입한 재

료를 사용하여 생산하는 경우에는 다음 각목의 가격을 기준으로 수입재료비를 계산한다.

ㄱ 계약을 체결하기 전에 생산한 경우에는 당해 방산물자 사전품질보증 지시일자의 구입가격

ㄴ 계약을 체결한 후에 생산하는 경우에는 개산원가 계산시점의 구입가격

ㄷ 가목과 나목의 가격을 파악할 수 없는 때에는 실제 구입가격

※ 〈삭제〉 제36조(설물의 평가) 설물의 평가와 차감방법은 규칙 제12조를 적용

(2) 직접재료비

① 노무량

정산원가 직접노무비의 노무량은 실제 투입된 직접작업노무량에 계약방식에 따라 아래의 간접작업노무량 및 무작업노무량 비율을 반영하되, 방산노임단가 산정 실적자료가 없는 연도에 대해서는 최근 2개년 실적자료 기준으로 최근연도부터 6:4의 비율로 반영한다.

ㄱ 개산계약(중도확정계약을 제외한다): 연도별 실적자료를 기준으로 산정한 비율

ㄴ 중도확정계약: 중도확정일까지는 연도별 실적자료를 기준으로 산정한 비율을 반영하고 중도확정일 기준 미발생분에 대해서는 중도확정일 기준 최근 2년간의 실적자료를 기준으로 최근연도부터 6:4의 비율로 반영한다.

② 노임단가

방산노임단가는 계약방식에 따라 아래의 단가를 적용하되, 실적 방산노임단가가 없는 연도에 대해서는 최근 실적 방산노임단가에 방산원가세칙 제20조제5항에 따른 변동률을 적용한다.

ㄱ 개산계약(중도확정계약을 제외한다): 연도별 실적 방산노임단가

ㄴ 중도확정계약: 중도확정일까지는 연도별 실적 방산노임단가를 적용하고 중도확정일 기준 미발생분에 대해서는 중도확정일 기준 최근 실적 방산노임단가에 방산원가세칙 제20조제5항에 따른 변동률을 적용한다.

(3) 직접경비

직접경비는 비목별로 당해물자의 생산에 대하여 실제 발생된 비용을 기준으로 하되, 방산원가규칙 제22조를 적용한다.

5 | 용역원가 계산

가. 용역원가 계산 방법

① 용역원가 구성

요소방산용역원가는 **노무비·경비·일반관리비** 및 **이윤**으로 한다.

② 용역원가 계산 방법

용역과 관련하여 발생하는 직접비는 직접 계산하고, 간접비는 비용 발생의 비례성과 공통성을 가진 합리적인 기준에 따라 배부하여 계산한다.

· 필수정비 용역 중 자재를 수반하는 정비 용역에 대한 원가계산은 제조에 관한 원가계산기준에 따라 계산한다.〈신설 2023. 11. 14.〉

· 용역에 대한 정산원가는 제조에 대한 정산원가 계산방식을 준용하여 계산하되, 간접비는 비용 발생의 비례성과 공통성을 가진 합리적인 기준을 적용하여 실적연도별로 계산한다.(방산원가세칙 제39조의2)

나. 용역원가 비목별 원가계산

(1) 노무비

① 노무비 산정의 개요

노무비는 해당 용역계약을 수행하기 위하여 직접 또는 간접적으로 종사하는 자에게 지급하는 급료로서 제16조를 준용하여 계산한다.

② 노무비 산정

㉠ 직접노무비

직접노무비는 방산노임단가에 노무량을 곱하여 계산한다.이 경우 방산노임단가 산정의 기준이 되는 실적연도와 적용연도의 차이만큼 방산노임단가 변동률을 적용한다.

㉡ 간접노무비

간접노무비는 방산원가세칙 제28조를 준용하여 계산한다.방산원가세칙 제28조에서는 직접노무비에 간접노무비율을 곱하여 계산하도록 규정하고 있으며, 간접노무비율은 과거 2년간의 방산원가대상물자의 생산을 위하여 투입된 당해부문의 실적치와 부문별, 업체별, 지정물자별 특수성을 고려하여 다음 계산식에 따라 산정하되, 최근연도의 간접노무비율부터 각각 6 : 4의 비율로 반영하도록 하고 있다.

(2) 경비

① 경비 산정의 개요

경비는 해당 용역 수행을 위하여 발생하는 전력비, 수도광열비, 감가상각비, 기술료, 개발비, 연구비, 경상개발비, 지급임차료, 보험료, 복리후생비, 외주가공비, 소모품비, 교통통신비, 세금과 공과금, 도서인쇄비, 교육훈련비, 시험제작비, 시약 및 연구용 재료비, 지급수수료, 운반비, 수리수선비, 차량관리비, 안전관리비, 전산운영비 등으로서 최소한의 필요한 비용만을 계상하여야 한다.

② 경비 산정

　㉠ 직접경비

　　직접경비는 방산원가세칙 제21조를 준용하여 계산하는데, 방산원가세칙 제21조에서는 직접경비로 시험검사비, 기술료, 외주가공비, 보관비, 설치비·시운전비, 공식행사비를 산정할 수 있도록 정의 하고 있다.

　　1. 시험검사비는 당해 방산원가대상물자의 생산에 사용되는 재료의 재질분석이나 성능시험을 위하여 지출되는 외주시험비 또는 법령이나 계약조건에 의하여 내부검사가 요구되어 지출되는 자체시험 검사비로서 당해 방산원가대상물자에 개별 부과하거나 일정기간의 납품량에 배분하여 계산할 수 있다.

　　2. 기술료는 당해 방산원가대상물자의 생산을 위하여 기술제휴에 따라 지출되는 비용인 면허료, 로얄티와 기술비결(Know-how)의 획득비 및 동 부대비용인 기술도입비로서 지급조건에 따라서 실비 상당액을 계상하거나, 생산계획물량을 포함한 5년간의 총생산물량을 기준으로 배분하여 계산한다. 다만, 기술제휴기간이 정하여지지 아니한 경우 또는 생산계획물량의 통보가 불가능한 경우에는 3년간 균등하게 이연상각한다.

　　3. 외주가공비는 당해 방산원가대상물자의 생산에 사용될 재료를 외부에 위탁 가공시키는 경우 그 가공을 위하여 지출되는 비용을 계산하되, 부분품의 가치로서 재료비에 계상되는 비용과 지정된 방산원가대상물자 자체의 외주가공비는 인정하지 아니한다.

　　4. 보관비는 당해 방산원가대상물자의 제조에 소요되는 재료 및 기자재 등의 창고사용료로서 외부에 지급되는 비용 및 성과기반계약수행시 적기자재지원을 위한 자재창고 운용 및 운송비를 계산하되, 재료비에 계상되는 것은 제외한다.

　　5. 설치비 · 시운전비는 당해 방산원가대상물자를 납품장소에 설치하는 경우 또는 성능시험을 위한 시

운전등의 경우에 발생하는 비용을 계산한다.

6. 공식행사비는 당해 방산원가대상물자의 생산과 직접 관련된 행사를 위하여 지출되는 비용으로 한다.

ⓒ 간접경비

간접경비는 방산원가세칙 제29조를 준용하여 계산하도록 하고 있는데,방산원가세칙 제29조에서 간접경비는 노무비에 제2항의 간접경비율을 곱하여 계산한다. 다만, 제품의 특성, 생산방법 및 발생비용의 특수성등으로 이 계산방법이 불합리하다고 판단되는 경우에는 방산원가규칙 제7조의 규정에 부합하는 다른 배부기준을 사용하여 계산할 수 있다.

ⓓ 간접경비율은 과거 2년간의 방산원가대상물자의 생산을 위하여 투입된 당해 부문의 실적치와 부문별, 업체별, 지정물자별 특수성을 고려하여 다음 계산식에 따라 산정하되 최근연도의 간접경비율부터 각각 6：4의 비율로 반영한다

(3) 일반관리비

① 일반관리비의 개요

노무비 및 경비의 합계액에 일반관리비율을 곱하여 계산한다. 이 경우 일반관리비율은 기업손익계산서 또는 포괄손익계산서상의 일반관리비가 매출원가에서 차지하는 비율로 하며, 제24조제2항제3호 및 같은 조 제3항제3호에 따른 율을 초과할 수 없다.

② 일반관리비 산정

일반관리비는 방산원가세칙 제30조를 준용하여 계산한다.방산원가세칙 제30조에 따르면 일반관리비는 관급재료비를 포함한 제조원가에 일반관리비율을 곱하여 계산한다.

$$\text{일반관리비} = \text{제조원가(관급재료비 포함)} \times \text{일반관리비율}$$

일반관리비율은 관급재료비를 포함한 제조원가에 대한 일반관리비의 비율로서, 과거 2년간의 실적자료를 기준으로 산정한다.

$$\text{일반관리비율} = \frac{\text{일반관리비 발생액}}{\text{제조원가(관급재료비 포함) 발생액}}$$

(4) 이윤

① 이윤의 개요

이윤에 관하여는 제19조 및 제26조를 준용한다. 이 경우 이윤은 노무비·경비 및 일반관리비를 합한 금액의 100분의 12를 초과하여 계상할 수 없다.

② 이윤 산정

이윤은 총원가에 다음 각 목의 비율을 곱한 금액을 합하여 계산한다.

> **이윤 = 방산경영안정보상액 + 위험보상액**

가. 방산경영안정보상률: 제32조제2항제1호나목의 제조업 매출액영업이익률에 조정계수 1.2(중소기업 및 중견기업은 1.5)를 곱한 비율

> **방산경영안정보상액 = 총원가 + (관급×50%) + 방산경영안정보상률**
>
> **방산경영안정보상률 = 제조업 매출액영업이익률 × 조정계수**
>
> **(조정계수 - 1.2 중소기업 및 중견기업: 1.5)**

나. 위험보상률: 다음의 사업단계별 보상률. 다만, 기술협력생산에 대해서는 사업단계와 무관하게 2.0%를 적용한다.

> **위험보상액 = (총원가 - 방산도급재료비) × 위험보상률**

· 연구개발:	5.0%
· 최초양산:	4.5%
· 2차 양산:	3.0%
· 후속양산, 정비:	2.0%

연습문제

객관식

01 방위산업의 특성으로 적절하지 못한 것은?

① 정부가 유일한 수요독점

② 과잉생산 설비

③ 연구개발 성공 보장

④ 산업의 전, 후방 연관효과

해설 연구개발에 막대한 자금과 인력이 소요되고, 성공여부가 불확실함

02 국방획득 원가관리 실무환경이 아닌 것은?

① 원가정보의 획득이 어렵다.

② 가격조사방법에 의한 예정가격 작성이 대부분이다.

③ 원가자료가 방대하고 원가산정업무가 복잡하다.

④ 원가회계의 전문지식이 필요하다.

해설 원가계산방법에 의한 예가결정이 대부분임

정답 01. ③   02. ②

03 국방획득 원가관리 체계의 특징이 <u>아닌</u> 것은?

① 목표상충

② 원가정보의 비대칭

③ 원가인식 동일

④ 원가산정 기준 차이

해설 원가인식 차이(정부: 정상적인 비용만 인정 / 기업: 발생비용 인정)

04 방위사업법상 계약의 특례 대상이 <u>아닌</u> 것은?

① 방산물자

② 무기체계 필수 수리부속품

③ 체계사업

④ 연구개발 / 시제품 생산 위촉

해설 방사법상 규정된 대상은 ① ② ④ 이며, ③ 은 규정 안 됨

정답 03. ③   04. ③

05 방위사업법에서 국가계약법의 계약의 특례로 설정하게 된 배경으로 적절하지 <u>못한</u> 것은?

① 국가계약법은 경쟁계약, 방위사업법은 수의계약이 많다.

② 국가계약법은 확정계약, 방위사업법은 개산계약도 많다.

③ 국가계약법은 단기계약, 방위사업법은 장기계약도 많다.

④ 국가계약법은 사후원가, 방위사업법은 정산원가도 많다.

해설 국가계약법은 경쟁계약, 확정계약, 단기계약 위주로 제정되어 방위사업법의 특성에 적합하지 못하여 계약의 특례를 설정하게 됨

06 방위사업법상의 계약의 특례로 설정대상의 내용이 <u>아닌</u> 것은?

① 계약의 종류, 내용, 범위

② 원가계산기준 및 방법

③ 착·중도금 지급기준, 방법 및 절차를 정함

④ 회계처리 기준 및 절차

해설 계약의 특례사항은 계약제도, 원가계산제도 및 착·중도금에 관한 내용

07 예정가격을 결정하는 기준이 <u>아닌</u> 것은?

① 거래실례가격

② 견적가격

③ 유사물품거래실례가격

④ 생산자가격

해설 생산자가격: 유통단계별 분류한 가격

08 예기초예비가격에 의한 예정가격 결정 제도에서 공개 대상은?

① 기초예비가격

② 복수예비가격

③ 예정가격

④ 거래실례가격

해설 공개대상: 기초예비가격, 복수예비가격의 산정범위(±3% 내 결정)

정답 07. ④   08. ①

09 방산물자의 간접노무비는 어느 비목에 간접노무비율을 곱하여 계산하는가?

① 직접재료비

② 제조원가

③ 직접노무비 및 간접노무비

④ 직접노무비

해설 간접노무비 = 직접노무비 × 간접노무비율

10 방산물자의 간접경비는 어느 비목에 간접경비율을 곱하여 계산하는가?

① 재료비

② 직접노무비

③ 직접경비

④ 직접 및 간접노무비

해설 간접경비 = (직접노무비 + 간접노무비) × 간접경비율

정답 09. ④ 10. ④

11 방산물자의 총원가에 포함하지 <u>않는</u> 비목은?

① 재료비

② 투하자본보상액

③ 노무비

④ 일반관리비

해설 제조원가 + 일반관리비 = 총원가 + 이윤(투하자본보상액 포함) = 계산가격

12 이윤의 기본보상액에 해당하지 <u>않는</u> 것은?

① 방산경영안정보상액

② 수출확대보상액

③ 위험보상액

④ 투하자본보상액

해설 수출확대보상액은 이윤 중 노력보상액에 해당함

정답 11. ②   12. ②

13 방산원가산정에서 직접노무자에 대한 노무량이 <u>아닌</u> 것은?

① 직접작업노무량

② 간접작업노무량

③ 무작업노무량

④ 선작업노무량

해설 직접노무자의 노무량은 직접작업노무량, 간접작업노무량, 무작업노무량의 합으로 한다.

14 확정계약에 관한 설명으로 적절하지 <u>않은</u> 것은?

① 계약체결 시에 계약금액을 결정한다.

② 업체의 자발적인 원가절감노력을 유인 할 수 있다.

③ 대체로 객관적인 증빙자료로 원가계산 할 수 있다.

④ 원가를 잘못 계산하면 국고손실 할 수 있다.

해설 소비된 실발생 원가자료에 준거하여 비교적 적정하고 객관적인 원가를 계산할 수 있다는 장점 개산계약의 장점임

정답 13. ④   14. ③

15 방산제비율 제도를 사용하는 이유로서 적절하지 <u>않은</u> 것은?

① 계산의 용이성 / 일관성 / 경제성이 있다

② 당해연도 결산 완료 전 간접비 발생 파악이 곤란하다

③ 원가절감을 유인할 수 있다

④ 시차로 인한 원가왜곡이 있으나 장기적으로는 이익과 손해가 상쇄되는 결과가 인정 된다.

해설 방산제비율제도는 직접 산정은 원자 절감의 사유로 보기 어려움

16 방산제비율제도의 문제점으로 적절하지 <u>못한</u> 것은?

① 간접비가 직접노무비에 비례적으로 발생한다는 전제의 문제

② 계산이 용이하고 경제적이다

③ 시차(가동률 변동)로 인한 원가왜곡 문제

④ 간접비율은 업체의 노력여부와는 관계없이 물량변화에 따라 불가피하게 증감하는 부분이 존재함

해설 계산의 용이성은 방산제비율제도는 가장 큰 장점임.

정답 15. ③   16. ②

17 방산물자 제비율에 대한 설명 중 옳지 않은 것은?

① 방산물자에 대한 원가계산시에 적용하는 비율이다.

② 제비율에는 간접노무비율, 간접경비율, 일반관리비율, 투하자본보상비율, 이윤율이 있다.

③ 매년 업체별 또는 공장별로 산정한다.

④ 방산물자의 생산을 위하여 최근 1년간 투입된 당해 부문의 실적치를 반영하여 산정한다.

해설 2년 간의 실적자료를 최근년도부터 6 : 4의 비율로 반영

18 방직접노무비에 관한 기술 중 틀린 것은?

① 제조현장에서 계약목적물을 완성하기 위하여 직접 작업에 종사하는 종업원 및 노무자에게 지급되는 노동력의 대가이다.

② 직접작업에 종사하지는 않으나, 작업현장에서 보조작업에 종사하는 노무자, 종업원과 현장감독자, 공장관리부분 등에 종사하는 자에 의하여 소비되는 노동력의 대가이다.

③ 직접노무비에는 기본급, 제수당, 상여금, 퇴직급여액을 포함한다.

④ 특정 원가대상에 대하여 발생하는 노무비로서 개별적으로 집계가 가능하다.

해설 간접노무비는 작업현장의 보조작업에 종사하는 노무자, 종업원, 현장 감독자, 공장관리자 등에 지불되는 노동력의 대가이다.

정답 17. ④   18. ②

19 방산물자의 직접경비 계산과 관련하여 틀린 것은?

① 방산물자의 간접경비 비목에 차량관리비, 폐기물처리비도 포함된다.

② 방산물자의 직접경비 비목으로 공식행사비 및 공사비를 인정할 수 있다.

③ 간접경비에 속하는 비용 가운데 당해 제품에 직접부과 할 수 있는 비용은 직접경비로 계상할 수 있다.

④ 방산물자에서 운반비는 직접경비로 계산한다.

해설 방산 운반비는 간접경비로 간접경비율에 포함하여 계산(방산원가규칙 제17조)

20 일반관리비 산정에 관한 설명으로 잘못된 것은?

① 일반관리비율은 최근연도로부터 6:4의 가중치를 반영한다.

② 관급재료비를 포함하는 것이 불합리한 경우에는 관급재료비를 제외할 수 있다.

③ 시제의 경우에는 관급재료비를 제외하지 않는다.

④ 수출 관련 전시회 참가비용과 수출 관련 시험평가비는 일반관리비로 인정한다.

해설 시제용으로 투입퇴는 관급재료비는 제외(방산원가세칙 제31조)

21 투하자본보상액은 다음의 어느 항목에 포함되는가?

① 제조원가

② 총원가

③ 이윤

④ 계산가격

해설 개정전에는 이윤에 포함되도록 재개정(방산원가시행규칙 제26조)

22 방산물자 보상율 기준이윤으로서 가장 적절한 것은?

① 기본보상액, 투하자본보상액, 계약위험보상액

② 기본보상액, 투하자본보상액, 계약수행노력보상액

③ 기본보상액, 노력보상액

④ 기본보상액, 위험보상액, 노력보상액

해설 이윤계산은 기본보상액, 노력보상액을 합한 금액으로 한다.

> 이윤 = 기본보상액＋노력보상액
>
> 기본보상액 = 방산경영안정보상액＋위험보상액＋투하자본보상액
>
> 노력보상액 = 수출확대보상액＋연구개발보상액＋중소기업육성보상액
>
> ＋방산원가관리체계인증보상액

23 노력보상액에 포함되는 항목이 <u>아닌</u> 것은?

① 투하자본보상액

② 수출확대보상액

③ 연구개발보상액

④ 중소기업육성보상액

해설 투하자본 보상액은 기본보상액에 포함되는 항목임.

24 원가계산 시 고려하여야 할 일반원칙이 <u>아닌</u> 것은?

① 원가는 계약목적물의 생산과 관련하여 발생한 비용에 의하여 계산한다.

② 원가는 그 발생의 경제적효익에 비례하여 배부 계산한다.

③ 원가는 신뢰할 수 있는 객관적인 자료에 의하여 계산한다.

④ 원가는 계약목적물의 생산량과 관계없이 집계, 계산한다.

해설 생산량(조업도)는 투입 재료량 및 노무량 산정에 중요한 요소이다.

정답 23. ① 24. ①

25 최소발주량의 가격계산에 대한 설명으로 적절하지 아니한 것은?

① 최소발주량은 연구 또는 시제생산 과정에서 불가피하게 발생하는 경우에만 인정할 수 있다.

② 사장품의 가격은 연구 또는 시제생산에 계상함을 원칙으로 한다

③ 매각가치 또는 이용가치를 평가할 수 없는 사장품 또는 소요량을 초과하는 최소발주량은 폐기한다.

④ 매각가치의 평가액은 거래실례가격 또는 유사한 거래실례가격으로 한다.

해설 매각가치 또는 이용가치를 평가할 수 없는 사장품 또는 소요량을 초과하는 최소발주량은 계약담당공무원이 인도받는다.

26 방산물자의 직접노무단가 산정에 대한 설명으로 옳지 않은 것은?

① 상여금은 일반물자 상여금 상한범위(년400%) 규정과는 별도로 업체 실지급 상여금을 인정한다.

② 잔업수당은 기본급과 할증급으로 구분되며, 연장근로, 야간근로, 휴일근로가 있으며, 할증금은 50% 초과하여 계산할 수 있다.

③ 노무비단가 산정 시 제수당에는 잔업수당, 연월차수당, 위험수당, 자격수당, 일시 다액의 퇴직수당 등 업체가 실제로 지급하는 수당을 기준으로 한다.

④ 노무비단가는 원가계산시점에서 업체가 지급하는 기본급, 제수당, 상여금, 퇴직급여의 합계액으로 계산하며 임금 인상 예상분을 반영할 수 있다.

해설 방산물자 직접노무비의 수당 계상에 있어서 유일하게 부인하고 있는 수당은 임시다액의 퇴직수당임

정답 25. ③ 26. ③

27 방산물자 원가계산시 직접경비로 계산하는 비목은?

① 연구비

② 경상개발비

③ 차량관리비

④ 개발비

해설 방산원가규칙 제17조

구분	비목
직접경비 (13개 비목)	기계장치·금형(金型)·치공구·전용구축물 등의 감가상각비와 지급임차료, 설계비, 공사비, 기술료, 개발비, 특허권사용료, 시험검사비, 외주가공비, 보관비, 설치비, 시운전비, 공식행사비
간접경비 (25개 비목)	복리후생비, 여비교통비, 전력비, 통신비, 연료비, 용수비(用水費), 감가상각비, 운반비, 지급임차료, 보험료, 지급수수료, 세금과 공과금, 소모품비, 피복비, 수리수선비, 교육훈련비, 도서인쇄비, 차량관리비, 연구비, 경상개발비, 조사연구비, 안전관리비, 전산운영비, 폐기물처리비

정답 27. ④

01 다음 문장 중 (   )안에 해당하는 것을 채우시오.

"(   )"이란 방산원가대상물자 원가계산시 적용할 간접재료비율, 간접노무비율, 간접경비율, (   ), 이윤율을 말한다.

> 해설

02 연구 또는 시제생산과정에서 불가피하게 발생할 경우에 한하여 인정하는 방산원가의 특수한 제도는 무엇인가?

> 해설

03 방산원가에서 퇴직급여는 임원 및 사용인에게 지급하는 기본급, 각종 수당, 상여금 중 계약상대자의 사규 또는 노동관계법령에 의하여 퇴직급여 대상이 되는 금액의 합계액(이하 "총급여액"이라 한다)에 다음의 퇴직급여설정률을 곱하여 계산하도록하고 있다. 다만, 퇴직급여설정률의 한도를 두고 있다.

퇴직급여 설정률이 얼마를 초과하지 않도록 제한을 두고 있는가?

해설

---

04 방산원가에서는 이윤을 기본보상액과 노력보상액의 합으로 산정하고 있다. 기본보상액의 구성을 서술하시오.

해설

정답 **03.** 8분의 1(방산원가세칙 제16조) **04.** 방산경영안정보상액 + 위험보상액 + 투하자본보상액(방산원가세칙 제32조)

05 방산원가에서 일반관리비율의 산정을 서술하는 내용 중 ( )안에 해당하는 것을 채우시오.
"일반관리비율은 과거 2년간의 실적자료를 기준으로 관급재료비(시제용으로 투입된 ( )는 제외)를 포함한 제조원가에 대한 일반관리비의 비율로 산정하되, 최근 연도의 일반관리비율부터 ( )의 비율로 반영한다."

해설

06 기업을 유지하기 위하여 관리활동 부문에서 발생하는 비용으로서 제조원가에 속하지 <u>아니하는</u> 모든 영업비용을 일반관리비로 산정한다. 그 중 비용의 산입을 제외하는 항목을 무엇이라 하는가?

해설

07 방산 용역원가 구성요소는 노무비, 경비, 일반관리비 및 이윤이다. 관련하여 "방산원가세칙"에서 정하고 있용역원가 비목을 서술하시오.

해설

08 확정계약의 의의와 장점 및 단점을 약술하라.

해설 (1) 의의 : 확정계약이란 계약체결시에 계약금액을 확정하고, 계약내용의 변동이 없는 한 당초 결정한 계약금액을 그대로 지급하는 계약형태를 말한다.

(2) 장점 및 단점

① 장점 : 계약상대자의 자발적인 원가절감노력을 유인하고, 계약행정이 간편하다.

② 단점 : 예정가격을 잘못 결정하는 때에는 국고손실 또는 업체손실을 초래한

정답 **07.** 직접노무비, 간접노무비, 직접경비, 간접경비, 일반관리비, 이윤 **08.** 해설 란에 기재

09 방산원가규칙 제39조의4제1항의 외국에서 수입하던 부품을 국산화한 경우란 부품을 국산화 (국산화율 향상을 위한 추가개발이 필요하다고 인정되어 재개발을 추진하는 국산화는 제외한다)한 후 (   )를 발급받은 경우 국산화 부품의 수입가격 인정을 받게된다.

서술 내용 중 (   )안에 해당하는 것을 채우시오.

해설

10 정비작업의 교체부품 및 관·사급 재료에 대한 소요량 판단은 다음 각 호에 따른다. 적용 각 호의 순서는?

① 동종의 계약실적이 있는 최근 3개 연도의 실발생 실적자료에 의한 가중평균 자료

② 대상장비에 대한 해체검사결과표(T/I)에 의한 자료

③ 동종의 계약실적이 있는 최근 3개 연도의 실발생 실적자료 적용이 불합리한 경우나 초도정비의 경우에는 유사한 장비의 실적자료 등 다른 합리적인 방법에 의한 추정자료

④ 소요군 통보 소요량

해설

기출문제

12 다음 중 방위산업의 특징 중 옳지 않은 것은 어느 것인가?

① 정부가 방산물자에 대한 수요를 독점하는 구조이다.

② 방위산업은 연구개발에 따른 성공이 확실한 산업이므로 위험이 매우 낮은 산업이다.

③ 대부분 특수규격에 따른 주문생산 형태이므로 시장가격이 존재하지 않는다.

④ 산업의 전후방 연관효과가 크게 나타나며, 특히 기술의 파급효과가 크게 나타나는 특성이 있다.

해설 방위산업은 민수산업에 비해 연구개발에 막대한 예산 및 기간이 소요되고 성공여부도 불확실성이 뒤따르는 위험이 높은 산업이다.

정답 12. ②

05 다음 중 방산원가 노무비 산정에 대한 설명으로 <u>틀린</u> 것은?

① 각종수당 산정 시 연장근로시간은 근로기준법의 규정을 적용하여 계산한다.

② 퇴직급여설정율은 전년도율과 전전년도율을 6:4의 비율로 적용하여 산정한다.

③ 노무비는 계약목적물을 제조하기 위해서 소비되는 노동력의 대가로서 기본급, 제수당, 상여금, 퇴직급여를 말한다.

④ 퇴직급여설정율이 8분의 1을 초과하고「법인세법 시행령」제44조의2 제2항에 해당하는 퇴직연금 등에 가입한 경우 총급여액에 퇴직연금 등 납부율을 곱하여 퇴직급여로 추가 인정할 수 있다.

해설 퇴직급여는 퇴직금 지급대상금액과 퇴직급여설정률로 구분한다.

→ 퇴직급여 = 퇴직급여 설정대상금액(기본급 + 제수당 + 상여금) × 퇴직급여설정률

→ 퇴직급여 설정률은 다음의 방법에 따라 계산하되, 퇴직급여설정이 8분의1을 초과하고「법인세법시행령 44조의2②」에 해당하는 퇴직보험 등에 가입한 경우 총급여액에 다음의 퇴직연금 등 납부율을 곱하여 퇴직급여로 추가 인정할 수 있다.

- 퇴직급여설정률 $= \dfrac{\text{직전 연도 기업회계기준에 의한 퇴직급여설정액}}{\text{직전 연도 총 급여액}} \times 100(\%)$

- 퇴직연금 등 납부율 $= \dfrac{\text{직전 연도 퇴직연금 등 납부액}}{\text{직전 연도 총 급여액}} \times 100(\%)$

「방산원가 제비율」은 매년 업체별로 산정년도를 기준으로 하여 각 연도별 제비율(결산율)을 산정하고, 원가계산시에는 최근연도 결산율로부터 각각 6 : 4의 비율로 산정한 제비율(적용률)을 적용한다.

정답 05. ②

06 다음 중 방산원가계산 시 재료비 산정에 관한 설명으로 올바르지 <u>않은</u> 것은?

① 직접재료의 단위당 가격 산정 시 원가계산 시점의 가격이란 원가계산 시 파악한 계약상대자의 재료의 통상적인 구입가격 또는 구입가능가격을 말한다.

② 재료의 구입가격은 공장도가격을 기준으로 파악함을 원칙으로 한다.

③ 영수증을 교부하는 업체에서 재료를 구입하는 때에는 공급대가를 재료비로 계상한다.

④ 원재료 잔여물은 금액으로 평가한 후 그 평가액을 재료비, 총원가 또는 수입가격에서 차감한다.

> **해설** 재료의 단위당 가격은 부가가치세, 특별소비세, 교육세, 관세 등 제세를 차감한 공급가액으로 한다. 영수증을 교부하는 업체에서 재료를 구입하는 때에는 공급대가의 110분의 100을 재료비로 계상한다.

07 방산물자에 대한 개산계약의 정산원가계산에 대한 설명 중 올바르지 <u>않은</u> 것은?

① 납기가 12월 31일인 경우와 같이 납품일 전에 원가정산을 완료하여야 하는 사유가 발생한 때에는 납품일 30일 전부터 원가정산을 완료할 수 있다.

② 일반 개산계약의 정산원가계산에서 간접노무비·간접경비·일반관리비·투하자본보상비 및 이윤은 해당 계약의 납기와 최종 납품일 중 먼저 도래하는 날에 시행되는 기준을 적용하여 계산한다.

③ 중도확정계약에서 간접노무비·간접경비·일반관리비·투하자본보상비 및 이윤은 해당 계약의 중도확정일에 시행되는 기준을 적용하여 계산한다.

④ 특정비목 불확정계약의 간접노무비·간접경비·일반관리비·투하자본보상비 및 이윤은 계약당사자가 특정하여 정한 날에 시행되는 기준을 적용하여 계산하여야 한다.

> **해설** 특정비목 불확정계약은 계약체결 시 교체할 재료의 종류, 소요량 등 사전예측 곤란, 재료비만 사후 정산하는 개산부문으로 하고, 노무비 및 경비 등은 최근 3개년 실적 평균으로 사전에 확정한다.

08 방산물자 원가계산 시 노무량은 직접작업자의 작업노무량과 무작업노무량을 포함하는데 다음 중 노무량에 포함시킬 수 <u>없는</u> 것은?

① 경상적, 주기적 장비점검 및 수선시간

② 천재지변에 의한 정전, 단수 시간 등

③ 노사합의에 의한 노조주관 행사

④ 관급 및 사급자재 검사 대기시간

해설 작업노무량(직접 및 간접) 및 무작업노무량

구분		의의	내용
작업 노무량	직접작업 노무량	당해제품 생산에 직접 소요되는 노무량	제조지시서별, 작업종류별 등으로 직접구분 집계되는 순작업시간
	간접작업 노무량	당해제품 생산에 직접 소요되지는 않으나 간접적으로 관련되는 노무량	조회, 작업지시, 작업준비, 여유(작업여유, 용무여유, 피로여유, 대기여유) 등
무작업 노무량		당해제품생산에 직·간접으로 소요되지는 않으나 노임이 지급되는 노무량	연·월차, 유급휴가, 청원휴가, 생리휴가, 공민권 행사(각종 투표, 선거 등), 근로자의 날, 예비군 교육, 민방위 교육, 민방공훈련, 자연보호, 새마을 운동, 회사창립행사, 복지 및 교육행사(체육대회, 심신수련대회 등), 직무교육, 직무와 관련된 출장

간접작업 노무량 중 정상대기 시간
· 관급자재 불출관련 비정상적인 대기시간
· 관급자재 검사 대기시간
· 천재지변에 의한 정전, 단수 시간 등
· 정부관련 설계 및 규격의 의도적인 변경

정답 08. ④

10 방산물자 제비율에 대한 설명으로 다음 중 올바르지 <u>않은</u> 것은?

① 방산제비율은 계약건별로 적용하여야 한다.

② 방산업체로 신규 지정된 업체에 대해서는 직전 1개년도의 결산자료로 산정한 제비율을 적용한다.

③ 방산제비율 자료를 제출하지 아니한 방산업체에 대하여는 전 방산업체의 제비율 중 가장 낮은 율을 적용한다.

④ 방산제비율이라 함은 방산원가대상물자 원가계산 시 적용할 간접노무비율, 간접경비율, 일반관리비율, 투하자본보상율, 이윤율 등을 말한다.

해설 방산원가 제비율 적용 예외
- 제비율 자료 미제출업체: 전방산업체 제비율 중 가장 낮은 율 적용
- 신규업체: 대기업과 중소기업을 구분, 대기업과 중소기업 각각의 평균 제비율 적용
- 자산 재평가한 경우: 일반관리비 및 이윤 계산은 재평가금액이 일반관리비율 및 이윤율 산정에 반영될 때까지 재평가 전 가액에 비율을 적용하여 계산하고, 증가된 감가상각비는 별도 계산

---

19 방산물자 계약의 종류 중 물가조정 단가계약에 관한 다음 설명사항 중 타당하지 <u>않은</u> 것은?

① 해당 계약을 체결하기 직전의 계약을 체결한 날이 속하는 달부터 해당 계약을 체결하는 날이 속하는 달의 전달까지의 등락률 만큼 계약실적단가를 조정하여 계약수량를 곱하여 계약금액을 산출한다.

② 품목조정률을 적용하여 단가조정을 한다.

③ 추정가격이 20억 원 이하인 경우에 한하여 체결할 수 있다.

④ 최근 3년 이내에 원가계산방법으로 예정가격을 결정하여 계약을 체결한 실적이 있는 품목을 대상으로 한다.

해설 물가조정 단가계약
- 최근 3년 이내 계약실적 품목(추정가격 20억 원 이하)
  * 새로운 원가계산 불필요
- 한국은행이 발표하는 생산자물가지수 및 국방부령이 정하는 지수등락율 만큼 조정하여 계약금액 결정

정답 10. ② 19. ②

22 다음 방산수입품 원가계산에 관한 설명 중에서 <u>틀린</u> 것은 어느 것인가?

① 물자대는 정상도착가격에 원가계산시점 이전 5근무일의 평균 대고객전신환 매도율을 곱하여 계산한다.

② 관세는 일반관리비, 이윤적용대상에서 제외하여 별도 가산한다.

③ 수입부대경비는 L/C개설수수료, 보세창고료, 통관료, 하역료 및 국내운반비 등을 말한다.

④ L/C개설 수수료는 FOB외화가격에 기준환율(재정환율)을 곱한 금액에 소정의 요율을 곱하여 산정한다.

해설 물자대는 정상도착가격(CIF 외화표시가격)에 원가결재일의 환율을 곱하여 계산한다.

물자대 = 정상도착가격(CIF 외화표시가격) × 환율(기준환율 또는 재정환율)

확정계약 및 개산계약 체결시 원가결재일(원가팀장 원가계산서 결재한 날) 이전 5근무일 평균의 기준환율 (재정환율)을 적용한다.

※ 재고자산 사용분: 동일한 기준 적용(2013.1월 개정)

27 ㈜우람은 방산업체로 2020년 적용 방산제비율 중 간접경비율이 30%일 때, 아래의 방산물자 원가계산서에서 간접경비 금액은 얼마인가?(계산식과 정답을 모두 쓰시오)

◈ 직접재료비: 6,000,000원	◈ 직접경비: 4,000,000원
◈ 간접재료비: 1,000,000원	◈ 간접경비: ( )원
◈ 직접노무비: 4,000,000원	◈ 일반관리비: 500,000원
◈ 간접노무비: 2,000,000원	

계산식:

정답:

해설 간접경비는 노무비(직접노무비와 간접노무비의 합계액)에 방위사업청장이 매년 업체별로 산정 통보하는 당해 업체의 간접경비율을 곱하여 계산한다.

간접경비 = 직접 및 간접노무비 × 간접경비율

정답 22. ① 27. 계산식: 6,000,000 * 30% = / 정답: ₩1,800,000

05 다음은 방산물자 제비율과 원가와의 관계를 간접노무비율을 중심으로 설명한 내용이다. 옳지 <u>않</u><u>은</u> 것은?

① 공장자동화의 정도가 높은 경우 간접노무비율이 높게 산정된다.

② 제품의 정밀가공정도가 높고 첨단기술이 요구되는 경우와 신규개발업체의 경우 간접노무비율이 높게 산정된다.

③ 제품을 전문계열 협력업체를 통해 제조하는 경우 간접노무비율이 낮게 산정 된다.

④ 간접부문의 조직인 생산관리, 자재관리, 생산기술, 구매, 원가부문 등은 조업도의 증감과 관계없이 생산지원을 위해 필수적인 조직으로 조업도가 높아지면 간접노무비율이 낮게 산정된다.

해설 「방산원가 제비율」을 매년 일괄적으로 산정하여 적용하고 있다.

「방산원가 제비율」이란 간접원가 관리부문의 비목별 예정배부율로서 간접노무비율, 간접경비율, 일반관리비율, 투하자본보상비율 및 이윤율(일부)등을 말한다.

직접노무비의 100%범위 내에서 계상하는 것이 원칙

다만, 작업현장의 기계화, 자동화 등으로 인하여 불가피하게 초과하는 경우에는 증빙자료에 의하여 초과 계상 할 수 있다.)

정답 05. ③

06 방산원가에서 재료비 산정에 관한 설명 중 옳지 않은 것은?

① 소모공구·기구·비품비는 기업회계 상으로는 경비 중 소모품비로 처리되는 것이 일반적이나 방산원가에서는 이를 일반적으로 간접재료비로 구분한다.

② 방산원가에서는 재료의 구입에 소요되는 외부 부대비용은 경비로 계산한다.

③ 방산원가에서 수입품의 가격은 물자대·수입제세 기타 수입 부대경비를 합하여 계산한 금액으로 한다.

④ 간접부작업설물 등은 제품의 제조 중에 발생되는 작업설·불량제품과 기타 부산물 등을 말하며, 매각가치 및 이용가치를 추산하여 그 금액을 재료비에서 차감한다.

해설 재료의 구입에 소요되는 부대비용이란 원재료가 이용가능한 상태에 있도록 하는데 발생되는 비용을 말하며, 외부부대비용은 재료비로 계산하며 내부 부대비용은 경비로 계산한다. 다만, 국내에서 물품을 구입하는경우에 구입자가 부담하는 운반비는 경비로 계산할 수 있다.
- 외부부대비용이란 재료의 구입보관 등에 대하여 외부에 지급되는 비용으로서 구입수수료, 운임, 하역비, 보험료, 제세, 지급창고료 등을 말한다.
- 내부부대비용이란 외부에 지급되지 아니하는 부대비용으로서 재료보관비, 장내운반비 등을 말한다.

08 방산원가대상물자의 원가계산 시 이윤을 계산하는 방법으로 올바르지 않은 것은?

① 기본보상액의 제조업 매출액영업이익률은 한국은행에서 발표하는 제조업 평균영업이익율을 말하며제비율 산정년도를 기준으로 과거 5개년을 산술평균하여 반영한다.

② 계약위험보상액은 사업의 형태가 연구개발사업·초도양산사업·정비사업에 해당하지 않는 경우로서 일반확정계약 또는 물가조정단가계약을 체결하지 않은 경우에는 보상율을 적용하지 아니한다.

③ 계약수행노력 보상액 중 재료비에 대한 보상액은 협력업체로부터 구입하는 방산원가대상물자를 포함한 금액에 1%를 곱하여 산정한다.

④ 설비투자노력보상액의 방산설비투자금액은 방산원가대상물자의 생산을 위하여 투자된 자산으로 임차 보증금의 경우 70%를 반영한다.

해설 원가 요소별 보상율
→ 재료비 × 1%(관급재료비, 수입품비, 협력업체로부터 구입 방산물자는 제외)
다만, 규칙 제39조의4에 의거 구매한 국산화부품 재료비의 경우: + 2% 추가

정답 06. ② 08. ③

24 다음의 방산원가계산에 대한 설명 중 옳지 <u>않은</u> 것은?

① 방산물자는 주요방산물자와 일반방산물자로 구분하여 지정한다.

② 방위사업청장은 연구 또는 시제품 생산을 하게 한 때에는 연구비 또는 시제품생산비를 지급해야 한다.

③ 비정상적인 원인으로 발생하는 경제가치의 감소는 방산원가에 포함하지 않는다.

④ 총원가는 제조원가에 일반관리비와 투하자본보상비를 합한 금액을 말한다.

[해설] 방산원가의 구성

			이윤★	
			투하자본보상비★	계산가격
		일반 관리비★		
	간접 재료비			
	간접 노무비★	제조원가	총원가	
	간접 경비★			
직접 재료비				
직접 노무비	직접원가			
직접 경비				

➡ 제조원가 + 일반관리비 = 총원가

➡ 개산가격 = 총원가 + 투하자본보상비 + 이윤

[정답] 24. ④

26 투하자본보상비는 총원가의 (   )를 초과할 수 없다.

* 방산원가대상물자의 원가계산에 관한 방산원가세칙 제32조의2(투하자본 보상비 산정)

해설 연간 투하자본보상비율은 방산투하자본금액에 금융비용을 곱하고 이를 연간 총원가로 나누어 계산한다. 연간 투하자본보상율이 10%를 초과하는 경우에는 10%를 한도로 한다.

해당 기출문제의 투하자본보상비는 이윤에 포함되는 내용으로 조정되었고, 투하자본보상률의 산출은 다음과 같이 조정되었다.

(방산원가세칙 제32조 제2항 3호)

---

3. 투하자본보상액: 총원가와 관급재료비를 합한 금액에 투하자본보상률을 곱한 금액. 다만, 관급재료비의 급격한 증감으로 인하여 관급재료비를 합하여 계산하는 것이 불합리한 경우에는 총원가를 기준으로 산정할 수 있다.

   가. 투하자본보상률은 과거 2년간의 실적자료를 기준으로 다음 계산식에 의하여 산정하되, 최근년도로부터 투하자본보상률을 각각 6:4의 비율로 반영한다.

$$\text{투하자본보상률} = \frac{(\text{방산투하자본금액} \times \text{가중평균자본비용}) - \text{방산육성자금이차보전액}}{\text{총원가} + \text{관급재료비}}$$

   나. 방산투하자본금액과 가중평균자본비용은 별표 3에 따라 산정한다.

   다. 방산육성자금 이자차액보전액은 「방위산업 이차보전사업 운영규정」 제5조에 따라 방산원가대상물자의 생산을 위하여 투하된 유형자산, 개발비 등에 지원되는 이자차액보전액을 말한다.

   라. 투하자본보상액은 총원가와 관급재료비를 합한 금액(제3호 단서조항에 따라 총원가를 기준으로 산정한 경우에는 총원가를 말한다)의 10%를 초과할 수 없다.

정답 26. 10%

MEMO

국가공인
원가분석사

제조원가계산실무

펴낸 날	2025년 1월 24일
저자	이윤구 이사(동양경제정보연구소)
디자인	서은영
책임마케팅	최필주
펴낸곳	드림디벨롭
출판등록	제 2021-000046호
주소	김포시 김포한강9로 75번길66 505호-F76
전화	010-5107-3800
이메일	feelv77@naver.com
ISBN	979-11-975778-6-4 13320